会计信息系统实验教程

杨萍 编著

西北工业大学出版社

西 安

【内容简介】 本书以用友 ERP-U8V10.1 系统为实验平台，以"财务业务一体化"为实验内容，全面介绍了软件的系统管理、总账、UFO 报表、薪资管理、固定资产、应收款管理和应付款管理等模块的功能和操作流程。书中配备了大量的图片，直观、简洁地介绍了实验的内容和步骤，给学生的学习和训练带来极大的方便。

本书可作为高等学校会计、财务管理等专业的实验课教材，也可作为职业技术培训教材或财务软件自学的参考书。

图书在版编目（CIP）数据

会计信息系统实验教程/杨萍编著. —西安：西北工业大学出版社，2018.12
ISBN 978-7-5612-6450-8

Ⅰ.①会… Ⅱ.①杨… Ⅲ.①会计信息-财务管理系统-高等学校-教材 Ⅳ.①F232

中国版本图书馆 CIP 数据核字（2019）第 017413 号

KUAIJI XINXI XITONG SHIYAN JIAOCHENG
会计信息系统实验教程

责任编辑：华一瑾	策划编辑：华一瑾
责任校对：张 友	装帧设计：李 飞

出版发行：西北工业大学出版社
通信地址：西安市友谊西路 127 号　　邮编：710072
电　　话：(029) 88491757，88493844
网　　址：www.nwpup.com
印 刷 者：陕西向阳印务有限公司
开　　本：787 mm×1 092 mm　　1/16
印　　张：16.125
字　　数：403 千字
版　　次：2018 年 12 月第 1 版　　2018 年 12 月第 1 次印刷
定　　价：45.00 元

如有印装问题请与出版社联系调换

前　言

在信息技术日新月异的今天，理解和掌握计算机以及网络环境下会计信息的处理流程已成为会计从业人员应具备的技能。会计信息系统课程系统而全面地介绍了信息技术与财务会计工作和流程有机融合的原理与方法，其实验环节则进一步将课程的实践性全面地展现出来，帮助学生直观地理解和掌握信息技术在会计领域的应用。

本书内容是会计信息系统课程的实验教程，它以用友 ERP-U8V10.1 系统为实验平台，以"财务业务一体化"的配套数据为实验内容，通过引导式的实验进行专业的实务训练。

本书内容共 7 章 28 个实验，内容分别是"系统管理""总账""UFO 报表""工资""固定资产""应收款管理"及"应付款管理"，每章的内容都包括功能概述、实验目的与要求，每个实验都包括实验资料与实验指导等环节和内容。其中，功能概述部分主要介绍各个系统的基本功能与作用；实验资料部分提供了企业真实的会计业务，作为实验的背景资料；实验指导部分，针对实验要求和实验资料具体给出完成每一个实验内容的操作步骤，并在操作步骤的后面，注明操作中应该注意的问题，以提示学生在操作过程中特别需要注意的事项，从而少走弯路。

本书以财务业务一体化管理为主导思想，按系统模块进行章节划分，以业务流程作为实验内容，配备了大量的图片，直观、简洁地介绍了实验步骤，给学生的学习和训练带来极大的方便。本书可作为高等学校会计、财务管理等专业的实验教材，也可作为职业技术培训教材或财务软件自学人员的参考用书。

本书中涉及的人名、企业名称、账号、税号及发票号等信息为实验模拟信息，如有雷同，纯属巧合。

编写本书曾参阅了相关文献资料，在此向其作者表达衷心的谢意。

由于水平有限，书中错误或不足之处，恳请广大读者批评指正。

编著者

2018 年 11 月

目　　录

第 1 章　系统管理与基础设置 ·· 1
    1.1　功能概述 ··· 1
    1.2　实验一：系统管理 ··· 1
    1.3　实验二：基础设置 ··· 13

第 2 章　总账系统 ·· 22
    2.1　功能概述 ··· 22
    2.2　实验一：总账系统初始化 ·· 23
    2.3　实验二：总账系统的日常业务处理 ·· 32
    2.4　实验三：出纳管理 ··· 43
    2.5　实验四：账簿管理 ··· 51
    2.6　实验五：总账期末业务处理 ··· 59

第 3 章　UFO 报表 ··· 67
    3.1　功能概述 ··· 67
    3.2　实验一：报表格式设计 ··· 68
    3.3　实验二：报表数据处理 ··· 79
    3.4　实验三：利用报表模板生成报表 ··· 82

第 4 章　薪资管理系统 ·· 87
    4.1　功能概述 ··· 87
    4.2　实验一：工资系统初始化 ·· 87
    4.3　实验二：工资业务处理与数据统计分析 ·· 101

第 5 章　固定资产 ·· 116
    5.1　功能概述 ··· 116
    5.2　实验一：固定资产系统初始化 ·· 117

5.3　实验二：固定资产日常业务与期末处理 ························· 130

第6章　应收款管理系统 ·· 148
　　6.1　功能概述 ··· 148
　　6.2　实验一：应收款管理系统初始化 ·· 148
　　6.3　实验二：应收单据处理 ·· 165
　　6.4　实验三：收款单据处理 ·· 173
　　6.5　实验四：票据处理 ·· 180
　　6.6　实验五：转账处理 ·· 188
　　6.7　实验六：坏账处理与单据查询 ··· 195
　　6.8　实验七：账表管理与其他处理 ··· 201

第7章　应付款管理系统 ·· 208
　　7.1　功能概述 ··· 208
　　7.2　实验一：应付款管理系统初始化 ·· 208
　　7.3　实验二：应付单据处理 ·· 217
　　7.4　实验三：付款单据处理 ·· 225
　　7.5　实验四：票据管理 ·· 231
　　7.6　实验五：转账处理 ·· 237
　　7.7　实验六：单据查询 ·· 241
　　7.8　实验七：账表管理与其他处理 ··· 244

参考文献 ··· 252

第1章 系统管理与基础设置

1.1 功能概述

用友 ERP-U8 软件产品由多个模块组成，各个模块之间相互联系，数据共享，为企业资金流、物流、信息流的统一管理和实时反映提供了有效的方法与工具。对于多个模块的操作，系统的账套建立、修改、删除和备份，操作员建立、角色划分和权限分配等功能，需要一个平台来进行集中管理，系统管理模块的功能就是提供这样一个操作平台。其优点就是对于企业的信息化管理人员可以进行方便的管理、及时的监控，随时可以掌握企业的信息系统状态。系统管理的使用对象为企业的信息管理人员（即系统管理员：Admin）、安全管理人员（即安全管理员：Sadmin）、管理员用户或账套主管。

1. 系统管理模块的功能

系统管理模块主要能够实现以下功能。

（1）对账套的统一管理，包括建立、修改、引入和输出（备份和恢复备份）。

（2）对操作员及其功能权限实行统一管理，设立统一的安全机制，包括用户、角色和权限设置。

（3）允许设置自动备份计划，系统根据这些设置定期进行自动备份处理，实现账套的自动备份。

（4）对账套库的管理，包括建立、引入和输出账套库，账套库初始化，清空账套库数据。

（5）对系统任务的管理，包括查看当前运行任务、清除指定任务和清退站点等。

2. 系统管理模块的特点

由于用友 ERP-U8 软件所含的各个模块是为同一个主体的不同层面服务的，并且模块与模块之间相互联系、数据共享，因此，就要求这些模块具备以下特点。

（1）具备公用的基础信息。

（2）拥有相同的账套和账套库。

（3）操作员和操作权限集中管理并且进行角色的集中权限管理。

（4）业务数据共用一个数据库。

1.2 实验一：系统管理

1.2.1 实验目的

系统学习系统管理的主要内容和操作方法。

1.2.2 实验要求

（1）设置操作员。
（2）建立账套（不进行系统启用的设置）。
（3）设置操作员权限。
（4）将账套修改为有"外币核算"的账套。
（5）修改权限：增加杨虹的权限，即公共目录（AS）下的"其他"中的"常用摘要"。
（6）账套备份。

1.2.3 实验资料

1. 操作员及其权限

操作员及其权限见表 1.2.1。

表 1.2.1 操作员及其权限

编号	姓名	口令	所属部门	角色	权限
010	张楠	010	财务部	账套主管	账套主管的全部权限
020	杨虹	020	财务部	总账会计	除恢复记账前状态（GL0209）外的所有总账系统的权限
030	刘玲	030	财务部	出纳	总账系统中出纳签字（GL0203）及出纳（GL04）的所有权限

2. 账套信息

（1）账套号：925（学生学号后三位）。
（2）单位名称：孟源股份有限公司（学生名字＋股份有限公司）。
（3）单位简称：孟源公司（学生名字＋公司）。
（4）单位地址：西安市碑林区友谊西路 226 号。
（5）法人代表：方强。
（6）邮政编码：710072。
（7）税号：1000110102668××。
（8）启用会计期：2018 年 10 月。
（9）企业类型：工业。
（10）行业性质：新会计制度科目。
（11）账套主管：张楠。
（12）基础信息：
1）对存货、客户进行分类；
2）有外币核算（修改账套时增添的内容）。
（13）分类编码方案（也可在企业门户中进行确认）：
1）科目编码级次：4222；

2）客户分类编码级次：123；
3）部门编码级次：122；
4）存货分类编码级次：122；
5）收发类别编码级次：12；
6）结算方式编码级次：12。

1.2.4 实验指导

1. 设置操作员或者用户

设置操作员或者用户具体操作步骤如下。

（1）单击"开始"按钮，依次指向"程序""用友U8V10.1""系统服务""系统管理"，打开"系统管理"窗口。

（2）在"系统管理"窗口中，单击"系统""注册"，打开"登录"对话框。

（3）在"登录到"文本框中，给定U8应用服务器的名称或IP地址。

（4）在"操作员"文本框中，显示用友U8默认的系统管理员"admin"，系统默认管理员密码为空，如图1.2.1所示。

图1.2.1 以系统管理员身份登录系统管理

（5）单击"登录"按钮，进入系统管理界面，执行"权限""角色"命令，进入"角色管理"窗口。

（6）单击"增加"按钮，打开"角色详细情况"对话框，按表中所提示的资料，输入角色信息，如输入总账会计的相关信息，如图1.2.2所示。

（7）单击"增加"按钮。依此方法依次设置其他的操作员，如图1.2.3所示。

（8）进入系统管理界面，执行"权限""用户"命令，进入"用户管理"窗口。

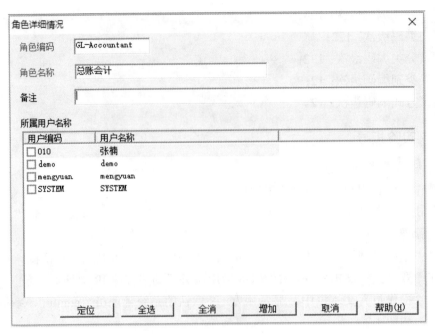

图 1.2.2　增加角色

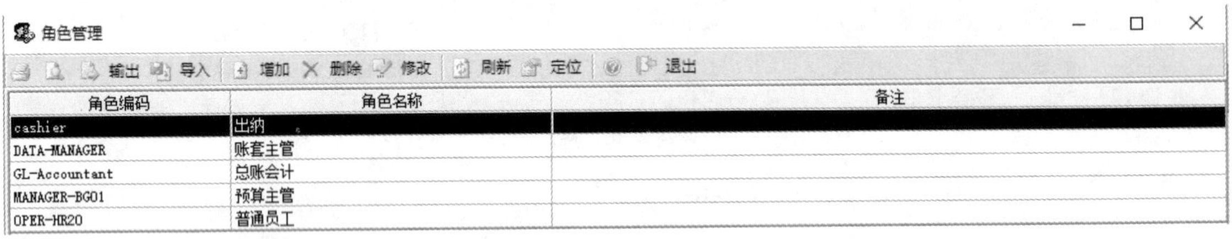

图 1.2.3　角色增加完成

（9）单击"增加"按钮，打开"操作员详细情况"对话框，按表中所提示的资料，输入操作员信息，如输入账套主管 010 张楠的相关信息，如图 1.2.4 所示。

（10）单击"增加"按钮。依此方法依次设置其他的操作员，如图 1.2.5 所示。

提示：

1）该工作应由系统管理员在系统管理功能中完成。

2）用户的设置是在用户功能中的"增加"状态中完成的，每增加一位用户后，单击"增加"即为保存。

3）在增加用户时可以直接指定用户所属角色。由于系统中已经为预设的角色赋予了相应的权限，因此，如果在增加用户时就指定了相应的角色，则其自动拥有了该角色的所有权限。如果该用户所拥有的权限与该角色的权限不完全相同。可以在"权限"/"权限"功能中修改。

4）用户一旦被启用并进行账务处理之后将不允许删除。用户使用过系统后又调离该岗位，应在"用户管理"窗口中单击"修改"按钮，在"修改用户信息"对话框中单击"注销当前用户"按钮，最后单击"修改"按钮返回系统管理。注销后该用户无权限再进入企业应用平台。

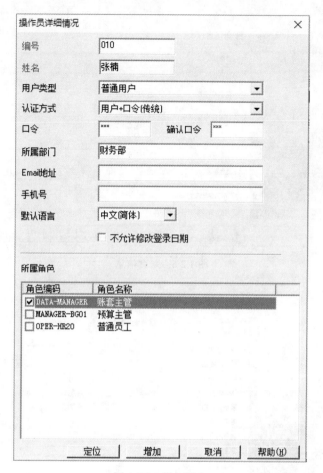

图 1.2.4 增加用户

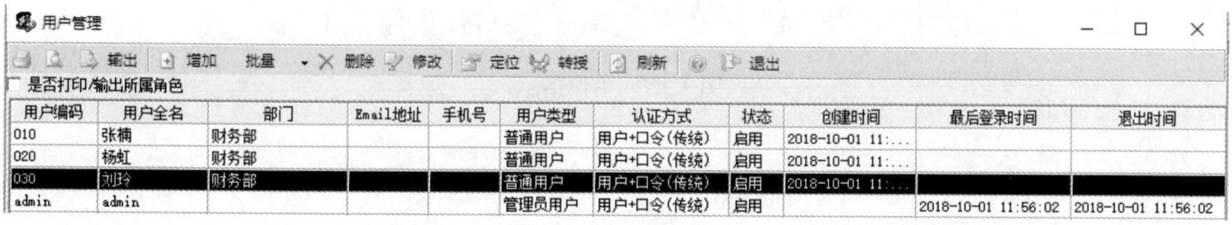

图 1.2.5 用户增加完成

2. 建立账套

操作步骤如下。

（1）在系统管理窗口中，单击"账套""建立"，打开"创建账套－建账方式"对话框。选中"新建空白账套"选项，单击"下一步"按钮，进行账套信息设置。

（2）录入账套号"学生学号后三位"，账套名称"学生名字＋股份有限公司"，如图1.2.6所示。

（3）单击"下一步"按钮，打开"单位信息"对话框，录入单位信息，如图1.2.7所示。

（4）单击"下一步"按钮，打开"核算类型"对话框，单击行业性质栏下三角按钮，选择"新会计制度科目"，单击账套主管栏下三角按钮，选择"张楠"，如图1.2.8所示。

会计信息系统实验教程

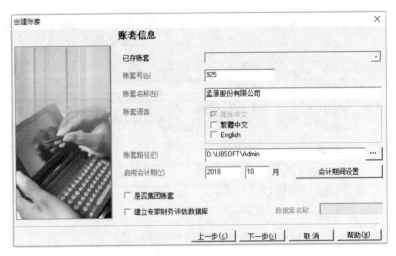

图 1.2.6　账套信息

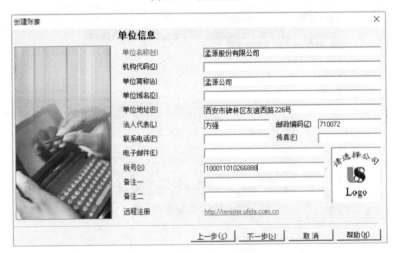

图 1.2.7　单位信息

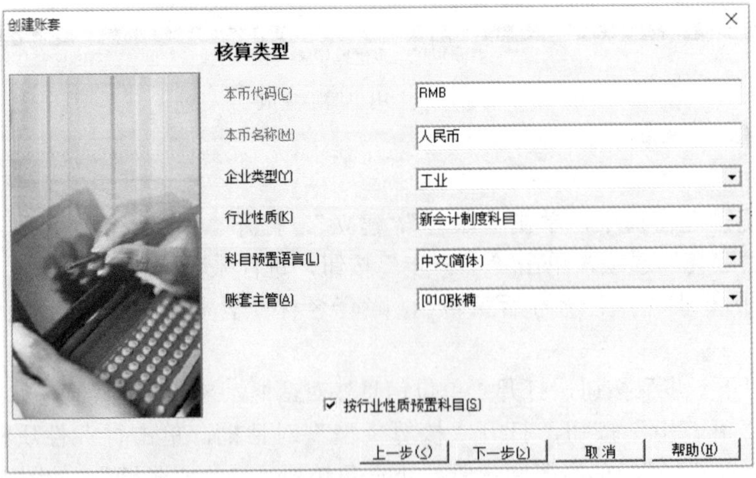

图 1.2.8　核算类型

（5）单击"下一步"按钮，打开"基础信息"对话框，分别单击选中"存货是否分类"及"客户是否分类"前复选框，如图 1.2.9 所示。

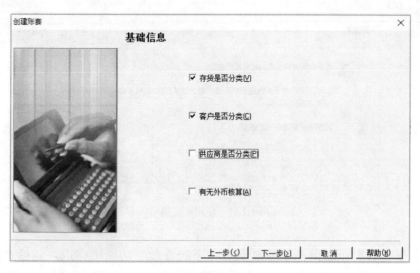

图 1.2.9　基础信息

（6）单击"下一步"后会弹出"编码方案"对话框。按所给资料修改分类编码方案，如图 1.2.10 所示。

图 1.2.10　分类编码方案

（7）单击"确定"，进入"数据精度"对话框，单击"确认"后，出现"创建账套"的提示对话框，单击"否"，结束建账过程，如图1.2.11所示。

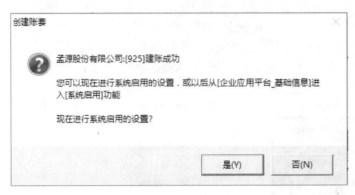

图1.2.11　启用账套提示

提示：

1）建立账套的工作应由系统管理员在"系统管理"功能中完成，包括"设置账套信息""单位信息""核算类型""基础信息"及"确定分类编码方案"和"数据精度"。

2）建立账套时系统会将启用会计期自动默认为系统日期，应注意根据所给资料修改，否则将会影响到企业的系统初始化及日常业务处理等内容。

3）输入"单位名称"时，必须输入用户单位的全称。企业全称只在发票打印时使用，其余情况全部使用企业的简称。

4）填制"企业类型"时，用户必须从下拉列表框中选择输入。系统提供了工业、商业两种类型。如选择工业模式，则系统不能处理受托代销业务；如果选择商业模式，委托代销和受托代销能处理。

5）"行业性质"将决定系统"预制科目的内容"，按行业性质预置科目。如果用户希望预置所属行业的标准一级科目，则选中该复选框。

6）数据精度是指定义数据的小数位数，如果需要进行数量核算，需要认真填写该项

7）"分类编码方案""数据精度""系统启用项目"可以由账套主管在"企业门户"\"基础信息"\"基本信息"中进行修改。

3. 设置操作员或者用户的权限

设置操作员或者用户的权限操作步骤如下。

（1）在"系统管理"窗口中，单击"权限""权限"，打开"操作员权限"对话框。

（2）在"操作员权限"对话框中，选中"010"号操作员"张楠"，在"账套主管"的下拉列表框中选中"925"账套，如图1.2.12所示。

（3）在操作员窗口中选中"020"号操作员"杨虹"，在"账套主管"的下拉列表中选中"925"账套，单击"修改"按钮，选中"总账"前的复选框，再单击"恢复记账前状态"前的复选框，如图1.2.13所示，单击"030"号操作员，弹出"操作员权限"对话框，单击"是"保存对"020"号操作员权限的修改，如图1.2.14所示。

第1章 系统管理与基础设置

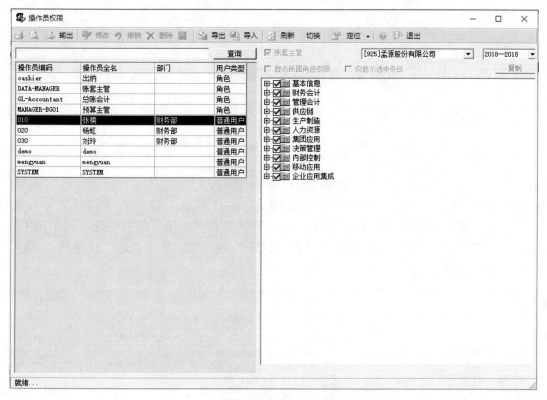

图 1.2.12 操作员权限

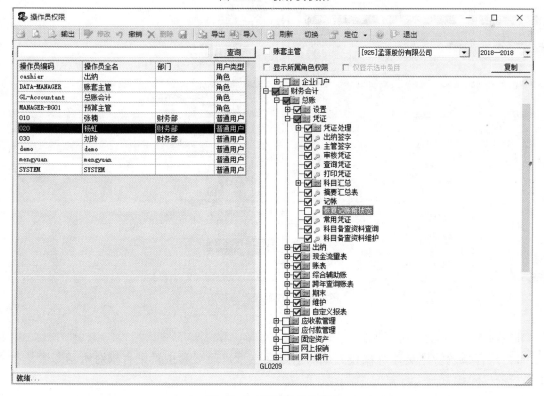

图 1.2.13 设置操作员权限

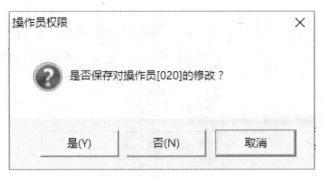

图 1.2.14　保存权限修改

（4）在操作员窗口中，选中 030 号操作员，在"账套主管"的下拉列表中，选中"925"账套，单击"修改"按钮，选中"出纳签字"和"出纳"前的复选框，如图 1.2.15 所示，单击"020"号操作员，弹出"操作员权限"对话框，单击"是"保存对"030"号操作员权限的修改。

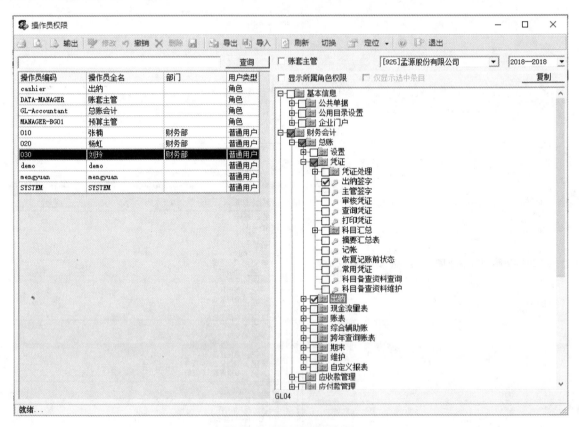

图 1.2.15　设置操作员权限

提示：

1）只有系统管理员才有权设置或取消账套主管，而账套主管则有权对所辖账套进行各子系统的权限设置。

2）设置权限时应注意分别选中"用户"及相应的"账套"。

4. 修改账套

修改账套即修改为有"外币核算"的账套,操作步骤如下。

(1)在"系统服务"模块中的"系统管理"窗口,单击"系统""注册",打开"登录"对话框,以账套主管"010"的名义登录系统,如图1.2.16所示。

图1.2.16 登录系统管理

(2)在"系统管理"窗口的菜单中,单击"账套""修改",进入账套修改界面。按照引导图标,依次点击"下一步",直到"基础信息"设置界面,在"有无外币核算"的复选框前打勾,如图1.2.17所示。然后点击"完成",弹出"修改账套"对话框,单击"是",在"分类编码方案"和"数据精度定义"窗口中分别单击"确认"后确定修改成功。

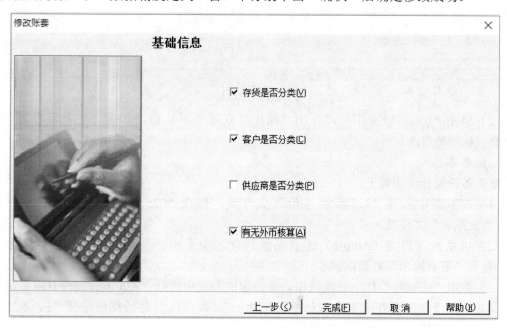

图1.2.17 基础信息

提示：修改账套的工作应由账套主管在系统管理的账套/修改功能中完成。

5. 修改权限

增加杨虹的权限，即公共目录（AS）下的"其他"中的"常用摘要"。

操作步骤如下。

（1）以账套主管"010"的名义登录系统，在系统管理的"权限"功能模块中点击"修改"按钮，然后在"基本信息""公共目录设置""其他""常用摘要"选项前打勾，如图1.2.18所示。

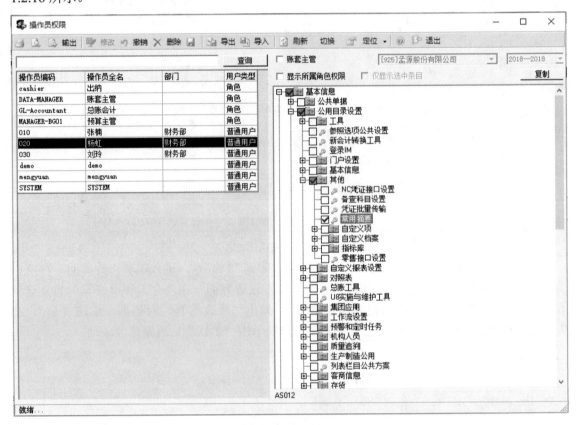

图 1.2.18 修改权限

（2）单击"030"号操作员，弹出"操作员权限"对话框，单击"是"保存对"020"号操作员权限的修改。

6. 账套备份

账套备份操作步骤如下。

（1）在F盘中新建"925账套备份"文件夹，再在"925账套备份"文件夹中新建"（1）建立账套"文件夹。

（2）由系统管理员（Admin）注册系统管理，在系统管理窗口中，单击"账套""输出"，打开"账套输出"对话框。

（3）单击"账套号"栏下三角按钮，在弹出的列表中选择"925孟源股份有限公司"。

（4）单击"输出文件位置"对话框后的"…"，在出现的对话框中选择"F:\925账套备份\（1）建立账套\"，如图1.2.19所示。

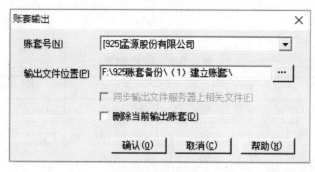

图 1.2.19 账套输出

（5）单击"确认"按钮，出现"系统管理–输出成功"对话框，单击"确定"按钮。

1.3 实验二：基础设置

1.3.1 实验目的

系统学习基础设置的主要内容和操作方法。

1.3.2 实验要求

（1）在"企业门户"中启用"总账"系统（启用日期为2018年10月1日）。
（2）设置部门档案。
（3）设置职员档案。
（4）设置客户分类。
（5）设置客户档案。
（6）设置供应商档案。
（7）设置操作员会计有权对出纳及账套主管所填制凭证的查询、删改、审核、弃审以及关闭的权限。
（8）利用单据设计功能将"应收单"中"币种"和"汇率"删除。

1.3.3 实验资料（以实验一的数据为基础）

1. 部门档案

部门档案见表1.3.1。

表 1.3.1 部门档案

部门编码	部门名称
1	人事部
2	财务部
3	市场部
301	供应部
302	销售部
4	加工车间

2. 职员档案

职员档案见表1.3.2。

表1.3.2 职员档案

职员编码	职员姓名	性别	人员类别	雇佣状态	所属部门
1	王文	女	正式	在职	人事部
2	柯丽	女	合同	在职	人事部
3	张楠	男	正式	在职	财务部（主管）
4	杨虹	男	正式	在职	财务部（会计）
5	刘玲	女	正式	在职	财务部（出纳）
6	杨明	男	正式	在职	供应部（业务员）
7	于伟	男	正式	在职	销售部（业务员）
8	徐东	男	实习	在职	加工车间

3. 客户分类

客户分类见表1.3.3。

表1.3.3 客户分类

类别编码	类别名称
1	北京地区
2	上海地区
3	东北地区
4	华北地区
5	西北地区

4. 客户档案

客户档案见表1.3.4。

表1.3.4 客户档案

客户编码	客户简称	所属分类
01	北京天益公司	1 北京地区
02	大地公司	1 北京地区
03	上海邦立公司	2 上海地区
04	明兴公司	2 上海地区
05	鞍山钢铁厂	3 东北地区
06	伟达公司	4 华北地区
07	光华公司	5 西北地区

5. 供应商档案

供应商档案见表1.3.5。

表 1.3.5 供应商档案

供应商编码	供应商简称	所属分类
01	北京无忧公司	00
02	大卫公司	00
03	杰兴公司	00

1.3.4 实验指导

1. 分别启用总账系统，应收、应付系统

操作步骤如下。

（1）第一种方法：

1）执行"开始""所有程序""用友U8V10.1""企业应用平台"命令，打开"登录"对话框，输入操作员"010"，在"账套"下拉列表框中选择"925 孟源股份有限公司"，如图1.3.1所示，单击"登录"，进入"UFIDA U8"窗口。

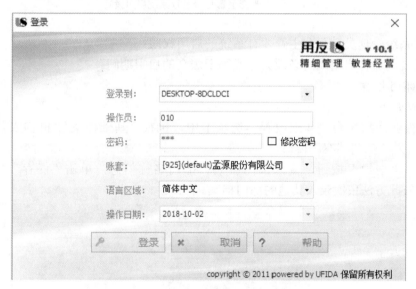

图 1.3.1 以账套主管身份登录企业应用平台

2）在企业应用平台"基础设置"选项卡中，执行"基本信息""系统启用"命令，打开"系统启用"对话框。

3）单击"GL 总账"前的复选框，弹出"日历"对话框，选择当前日期，如图1.3.2所示。

4）单击"确定"按钮，系统弹出"确实要启用当前系统吗？"信息提示框，单击"是"返回。依此方法再分别启用"应付"及"应收"系统。

（2）第二种方法：以admin的身份注册进入"系统服务"模块的"系统管理"窗口，在菜单"账套"中选择"建立账套"，依照实验一的步骤，在账套成功建立后，会出现提示框："现在进行系统启用的设置？"，选择"是"则启用总账系统。

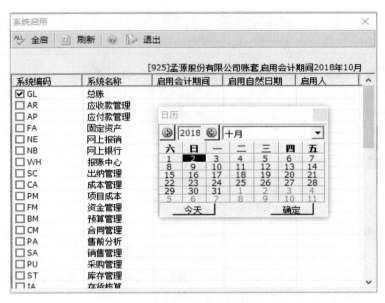

图 1.3.2 以账套主管身份进行系统启用设置

提示：

1）只有系统管理员和账套主管才有系统的启用权限；

2）各系统的会计启用期间必须大于或等于账套的启用期间。

2. 设置部门档案

操作步骤如下。

（1）在企业应用平台"基础设置"选项卡中，执行"基础档案""机构人员""部门档案"命令，进入"部门档案"窗口。

（2）单击"增加"按钮，输入部门编码、部门名称信息，单击"保存"按钮，如图1.3.3 所示，依此方法依次录入其他的部门档案。

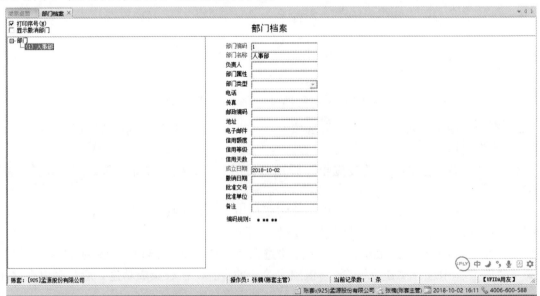

图 1.3.3 部门档案

提示：如果职员档案还没有录入，则部门中的负责人可以以后再添加。

3. 设置职员档案

操作步骤如下。

（1）在基础设置中，执行"基础档案""机构人员""人员档案"命令，进入"人员列表"窗口。

（2）单击左窗口中部门分类下的"人事部"，单击"增加"按钮，按基础设置资料输入人员信息，如图1.3.4所示。

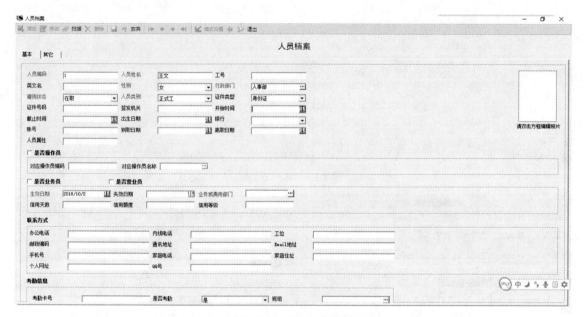

图1.3.4　增加人员档案

（3）单击"保存"按钮，依此方法依次录入其他的职员档案。

提示：职员所属部门只能是末级部门。

4. 设置客户分类

操作步骤如下。

（1）在基础设置中，执行"基础档案""客商信息""客户分类"命令，进入"客户分类"窗口。

（2）单击"增加"按钮，按基础设置资料输入客户分类信息，单击"保存"按钮，依此方法依次录入所有的客户分类信息，如图1.3.5所示。

5. 设置客户档案

操作步骤如下。

（1）在"基础设置"选项卡中，执行"基础档案""客商信息""客户档案"命令，打开"客户档案"窗口。

（2）单击"增加"按钮，打开"增加客户档案"对话框。

（3）在"基本"选项卡中，按基础设置资料输入客户档案信息，如图1.3.6所示。

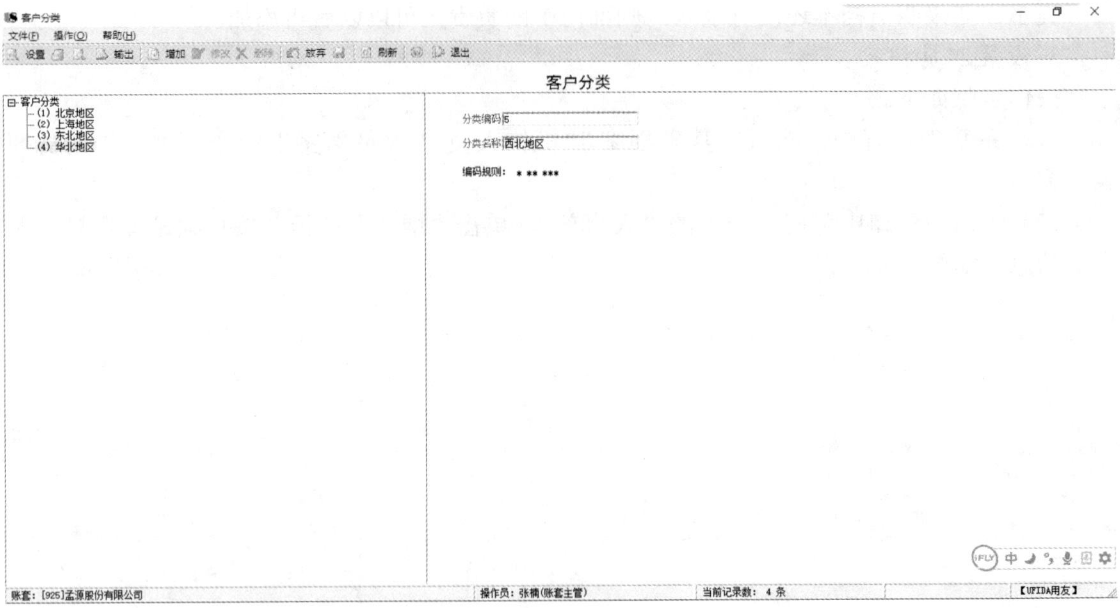

图 1.3.5　客户分类

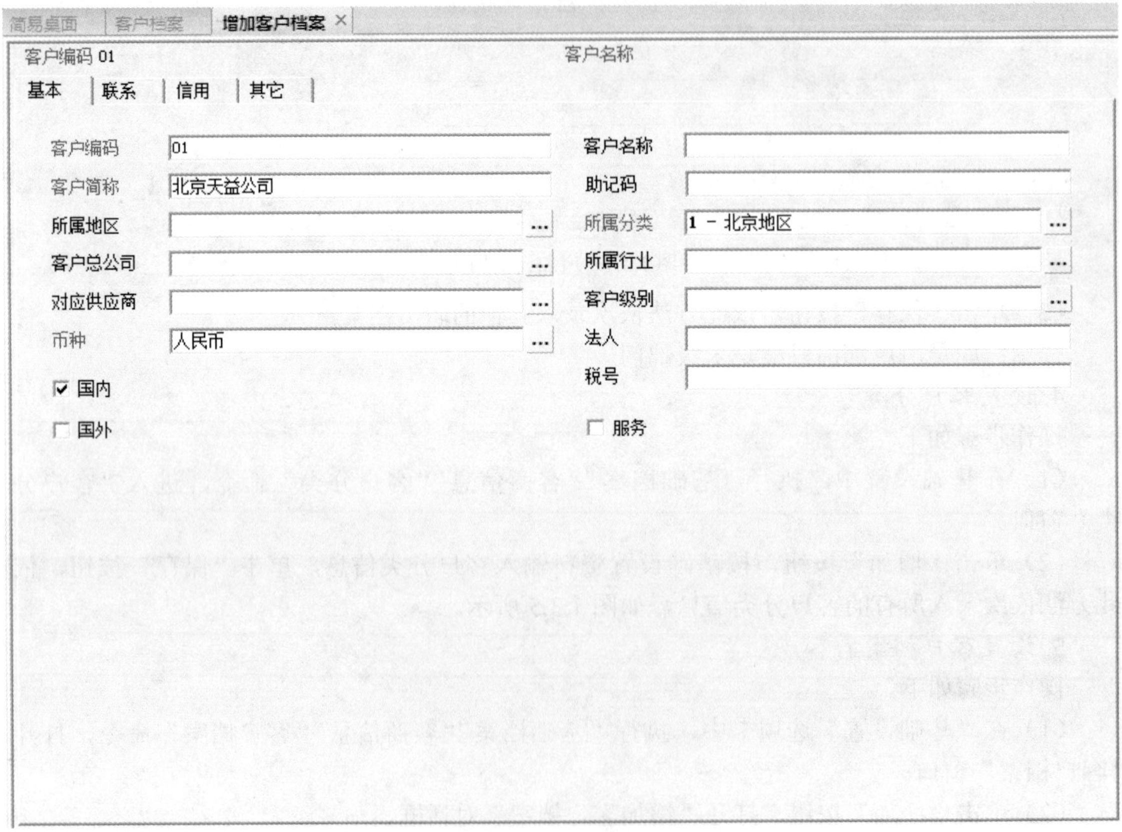

图 1.3.6　增加客户档案

（4）单击"保存"按钮，依此方法依次录入所有的客户档案信息。

提示：客户档案的所属分类只能是末级客户分类。

第1章 系统管理与基础设置

6. 设置供应商档案

操作步骤如下。

（1）在"基础设置"选项卡中，执行"基础档案""客商信息""供应商档案"命令，打开"供应商档案"窗口。

（2）单击"增加"按钮，打开"增加供应商档案"对话框。

（3）在"基本"选项卡中，按基础设置资料输入供应商档案信息，如图1.3.7所示。

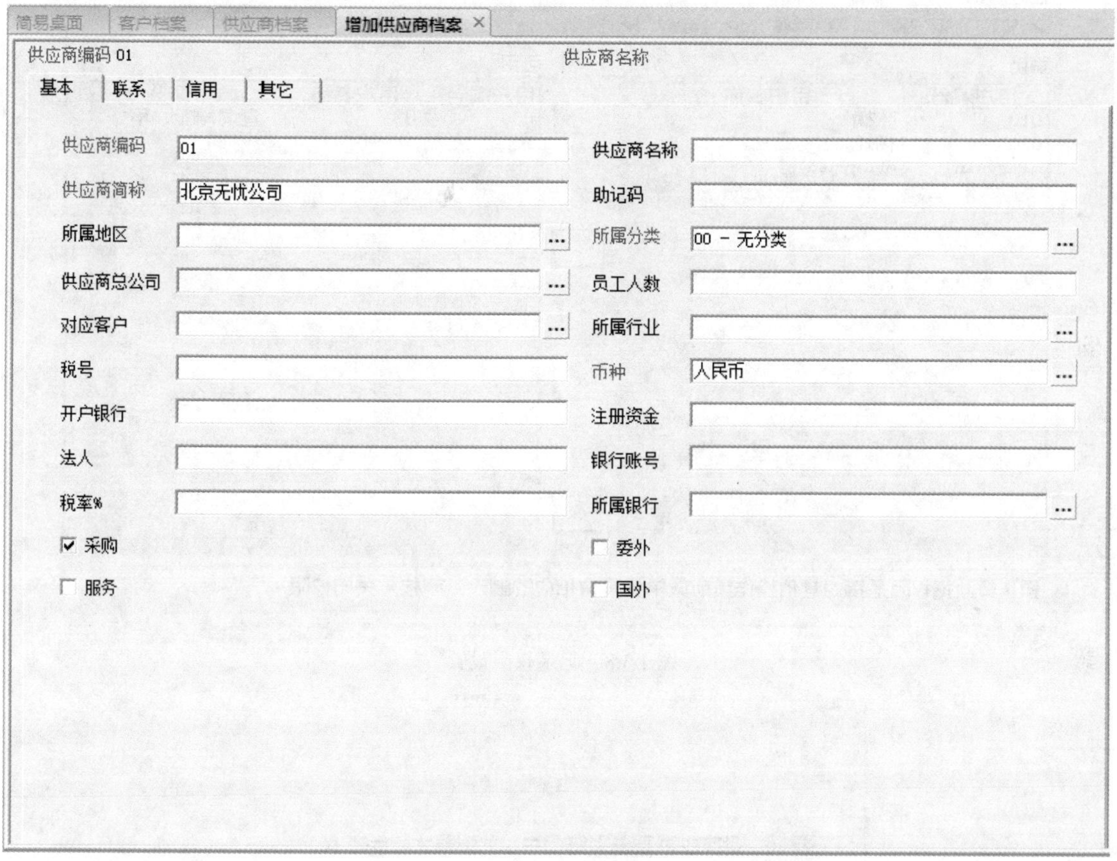

图1.3.7 增加供应商档案

（4）单击"保存"按钮，依此方法依次录入所有的供应商档案信息。

提示：供应商是否分类的修改只能在未建立供应商档案的情况下，在系统管理中以修改账套的方式修改。

7. 设置数据权限

操作步骤如下。

（1）在"UFIDA U8"窗口中，依次执行"系统服务""权限""数据权限分配"命令，打开"权限浏览"窗口。

（2）单击左侧"用户及角色"窗口中"020 杨虹"，再单击"授权"，打开"记录权限设置"窗口。

（3）在"记录权限设置"窗口中，单击"业务对象"栏下三角按钮，选择"用户"。

（4）再在"记录权限设置"窗口中，单击左侧窗口中的"030 刘玲"，单击">"按钮，如图 1.3.8 所示。

（5）以此方法再单击"010 张楠"，单击"保存"按钮，出现"保存成功，重新登录门户，此配置才能生效"提示窗口，单击"确定"按钮，如图 1.3.9 所示。

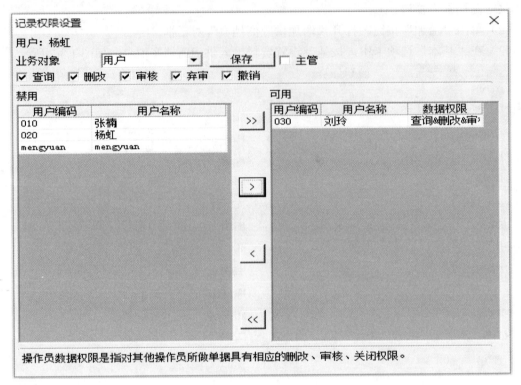

图 1.3.8　记录权限设置

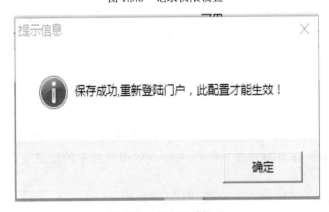

图 1.3.9　保存成功提示

8. 单据设计

操作步骤如下。

（1）在"UFIDA U8"窗口中，执行"基础设置""单据设置""单据格式设置"命令，打开"单据格式设置"窗口。

（2）在"单据格式设置"窗口中，执行左侧"单据类型"窗口中"应收款管理""应收单""显示""应收单显示模版"命令，打开"应收单"。

（3）单击"应收单"中"币种 5"，单击"删除"，系统提示"是否删除当前选择项目"，如图 1.3.10 所示，单击"是"，删除"币种 5"。

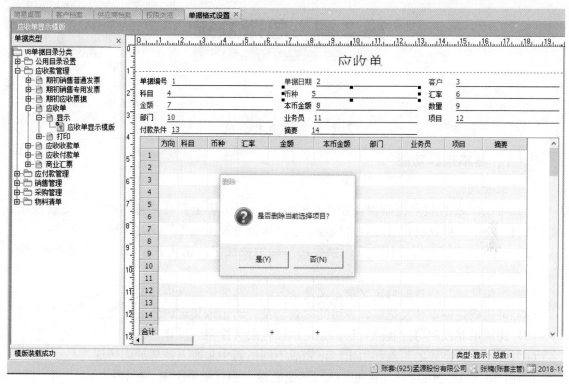

图 1.3.10　删除"应收单"中"币种"

（4）再单击"应收单"中"汇率 6"，单击"删除"，系统提示"是否删除当前选择项目"，单击"是"，删除"汇率 6"。

提示：只有在启用了"应收""应付"系统或其他业务系统时，在"企业门户"的单据目录分类中才会列示与启用系统相对应的分类及内容。

第 2 章 总账系统

2.1 功能概述

2.1.1 基本核算功能

1. 凭证管理

(1) 通过严密的制单控制保证制单的正确性。提供资金及往来赤字控制、支票控制、预算控制、外币折算以及查看最新余额等功能,加强对发生业务的及时管理和控制。

(2) 可随时调用常用凭证、常用摘要,自动生成红字冲销凭证,帮助企业更加快速准确地录入凭证。

(3) 增加凭证及科目的自定义项定义及录入,提高凭证录入内容的自由度。

(4) 可完成凭证审核及记账,并可随时查询及打印记账凭证、凭证汇总表。

(5) 凭证填制权限可控制到科目,凭证审核权限可控制到操作员。

(6) 标准凭证格式的引入和引出,可完成不同机器中总账系统凭证的传递。

1) 引入:按规定格式引入其他系统或其他机器上的总账系统中的凭证;

2) 引出:按规定格式引出总账系统中的凭证;

3) 复制:按规定格式将相同版本账套中的凭证复制到其他账套中。

2. 标准账表

(1) 可随时提供总账、余额表、序时账、明细账、多栏账、日记账及日报表等多种标准账表,并可查询包含未记账凭证的最新数据,同时能够查询上级科目总账数据及末级科目明细数据的月份综合明细账。

(2) 提供"我的账簿"功能为企业保存常用的查询条件,加快查询速度。

(3) 任意设置多栏栏目,能够实现各种输出格式。自由定义各栏目的输出方式与内容,能够满足不同层次的管理需要。

(4) 提供总账、明细账、凭证、原始单据相互联查、溯源功能。

(5) 明细账的查询权限可以控制到科目。

(6) 灵活的打印输出:提供栏目打印宽度、账页每页打印行数等参数的设置,以及明细账可按总账科目打印账本的功能。各类正式账簿提供套打功能。

3. 出纳管理

(1) 提供出纳签字功能,加强出纳凭证的管理。

(2) 提供银行对账单引入、录入和查询功能。

(3) 为出纳人员提供一个集成办公环境,加强对现金及银行存款的管理。完成银行日记账、现金日记账,提供银行对账功能,随时查询银行余额调节表。

4. 外币核算
（1）用户可选择采用固定汇率方式还是浮动汇率方式计算本币金额。
（2）可由用户选用直接标价法和间接标价法折算本位币。
（3）月末可自动调整汇兑损益。
5. 月末处理
（1）自动完成月末分摊、计提、转账、销售成本、汇兑损益及期间损益结转等业务。
（2）可进行试算平衡、对账及结账等工作。
（3）灵活的自定义转账功能，各种取数公式可满足各类业务的转账工作。

2.1.2 辅助管理功能

1. 个人借款管理
（1）主要进行个人借款、还款管理工作，及时地控制个人借款，完成清欠工作。
（2）提供个人借款明细账、催款单、余额表、账龄分析报告及自动清理核销已清账等功能。
2. 部门核算
（1）主要为了考核部门费用收支情况，及时控制各部门费用的支出，为部门考核提供依据。
（2）提供各级部门总账、明细账的查询功能，进行部门收支分析。
3. 项目管理
（1）用于生产成本、在建工程等业务的核算，以项目为中心为使用者提供各项目的成本、费用、收入等汇总与明细情况以及项目计划执行报告等，也可用于核算科研课题、专项工程、产成品成本、旅游团队合同和订单等。
（2）提供项目总账、明细账及项目统计表的查询。
4. 往来管理
（1）主要进行客户和供应商往来款项的发生、清欠管理工作，及时掌握往来款项的最新情况。
（2）提供往来款的总账、明细账、催款单、往来账清理及账龄分析报告等功能。

2.2 实验一：总账系统初始化

2.2.1 实验目的

总账系统初始化是为总账系统日常业务处理工作所做的准备，主要包括设置系统参数、设置会计科目体系、录入期初余额、设置凭证类别和结算方式。本实验的目的是系统学习总账系统初始化的主要内容和操作方法。

2.2.2 实验要求

（1）设置系统参数。
（2）设置会计科目。
（3）设置项目目录。

（4）设置凭证类别。
（5）设置结算方式。
（6）输入期初余额。

2.2.3 实验资料（以前面的实验内容为基础）

1. 本账套总账系统的参数

不允许修改、作废他人填制的凭证；凭证审核控制到操作员。

2. 会计科目

（1）"1001 现金"为现金总账科目，"1002 银行存款"为银行总账科目。

（2）增加会计科目。

增加会计科目见表2.2.1。

表2.2.1 会计科目

科目名称	辅助账类型	科目编码
工行存款	日记账、银行账	100201
应收职工借款	个人往来	113301
办公费	部门核算	550201
差旅费	部门核算	550202
工资	部门核算	550203
折旧费	部门核算	550204

（3）修改会计科目。

"1131 应收账款"科目辅助账类型为"客户往来（无受控系统）；""2121 应付账款"科目辅助账类型为"供应商往来（无受控系统）""1603 在建工程""1601 工程物资"科目及所属明细科目辅助账类型为"项目核算"。

3. 项目目录

项目大类为"自建工程"，核算科目为"在建工程""工程物资"及明细科目，项目内容为1号工程和2号工程，其中1号工程包括"在建工程"和"设备安装"两项工程。

4. 凭证类别

凭证类别见表2.2.2。

表2.2.2 凭证类别

类别名称	限制类型	限制科目
收款凭证	借方必有	1001，1002
付款凭证	贷方必有	1001，1002
转账凭证	凭证必无	1001，1002

5. 期初余额

现金：8 000——借方

工行存款：222 000——借方

应收职工借款——杨明：6 000——借方
库存商品：50 000——借方
短期借款：120 000——贷方
实收资本：166 000——贷方

6. 结算方式

结算方式包括现金结算、现金支票结算、转账支票结算及银行汇票结算。

2.2.4　实验指导

1. 设置系统参数

操作步骤如下。

（1）在企业应用平台中，依次执行"业务工作""财务会计""总账"命令，启动"总账"系统。

（2）在"总账"窗口系统菜单中，依次执行"设置""选项"命令，打开"选项"对话框，如图2.2.1所示。

（3）在"权限"标签中做修改，单击"编辑"，改为"不允许修改、作废他人填制的凭证；凭证审核控制到操作员"，单击"确定"。

图2.2.1　设置系统参数

提示：

1）启动总账系统既可以在企业门户中启动，也可以使用程序菜单直接启动。

2）总账系统的参数将决定总账系统的输入控制、处理方式、数据流向及输出格式等，设定后一般不能随意修改。

3）系统参数的设置在总账系统"设置"选项窗口中，单击"编辑"按钮开始。

2. 指定会计科目

操作步骤如下。

（1）在企业应用平台中，依次执行"基础设置""基础档案""财务""会计科目"命令，打开"会计科目"对话框。

（2）单击"编辑""指定科目"，指定"1001 现金"为现金总账科目，"1002 银行存款"为银行总账科目，如图 2.2.2 所示，单击"确定"。

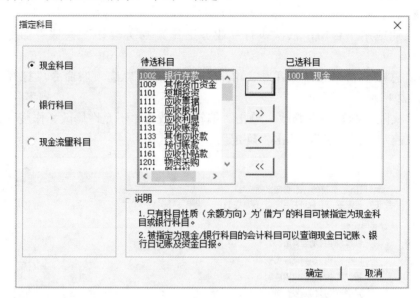

图 2.2.2　指定会计科目

提示：

1）指定会计科目的操作从总账系统中编辑/指定会计科目开始操作。

2）被指定的现金总账科目及银行总账科目必须是一级会计科目。

3）进行"指定"操作之前要提示操作者身份的选择，本次实验中是账套主管。

4）只有指定现金及银行总账科目才能进行出纳签字的操作以及对现金及银行存款日记账的查询。

3. 增加会计科目

操作步骤如下。

（1）在企业应用平台中，执行"基础设置""基础档案""财务""会计科目"命令，打开"会计科目"对话框。

（2）单击"编辑""增加"，打开"新增会计科目"对话框，输入"工行存款"，选定"日记账""银行账"复选框，如图 2.2.3 所示，单击"确定"，再单击"增加"；输入"应收职工借款"，选定"个人往来"复选框；输入"办公费""差旅费""工资""折旧费"，分别选定"部门核算"复选框。

第2章 总账系统

图 2.2.3 增加会计科目

提示:

1) 增加下级科目时,可以先点击对应的上级科目,然后在上方的菜单中单击"增加"按钮,并填制相应的数据和信息。

2) 如果会计科目已经使用,则不能被修改或删除,除非能完全删除已有的操作。

3) 设置会计科目时应注意会计科目的"账页格式",一般情况下应为"金额式",也有可能是"数量金额式"等,如果是数量金额式还应继续设置计量单位,否则不能同时进行数量的核算。

4. 修改会计科目

操作步骤如下。

(1) 在"会计科目"窗口,单击"1131 应收账款"所在行的任意位置,然后单击"修改"按钮,打开"会计科目_修改"对话框。

(2) 在"会计科目_修改"对话框中,单击下面的"修改"按钮,激活"会计科目_修改"对话框,选定"客户往来"复选框,"受控系统"选择"无",如图2.2.4所示,单击"确定"。

(3) 依此方法修改"2121 应付账款"科目辅助账类型为"供应商往来"以及"1603 在建工程""1601 工程物资"科目及所属明细科目辅助账类型为"项目核算"。

提示:在修改应收账款和应付账款科目时,都要求"无受控系统",即该账套并不使用"应收""应付"系统,应收、应付业务均以辅助账的形式在总账系统中进行核算。

5. 设置项目目录

操作步骤如下。

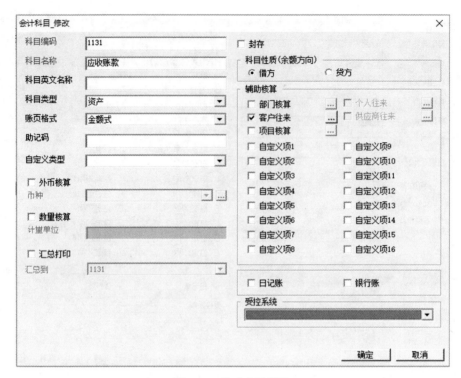

图 2.2.4 修改会计科目

（1）以账套主管的身份登录"企业应用平台"界面。点击"基础设置""基础档案""财务""项目目录"按钮，打开"项目档案"对话框。

（2）单击"增加"按钮，打开"项目大类定义_增加"对话框。在"新项目大类名称"文本框中输入"自建工程"，如图 2.2.5 所示，然后单击"下一步"至"完成"按钮。

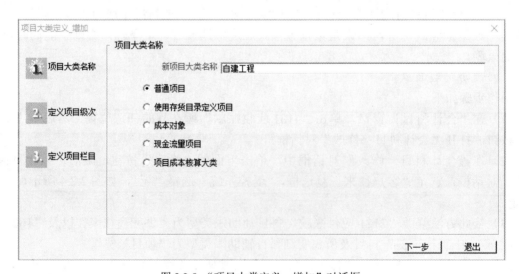

图 2.2.5 "项目大类定义_增加"对话框

（3）在"项目档案"对话框中，单击"核算科目"选项卡，单击"项目大类"列表框的下拉按钮，将项目大类选择为"自建工程"，在"待选科目"列表框中选定"在建工程"，将"在建工程"移至右边的"已选科目",再依次将"工程物资"及其明细科目添加到"已选科目"列表框中,然后单击"确定"按钮,如图 2.2.6 所示。

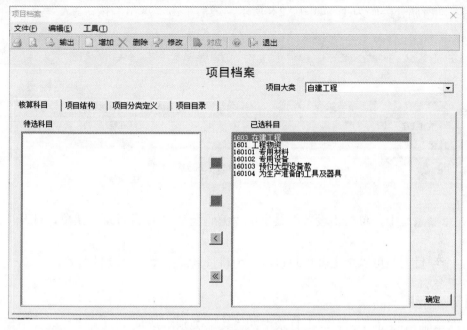

图 2.2.6　项目档案 – 核算科目

（4）单击"项目分类定义"选项卡,在随后显示的对话框中输入项目的"分类编码 1","分类名称 1 号工程",单击"确定",再次在"分类编码"中输入 2,"分类名称"中输入"2 号工程",单击"确定",如图 2.2.7 所示。

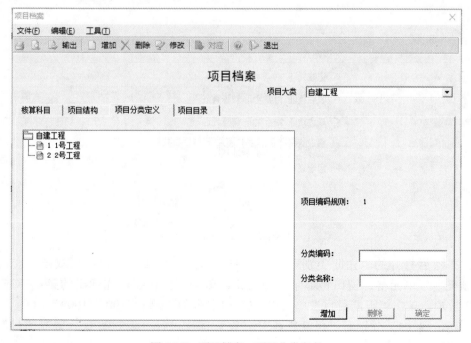

图 2.2.7　项目档案 – 项目分类定义

（5）单击"项目目录"选项卡，在随后显示的对话框中单击"维护"按钮，打开"项目目录维护"对话框。单击"增加"按钮，在"项目名称"栏中依次输入"在建工程"和"设备安装"，所属分类码为1，如图2.2.8所示，最后单击"退出"按钮。

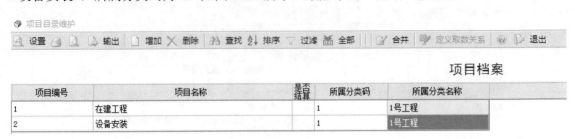

图 2.2.8　项目目录维护

提示：
1）在总账系统中，单击"设置"菜单中"编码档案""项目目录"菜单，打开项目档案窗口。
2）一个项目大类可以指定多个科目，一个科目只能指定一个项目大类。

6. 设置凭证类别

操作步骤如下。

（1）在基础档案窗口中，双击目录中的"凭证类别"选项，打开"凭证类别预置"对话框。

（2）在"凭证类别预置"对话框中选择第二种"收款凭证 付款凭证 转账凭证"的分类方式，如图2.2.9所示，然后单击"确定"按钮。

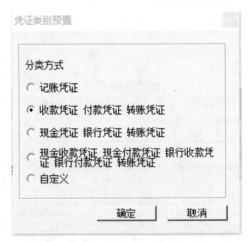

图 2.2.9　凭证类别预置

（3）在随后打开的"凭证类别"对话框中，单击"修改"按钮，再双击"收款凭证"的"限制类型"单元格，窗口将显示下拉按钮，单击下拉按钮，在弹出的菜单中选择"借方必有"选项，单击"限制科目"单元格，输入限制科目编码"1001，1002"。

（4）同步骤（3）分别对"付款凭证""转账凭证"进行"限制类型""限制科目"设置，如图2.2.10所示。

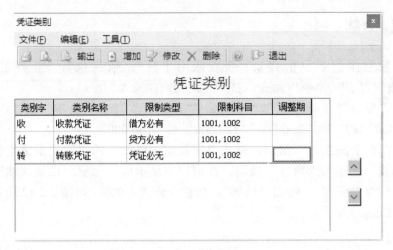

图 2.2.10 凭证类别

提示:
1) 已使用的凭证类别不能删除,也不能修改类别字。
2) 如果直接录入编码,则编码间的标点符号应为英文状态下的标点符号,否则系统会提示科目编码有错误

7. 设置结算方式

操作步骤如下。

(1) 依次在"基础档案""收付结算"窗口中,双击目录中的"结算方式"选项,打开"结算方式"对话框。

(2) 单击"增加"按钮,分别输入结算方式编码"1""2""3""4"和结算方式名称"现金结算""现金支票结算""转账支票结算"及"银行汇票结算"。其中"2 现金支票结算""3 转账支票结算"在"结算方式"对话框中选定"是否票据管理"复选框,如图 2.2.11 所示。

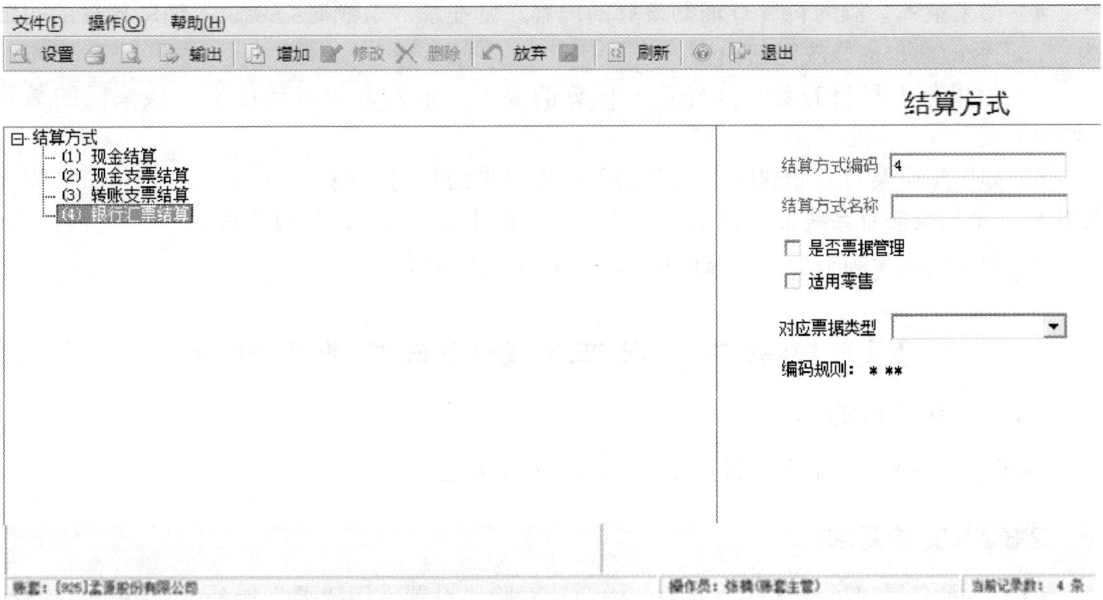

图 2.2.11 结算方式

8. 输入期初余额

操作步骤如下。

（1）以"账套主管"身份登录"企业应用平台"，依次执行"业务工作""财务会计""总账""设置""期初余额"命令，打开"期初余额录入"窗口。

（2）单击"现金""工行存款""库存商品""短期借款""实收资本"的"期初余额"栏，分别输入"8 000""222 000""50 000""120 000"和"166 000"。

（3）在"期初余额录入"窗口，双击"应收职工借款"的"期初余额"栏，打开"辅助期初余额"窗口，单击"增行"按钮，在窗口中显示出一行空白栏依次输入相关栏目的具体内容：部门"供应部"，姓名"杨明"，借款金额为6 000，如图2.2.12所示。完毕后单击"退出"按钮返回。

图 2.2.12　辅助期初余额

提示：

1）只需输入末级科目的余额，非末级科目的余额由系统自动计算生成。

2）如果要修改余额的方向，可以在未录入余额的情况下，单击"方向"按钮改变余额的方向。

3）总账科目与其下一级科目的方向必须一致。如果所录明细余额的方向与总账的余额方向相反，则用"－"号表示。

4）如果录入余额的科目有辅助核算的内容，则在录入余额时必须录入辅助核算的明细内容，而修改时也应修改明细内容。

5）如果某一科目有数量（外币）核算的要求，录入余额时还应输入该余额的数量（外币）。

6）如果年中某月开始建账，需要输入启用月份的月初余额及年初到该月的借贷方累计发生额（年初余额有系统根据月初余额及借贷方累计发生额自动计算生成）。

7）如果期初余额不平衡，凭证可以填制但不允许记账。

2.3　实验二：总账系统的日常业务处理

2.3.1　实验目的

熟悉总账系统日常业务处理的主要内容和操作方法。

2.3.2　实验要求

（1）由账套管理员设置常用摘要，由会计对除"设置常用摘要"以外的业务进行操作，由出纳员进行出纳签字等。

（2）填制凭证。
（3）审核凭证。
（4）出纳签字。
（5）修改第 2 号付款凭证的金额为 800 元。
（6）删除第 1 号收款凭证并整理断号。
（7）设置常用凭证。
（8）记账。
（9）查询已记账的第 1 号转账凭证。
（10）冲销第 1 号付款凭证。

2.3.3 实验资料

1. 人员分工

制单人为会计，审核人及记账人为账套主管，出纳签字由出纳承担。

2. 常用摘要

常用摘要见表 2.3.1。

表 2.3.1 常用摘要

摘要编码	摘要内容
1	购买包装物
2	报销办公费
3	计提折旧费

3. 2018 年 10 月发生的经济业务

（1）10 月 8 日，以现金支付购买包装箱贷款 600 元。

借：包装物　600

　　贷：现金　600

（2）10 月 8 日，以建行存款 500 元支付财务部办公费。

借：管理费用——办公费（财务部）　　　　　　　500

　　贷：银行存款——工行存款（转账支票 3356）　　500

（3）10 月 12 日，销售给光华公司库存商品一批，含税价共计 93 600 元（其中：贷款 80 000 元，税款 13 600 元），尚未收到。

借：应收账款（光华公司）　93 600

　　贷：主营业务收入　80 000

　　　　应交税金——增值税——销项税额　13 600

（4）10 月 22 日，收到杨明偿还借款 1 000 元。

借：现金　1 000

　　贷：其他应收款——杨明　1 000

4. 常用凭证

摘要：从工行提现金；凭证类别：付款凭证；科目编码：1001 和 100201。

2.3.4 实验指导

1. 设置常用摘要

操作步骤如下。

（1）以"账套主管"身份登录"企业应用平台"，执行"基础设置""基础档案""其他""常用摘要"命令，打开"常用摘要"对话框。

（2）点击"增加"，输入摘要编码1，摘要内容包括购买包装物。按此步骤，输入2号、3号常用摘要，如图2.3.1所示，点击"退出"。

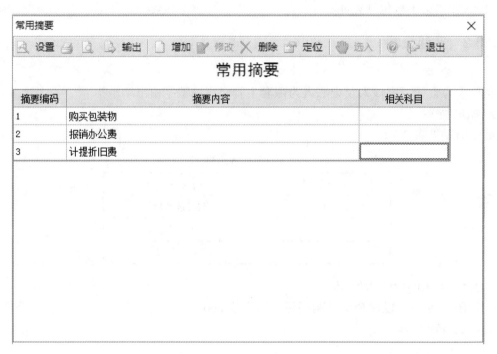

图2.3.1 常用摘要

提示：

1）在总账系统单击"凭证""常用摘要"，打开"常用摘要"窗口。

2）常用摘要在设置后可以在填制凭证时调用，也可以在填制凭证时设置常用摘要。

2. 填制凭证

操作步骤如下。

（1）在"企业应用平台"中，点击"重注册"，更换操作员为"020"号。

（2）执行"业务工作""财务会计""总账""凭证""填制凭证"命令，打开"填制凭证"窗口。

（3）单击"增加"，选择输入凭证类型：付款凭证，点击摘要栏，出现常用摘要，选择"购买包装物"，科目栏分别选入包装物、现金的科目代码，金额：600，如图2.3.2所示，单击"保存"。

（4）按同步骤输入第2,3,4号凭证：第2号凭证为付款凭证2号，科目名称输入末级科目办公费，输入辅助核算，部门：财务部。第3号为转账凭证，4号凭证为收款凭证。

提示：重新注册，更换操作员为"会计"。

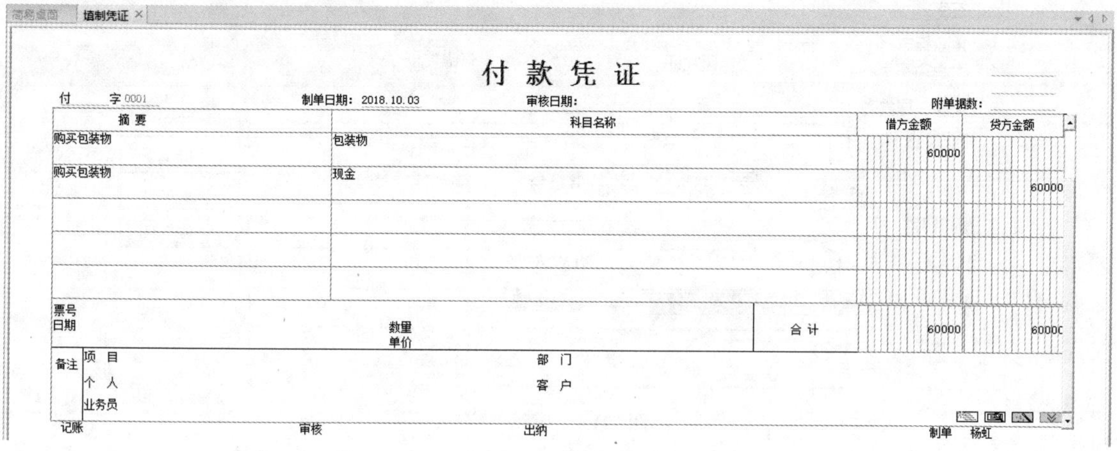

图 2.3.2 第一笔业务记账凭证的填制

3. 审核凭证

操作步骤如下。

（1）以"账套主管"身份登录"企业应用平台"，依次执行"业务工作""财务会计""总账""凭证""审核凭证"命令，打开"凭证审核"对话框，如图 2.3.3 所示。

图 2.3.3 凭证审核

（2）点击"确定"，双击待审核凭证，单击"审核"，即审核完毕。

提示：

1）系统要求制单人和审核人不能是同一个人，所以需要重新注册，更换操作员为另一个具有审核权限的人。

2）已审核的凭证将不能直接修改，只能在取消审核后才能在填制凭证的功能中进行修改。

4. 出纳签字

操作步骤如下。

（1）以"出纳"身份登录"企业应用平台"，依次执行"业务工作""财务会计""总账""凭证""出纳签字"命令，打开"出纳签字"对话框，如图 2.3.4 所示。

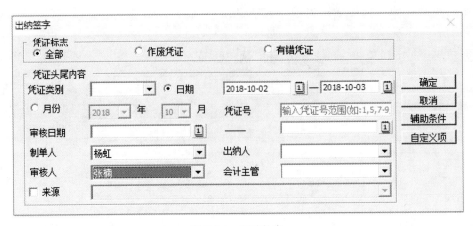

图 2.3.4 出纳签字

（2）点击"确定"，双击待签字凭证，单击"签字"，即完成签字。

提示：

1）出纳签字的操作既可以在"凭证审核"后进行，也可以在"凭证审核"前进行。

2）如果发现已经进行了出纳签字的凭证有错误，应在取消出纳签字和凭证审核后再在填制凭证的功能中进行修改。

5. 修改第 2 号付款凭证

操作步骤如下。

（1）取消审核：以"账套主管"的身份进入"企业门户"，依次执行"业务工作""财务会计""总账""凭证""审核凭证"命令，打开"凭证审核"对话框。选择凭证类别为"付款凭证"，单击"确定"。双击第 2 号付款凭证，打开"审核凭证"窗口。单击"取消"按钮后，再单击"退出"按钮。如图 2.3.5 所示。

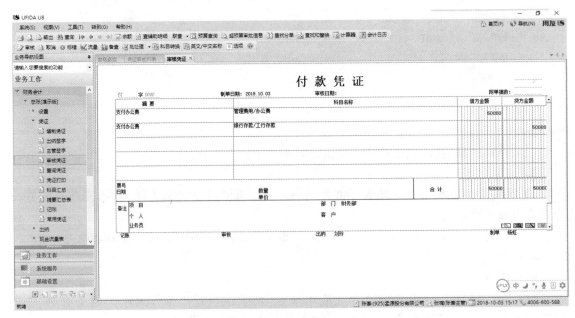

图 2.3.5 取消审核

（2）取消出纳签字：重新注册，以出纳刘玲（030）的身份重新登录，依次执行"业务工作""财务会计""总账""凭证""出纳签字"命令，打开"出纳签字"对话框。选择凭证类别为"付款凭证"，单击"确定"。双击第2号付款凭证，打开"出纳签字"窗口，单击"取消"按钮后，单击"退出"按钮，如图2.3.6所示。

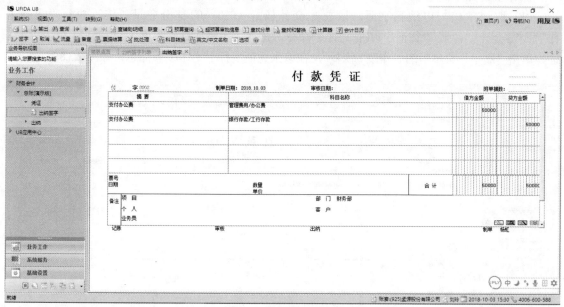

图 2.3.6　取消出纳签字

（3）修改凭证：重新注册，以总账会计杨虹（020）的身份重新登录，依次执行"业务工作""财务会计""总账""凭证""填制凭证"命令，打开"填制凭证"窗口。单击"上张"或"下张"按钮，找到第2号付款凭证，并修改其金额为800元，单击"保存"按钮即可，如图2.3.7所示。

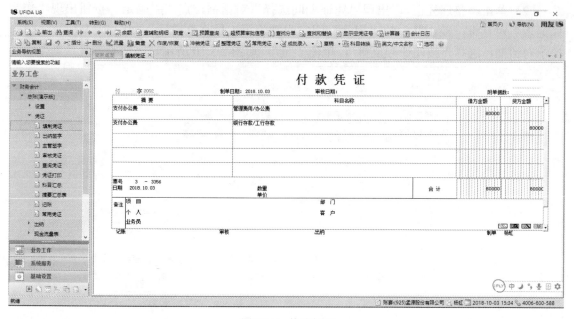

图 2.3.7　修改凭证

提示：未审核的凭证可以直接修改，但是，凭证类别不能修改，凭证日期按限制条件修改。

6. 删除第 1 号收款凭证

操作步骤如下。

(1) 取消审核与出纳签字后，以总账会计杨虹（020）的身份登录，依次执行"业务工作""财务会计""总账""凭证""填制凭证"命令，进入"填制凭证"界面，查找到第 1 号收款凭证，单击"制单"菜单中的"作废/恢复"，在该张凭证上打上"作废"标志，如图 2.3.8 所示。

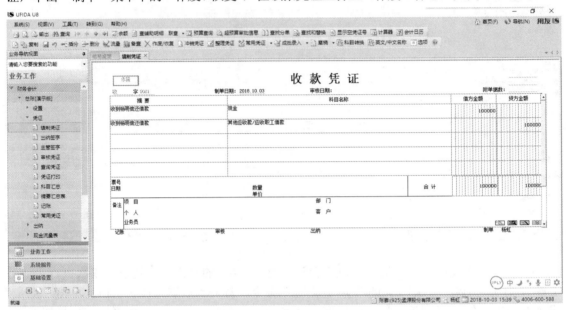

图 2.3.8　凭证作废

(2) 单击"整理凭证"，出现"凭证期间选择"对话框，点击"确定"按钮出现"作废凭证表"对话框，双击其中的"删除"即完成删除第 1 号收款凭证，如图 2.3.9 所示，弹出提示对话框，选择"按凭证号重排"，单击"是"，如图 2.3.10 所示，完成整理凭证断号。

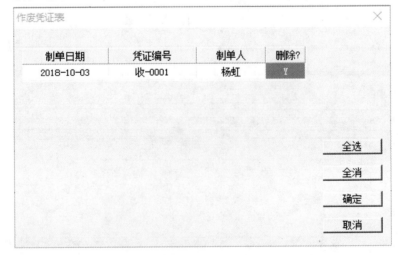

图 2.3.9　整理凭证

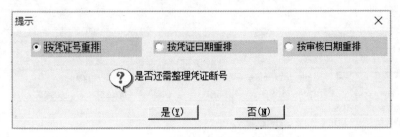

图 2.3.10　整理凭证断号

提示：

1）取消"审核"与"出纳签字"的操作以后，制单员打开第 1 张收款凭证窗口后，单击制单菜单中的"作废/恢复"菜单，在该张凭证上打上"作废"标志。

2）单击"制单/整理"凭证菜单，出现"作废凭证表"对话框后，双击其中的"删除"栏。

3）对于作废的凭证，可以单击"作废/恢复"按钮，取消作废标志；作废凭证不能修改和审核，但可以参与记账。账簿查询时查不到作废凭证的数据。

7．设置常用凭证

操作步骤如下。

（1）以总账会计杨虹（020）的身份登录，依次执行"业务工作""财务会计""总账""凭证""常用凭证"命令，进入常用凭证界面，单击"增加"，输入摘要：从工行提现金；凭证类别：付款凭证，如图 2.3.11 所示。

（2）单击"详细"，输入摘要：从工行提取现金，科目编码：1001 和 100201，如图 2.3.12 所示。

提示：

1）在常用凭证的填制中，要单击"常用凭证"窗口中的"详细"菜单进行填写。

2）调用的常用凭证可以进行修改。

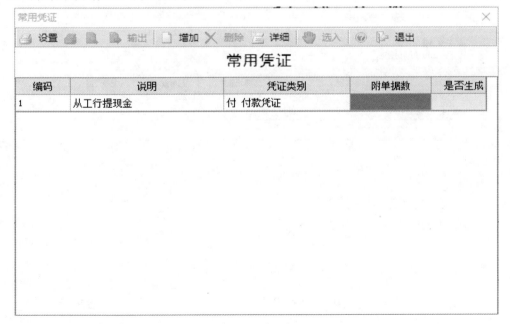

图 2.3.11　常用凭证

图 2.3.12　常用凭证

8. 记账

操作步骤如下。

（1）以"账套主管"的身份进入"企业门户"，审核第 2 号付款凭证。

（2）以出纳刘玲（030）的身份重新登录，对第 2 号付款凭证进行出纳签字。

（3）以总账会计杨虹（020）的身份重新登录，依次执行"业务工作""财务会计""总账""凭证""记账"命令，进入"记账"向导的"选择本次记账范围"，选择"全选"，如图 2.3.13 所示。

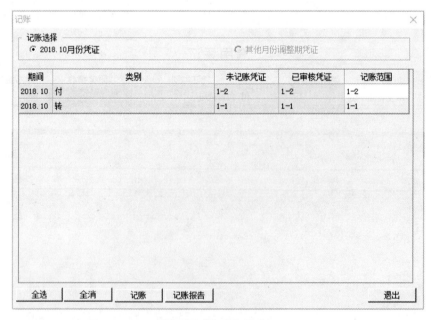

图 2.3.13　记账范围选择

（4）单击"记账"，进入"期初试算平衡表"，"试算结果平衡"后单击"确定"，如图 2.3.14 所示。

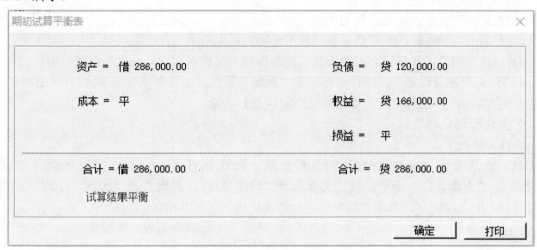

图 2.3.14　期初试算平衡表

（5）系统自动记账，记账完成后提示"记账完毕"，单击"确定"完成记账，如图 2.3.15 所示。

图 2.3.15　记账完毕

提示：

1）如果期初余额不平衡不允许记账，如果有未审核的凭证不允许记账，上月未结账本月不能记账。

2）如果不输入记账范围，系统默认为所有凭证。

3）在实际记账过程中出现以下情况的，需要"恢复记账前状态"。

a）记账过程一旦断电或其他原因造成中断后，系统将自动调用"恢复记账前状态"恢复数据，然后再重新记账。

b）在记账过程中，不得中断退出。

c）在第一次记账时，若期初余额试算不平衡，系统将不允许记账。

d）所选范围内的凭证如有不平衡凭证，系统将列出错误凭证，并重选记账范围。

4）"恢复记账前状态"的操作：在期末"对账"界面，由账套主管按下＜Ctrl＋H＞键，将决定是否显示/隐藏菜单中的【恢复记账前状态】功能。

9. 查询已记账的凭证

操作步骤如下。

（1）以总账会计杨虹（020）的身份登录，依次执行"业务工作""财务会计""总账""凭证""查询凭证"命令，凭证类别选择"转账凭证"，月份选择"2018年10月"，凭证号选择"0001-0001"，单击"确定"进行查询，如图2.3.16所示。

图2.3.16　凭证查询

提示：

1）在查询凭证功能中既可以查询已记账凭证，也可以查询未记账凭证，在填制凭证功能中只能查询到未记账凭证。

2）已记账凭证除了可以在查询凭证的功能中查询之外，还可以在查询账簿资料时，以联查的方式查询。

10. 冲销记账凭证

操作步骤如下。

（1）以总账会计杨虹（020）的身份登录，依次执行"业务工作""财务会计""总账""凭证""填制凭证"命令，进入"填制凭证"界面。

（2）点击"冲销凭证"，选择月份"2018.10"，凭证类别"付款凭证"，凭证号"0001"，如图2.3.17所示，单击"确定"，即完成凭证的冲销。

（3）由账套主管、出纳分别对已冲销的凭证进行审核、签字，之后进行记账。

图 2.3.17 冲销凭证

提示:
1) 该步操作在填制凭证/制单/冲销凭证的窗口打开后进行操作。
2) 冲销凭证是针对已记账凭证由系统自动生成的一张红字冲销凭证。
3) 冲销凭证仍需要审核、出纳签字后记账。

2.4 实验三：出纳管理

2.4.1 实验目的

熟悉出纳管理的内容和操作方法。

2.4.2 实验要求

（1）查询日记账。
（2）查询资金日报表。
（3）支票登记薄。
（4）银行对账。

2.4.3 实验资料

1. 转账支票

（1）10 月 08 日，以转账支票（NO.3356）800 元支付购买销售部办公费。
（2）10 月 22 日，以转账支票（NO.5689）500 元收回欠款。

2. 银行对账期初

企业日记账余额为 222 000 元，银行对账单期初余额为 220 000 元，有企业已收而银行未收的未达账项（2018 年 9 月 20 日）2 000 元。

3. 银行对账单

2018 年 10 月银行对账单见表 2.4.1。

表 2.4.1 2018 年 10 月银行对账单

日 期	结算方式	票 号	借方金额	贷方金额	余 额
2018.10.08	转账支票	3356		800	219 200
2018.10.22	转账支票	5689	500		219 700

2.4.4 实验指导

1. 查询现金日记账

操作步骤如下。

(1) 以出纳刘玲（030）的身份登录，依次执行"业务工作""财务会计""总账""出纳""现金日记账"命令，打开"现金日记账查询条件"对话框。

(2) 在"科目"对话框中选择"1001 现金"，然后定义查询日期"2018.10.03-2018.10.03"，如图 2.4.1 所示。

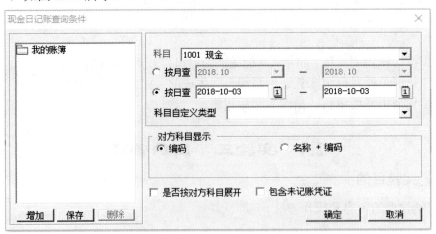

图 2.4.1 现金日记账查询条件

(3) 单击"确定"打开"现金日记账"窗口，显示查询结果：上年结转 8 000，购买包装物 600，[冲销 2018.10.03 付 –0001 号凭证] 购买包装物 –600，本日累计、本月累计、本年累计均为 8 000，如图 2.4.2 所示。

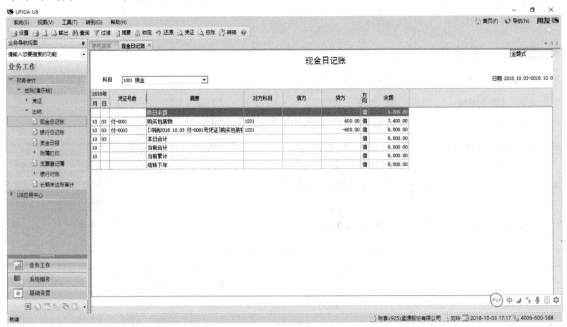

图 2.4.2 现金日记账

- 44 -

提示：

1）以出纳员的身份进入总账系统进行查询。

2）在已打开日记账窗口中还可以单击"凭证"按钮，查询该条账务资料所对应的记账凭证。

2. 查询 10 月 3 日的资金日报表

操作步骤如下。

（1）以出纳刘玲（030）的身份登录，依次执行"业务工作""财务会计""总账""出纳""资金日报"命令，打开"资金日报表查询条件"对话框。

（2）在"日期"对话框中输入查询日期"2018.10.03"，选择科目显示级次1-1，然后选择查询范围"包含未记账凭证""有余额无发生也显示"，如图 2.4.3 所示。

图 2.4.3　资金日报表查询条件

（3）单击"确定"，显示查询结果：现金 8 000，银行存款 221 200，如图 2.4.4 所示。

（4）单击"日报"按钮，可查看相应日报单。

（5）单击"昨日"按钮，可查看昨日相应日报单。

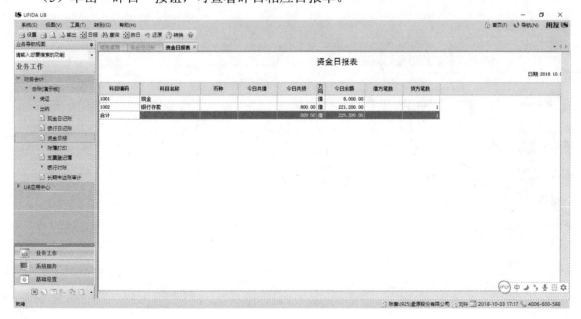

图 2.4.4　资金日报表

提示：

1）使用资金日报功能可以查询现金、银行存款科目某日的发生额及余额情况。

2）如果在资金日报表查询条件窗口中选中有余额无发生额也显示，则即使现金或银行存款科目在查询日没有发生业务，只有余额也显示。

3. 登记支票登记簿

操作步骤如下。

（1）以出纳刘玲（030）的身份登录，依次执行"业务工作""财务会计""总账""出纳""支票登记簿"命令，打开"银行科目选择"对话框。

（2）选择要登记的支票所对应的银行存款科目"工行存款"，如图2.4.5所示，单击"确定"，打开"支票登记簿"窗口，在窗口中显示出已领用的支票情况。

图 2.4.5　银行科目选择

（3）单击"增加"，登记支票领用的日期"10.03"，领用部门"销售部"，支票号"3356"，预计金额"800"，用途"支付办公费"，如图2.4.6所示，单击"保存"。

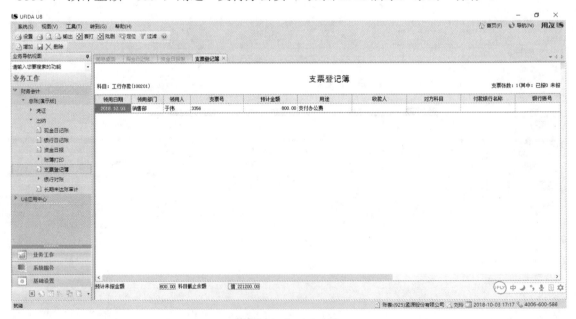

图 2.4.6　支票登记簿

提示：只有在总账系统的初始设置"选项"中已选择"支票控制"，并在"结算方式设置"中已设置"票据结算"标志，并且在"会计科目"中已指定银行科目才能使用"支票登记簿"。

4. 录入银行对账期初数据

操作步骤如下。

（1）以出纳刘玲（030）的身份登录，依次执行"业务工作""财务会计""总账""出纳""银行对账""银行对账期初录入"命令，打开"银行科目选择"对话框。

（2）在"科目"文本框中选定科目为"工行存款"，如图2.4.7所示，单击"确定"，打开"银行对账期初"对话框。

图2.4.7　银行科目选择

（3）将银行对账启用日期设置为2018.10.02，分别在"单位日记账调整前余额"和"银行对账单调整前余额"输入"222 000"和"220 000"，如图2.4.8所示。

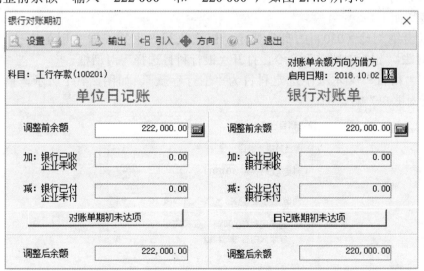

图2.4.8　银行对账期初

（4）单击"日记账银行期初未达账项"，打开"企业方期初"窗口。单击"增加"，在空白栏中填入凭证日期2018.09.20，借方金额2 000，如图2.4.9所示。

图 2.4.9 企业方期初

（5）单击"退出"返回"银行对账期初"窗口，在"银行对账期初"窗口显示出调整后余额 222 000，如图 2.4.10 所示，单击"退出"。

图 2.4.10 银行对账期初

提示：在第一次使用银行对账功能时，应录入日记账及银行对账单的期初数据，包括期初余额及期末未达账项。

5. 录入银行对账单

操作步骤如下。

（1）以出纳刘玲（030）的身份登录，依次执行"业务工作""财务会计""总账""出纳""银行对账""银行对账单"命令，打开"银行科目选择"对话框。

（2）在"科目"文本框中选定科目为"工行存款"，如图 2.4.11 所示。单击"确定"，打开"银行对账单"对话框。

图 2.4.11 银行科目选择

（3）单击"增加"，逐项输入实验中的数据，一行输入完毕，按 Enter 键，继续输入下一行。输入完毕，如图 2.4.12 所示，单击"保存"，然后退出返回。

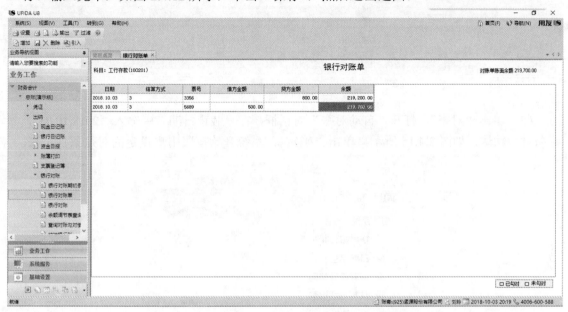

图 2.4.12　银行对账单

提示：录入银行对账单时，其余额由系统根据银行对账期初数自动计算生成。

6. 银行对账

操作步骤如下。

（1）以出纳刘玲（030）的身份登录，依次执行"业务工作""财务会计""总账""出纳""银行对账"命令，打开"银行科目选择"对话框。

（2）在"银行科目选择"对话框中选定科目为"工行存款"，月份为 10 月，如图 2.4.13 所示。单击"确定"，打开"银行对账"窗口，如图 2.4.14 所示。

图 2.4.13　银行科目选择

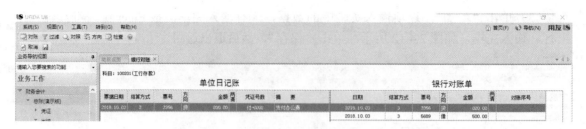

图 2.4.14 银行对账

(3) 单击"对账",打开"自动对账"对话框,在"截止日期"中输入"2018.10.03",对账条件为默认,如图 2.4.15 所示,单击"确定",系统开始按照用户设定的对账条件对账。

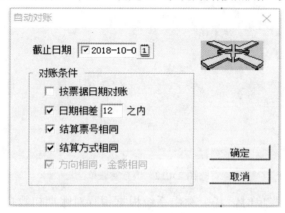

图 2.4.15 自动对账

(4) 单击"检查",可以检查对账是否有错。

(5) 对账平衡的情况下,对账单中两清的栏目中会自动出现标志,如图 2.4.16 所示。如果没有出现,则双击两清栏,标上两清标记。

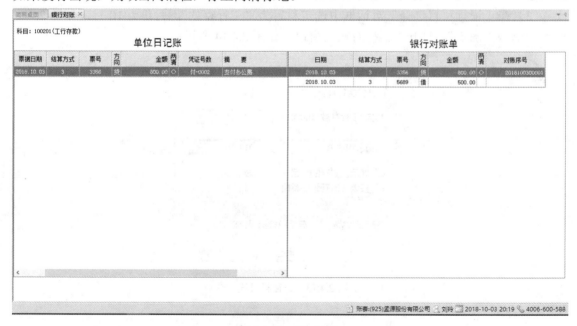

图 2.4.16 银行对账

提示：对账平衡的情况下，对账单中两清的栏目中会出现标志。

7. 输出余额调节表

操作步骤如下。

（1）以出纳刘玲（030）的身份登录，依次执行"业务工作""财务会计""总账""出纳""银行对账""余额调节表查询"命令，打开"银行存款余额调节表"窗口，如图2.4.17所示。

图2.4.17 银行存款余额调节表

（2）选定"工行存款"所在行，单击"查看"，或者直接双击该行，系统即显示出所生成的"银行存款余额调节表"。调整后的余额为221 700，如图2.4.18所示。

（3）单击"打印"，即可打印输出"银行存款余额调节表"。

提示：银行存款余额调节表应显示账面余额平衡，如果不平衡应分别查看银行对账期初、银行对账单以及银行对账是否正确。

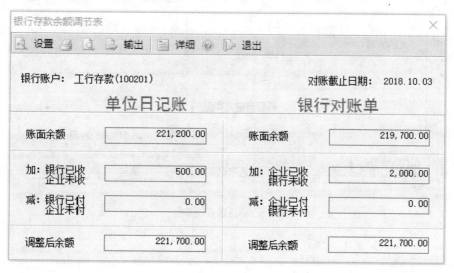

图2.4.18 银行存款余额调节表

2.5 实验四：账簿管理

2.5.1 实验目的

熟悉账簿管理的内容和相应的操作方法。

2.5.2 实验要求

（1）查询"5502"管理费用三栏式总账，并联查明细账及第2号付款凭证。

（2）查询余额表并联查专项资料。

（3）查询“5502 管理费用”明细账。

（4）定义“应交增值税”多栏账。

（5）查询客户往来明细账。

（6）查询部门总账。

2.5.3 实验资料

（承接以往的实验数据）

2.5.4 实验指导

1. 查询“5502”管理费用三栏式总账，并联查明细账及第 2 号付款凭证

操作步骤如下。

（1）以总账会计杨虹（020）的身份登录企业应用平台，依次执行“业务工作”“财务会计”“总账”“账表”“科目账”“总账”命令，打开“总账查询条件”对话框，在科目栏选择“5502 管理费用”，如图 2.5.1 所示，点击“确定”，打开“管理费用总账”窗口，如图 2.5.2 所示。

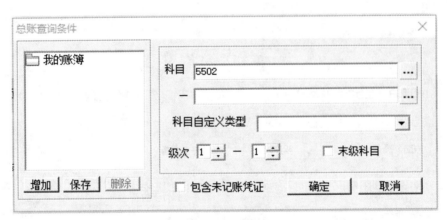

总账查询条件
我的账簿
科目 5502
—
科目自定义类型
级次 1 — 1
末级科目
增加
保存
删除
包含未记账凭证
确定
取消

图 2.5.1 总账查询条件

简易桌面
总账
管理费用总账
科目 5502 管理费用
2018年
月 日
凭证号数
摘要
借方
贷方
方向
余额
期初余额 平
10 当前合计 800.00 借 800.00
10 当前累计 800.00

图 2.5.2 管理费用总账

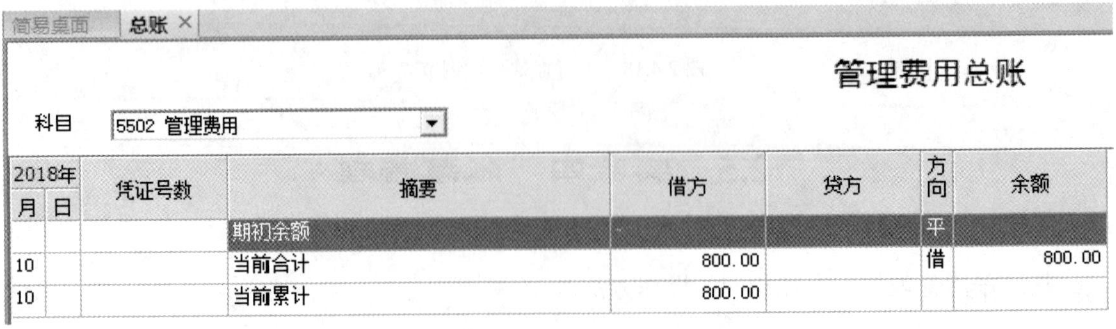

（2）单击选中"当前合计"栏，单击"明细"按钮，打开"管理费用明细账"窗口，如图2.5.3所示。

图 2.5.3　管理费用明细账

（3）单击选中"付–0002"所在行，单击"凭证"按钮，打开第2号付款凭证，如图2.5.4所示。

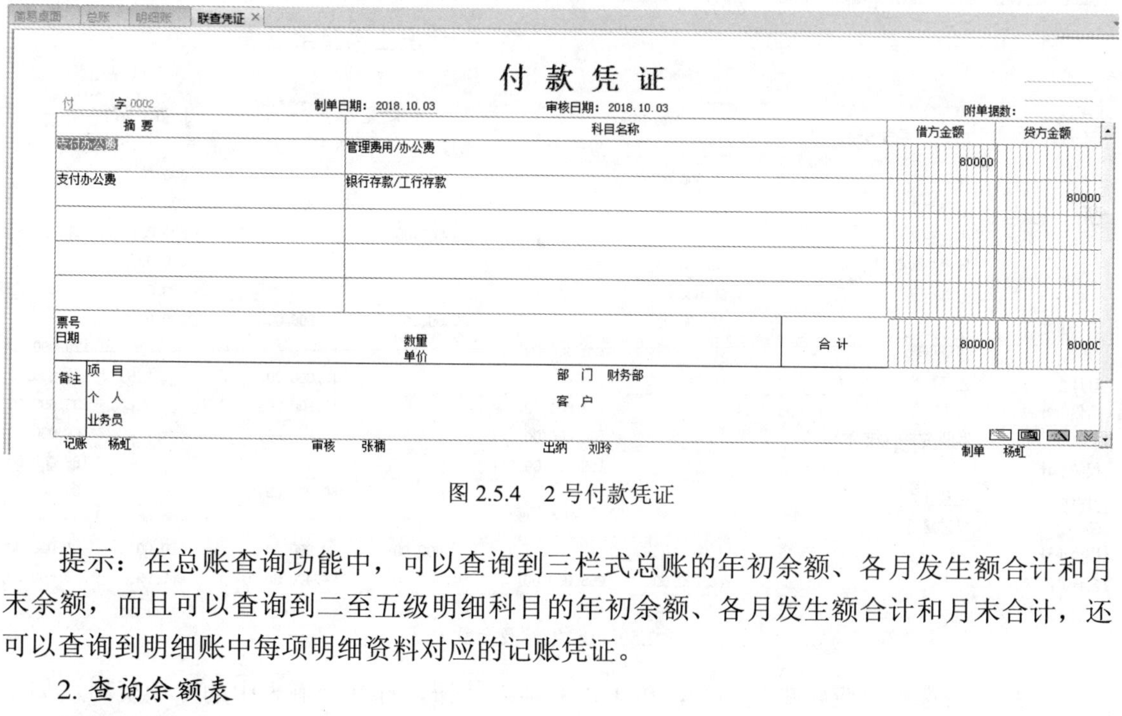

图 2.5.4　2号付款凭证

提示：在总账查询功能中，可以查询到三栏式总账的年初余额、各月发生额合计和月末余额，而且可以查询到二至五级明细科目的年初余额、各月发生额合计和月末合计，还可以查询到明细账中每项明细资料对应的记账凭证。

2. 查询余额表

操作步骤如下。

（1）以总账会计杨虹（020）的身份登录企业应用平台，依次执行"业务工作""财务会计""总账""账表""科目账""余额表"命令，打开"发生额及余额查询条件"对话框，如图2.5.5所示。

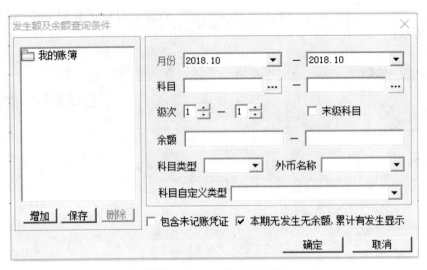

图 2.5.5 发生额及余额查询条件

（2）单击"确定"，打开"发生额及余额表"窗口，如图 2.5.6 所示。

发生额及余额表

科目编码	科目名称	期初余额		本期发生		期末余额	
		借方	贷方	借方	贷方	借方	贷方
1001	现金	8,000.00				8,000.00	
1002	银行存款	222,000.00			800.00	221,200.00	
1131	应收账款			93,600.00		93,600.00	
1133	其他应收款	6,000.00				6,000.00	
1243	库存商品	50,000.00				50,000.00	
资产小计		286,000.00		93,600.00	800.00	378,800.00	
2101	短期借款		120,000.00				120,000.00
2171	应交税金				13,600.00		13,600.00
负债小计			120,000.00		13,600.00		133,600.00
3101	实收资本（或股本）		166,000.00				166,000.00
权益小计			166,000.00				166,000.00
5101	主营业务收入				80,000.00		80,000.00
5502	管理费用			800.00		800.00	
损益小计				800.00	80,000.00	800.00	80,000.00
合计		286,000.00	286,000.00	94,400.00	94,400.00	379,600.00	379,600.00

图 2.5.6 发生额及余额表

（3）单击选中"应收账款"行，单击"专项"按钮，打开余额表中的专项资料，如图 2.5.7 所示。

查询结果（略）——关键是查看资产负债表是否平衡，损益表的结果是否正确。

提示：

1）在余额表查询功能中，可以查询各级科目的本月期初余额、本期发生额及期末余额。

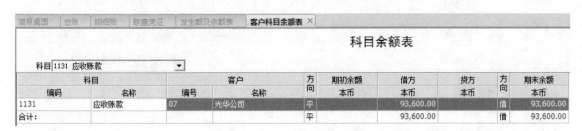

图 2.5.7 科目余额表

2）在发生额及余额表中，单击"累计"按钮，可以查询到累计借贷方发生额，单击"专项"按钮，可以查询到带有辅助核算内容的辅助资料。

3. 查询"5502 管理费用"明细账

操作步骤如下。

（1）以总账会计杨虹（020）的身份登录企业应用平台，依次执行"业务工作""财务会计""总账""账表""科目账""明细账"命令，打开"明细账查询条件"对话框，在科目栏选择"5502 管理费用"，如图 2.5.8 所示。

（2）点击"确定"，打开"管理费用明细账"窗口，如图 2.5.9 所示。

提示：

1）如果在总账系统的"选项"中，选择了"明细账查询权限控制到科目"，则必须在"基础设置"的"数据权限"中设置相应的数据权限。如果某操作员不具备查询某科目明细账的权限，则在明细账查询功能中就看不到无权限查询的科目明细账的内容。

2）在明细账查询功能中，可以查询一定范围内科目的明细账、月份综合明细账（包括未记账凭证在内的明细账），可以联查到总账及相应的记账凭证。

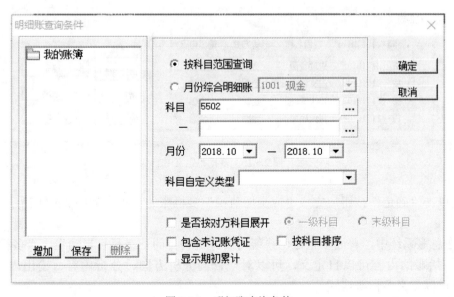

图 2.5.8 明细账查询条件

图 2.5.9　管理费用明细账

4. 定义"应交增值税"多栏账

操作步骤如下。

（1）以总账会计杨虹（020）的身份登录企业应用平台，依次执行"业务工作""财务会计""总账""账表""科目账""多栏账"命令，打开"多栏账"对话框，单击"增加"，打开"多栏账定义"对话框。

（2）在"核算科目"下拉框中选择"217101 应交增值税"，单击"自动编制"按钮，出现栏目定义的内容，如图 2.5.10 所示。

图 2.5.10　多栏账定义

（3）单击"确定"按钮，完成"应交增值税"多栏账的设置，如图 2.5.11 所示。

提示：

1）在总账系统中，普通多栏账由系统将要分析科目的下级科目自动生成"多栏账"。

2）多栏账的内容可以自定义，可以对栏目的分析方向、分析内容、输出内容进行定义，同时可以定义多栏账格式。

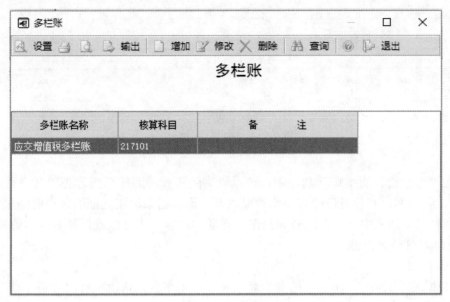

图 2.5.11 应交增值税多栏账

5. 查询客户往来明细账中的客户科目明细账

操作步骤如下。

(1) 以总账会计杨虹 (020) 的身份登录企业应用平台,依次执行"业务工作""财务会计""总账""账表""客户往来辅助账""客户往来明细账""客户科目明细账"命令,打开"查询条件选择"对话框,如图 2.5.12 所示。

(2) 单击"确定",打开"客户科目明细账"窗口,如图 2.5.13 所示。

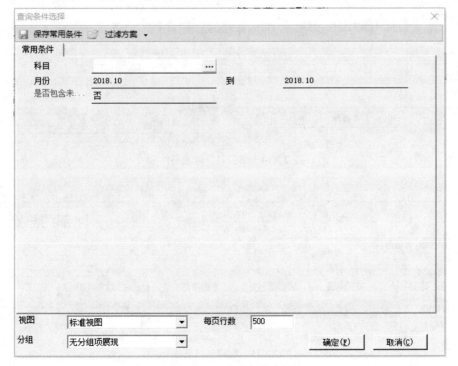

图 2.5.12 查询条件选择

图 2.5.13 客户科目明细账

提示：

1）在"客户科目明细账"功能中，可以查询到所有辅助核算内容为"客户往来"的科目明细账、各个客户和各月份的客户明细账以及查询包括未记账凭证的客户明细账。

2）在科目明细账中，可以联查到总账及凭证的内容，还可以进行摘要内容的设置。

6. 查询部门科目总账

操作步骤如下。

（1）以总账会计杨虹（020）的身份登录企业应用平台，依次执行"业务工作""财务会计""总账""账表""部门辅助账""部门总账""部门科目总账"命令，打开"部门科目总账条件"对话框，如图 2.5.14 所示。

（2）单击"确定"，打开部门科目总账，如图 2.5.15 所示。

提示：部门科目总账查询功能中，可以按科目、按部门、按科目和部门查询部门科目总账，还可以查询不同月份范围的部门科目总账。

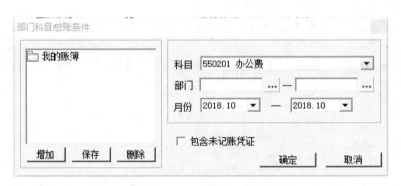

图 2.5.14 部门科目总账条件

图 2.5.15 部门科目总账

2.6 实验五：总账期末业务处理

2.6.1 实验目的

熟悉和掌握总账系统期末业务处理的内容和方法。

2.6.2 实验要求

（1）定义转账分录。
（2）生成机制凭证。
（3）对账。
（4）结账。

2.6.3 实验资料

（1）"应交税金－应交增值税－销项税额"贷方发生额转入"应交税金－增值税－未交增值税"。
（2）"期间损益"转入"本年利润"。

2.6.4 实验指导

1. 设置对应结转转账凭证

操作步骤如下。

（1）以"010"或"020"的身份登录企业应用平台，依次执行"业务工作""财务会计""总账""期末""转账定义""对应结转"命令，打开"对应结转设置"窗口。

（2）在"对应结转设置"窗口，输入编号为"0001"；单击"凭证类别"下三角按钮，打开下拉列表，选择"转账凭证"；输入摘要为"结转销项税额"，单击"参照"按钮选择"21710105 应交税金－应交增值税－销项税额"，转出科目名称为"销项税额"。

（3）单击工具栏中的"增行"按钮，在"转入科目编码"栏输入"21710103"或单击"参照"按钮选择"21710103 应交税金－应交增值税－转出未交增值税"，转出科目名称为"转出未交增值税"，再单击"保存"按钮即可，如图 2.6.1 所示。

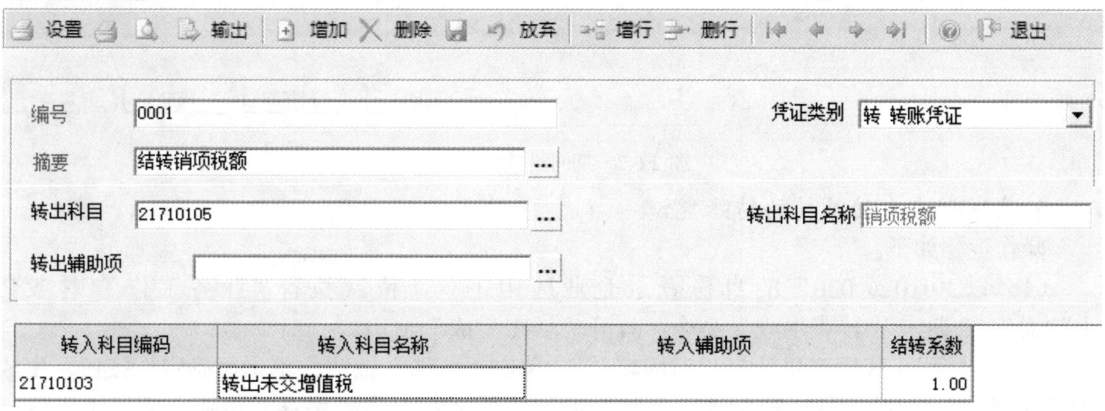

图 2.6.1 对应结转设置

提示：

1）对应结转不仅可以进行两个科目一对一结转，还可以进行科目的一对多的结转。

2）对应结转的科目可以为上级科目，但其下级科目的科目结构必须一致，如果有辅助核算，则两个科目的辅助账类也必须一一对应。

2. 设置期间损益结转转账凭证

操作步骤如下。

（1）以"010"或"020"的身份登录企业应用平台，依次执行"业务工作""财务会计""总账""期末""转账定义""期间损益"命令，打开"期间损益结转设置"窗口。

（2）凭证类别选择"转账凭证"，在"本年利润科目"中查找"本年利润"，单击"确定"，如图 2.6.2 所示。

提示：损益科目结转表中的本年利润科目必须为末级科目，且为本年利润入账科目的下级科目。

图 2.6.2 期间损益结转设置

3. 生成期末自动结转的转账凭证

操作步骤如下。

（1）以"010 或 020"的身份登录企业应用平台，依次执行"业务工作""财务会计""总账""期末""转账生成"命令，打开"转账生成"窗口。

（2）在转账生成窗口里选择"对应转结"，单击"全选"按钮，单击"确定"按钮，生成"应交税金–应交增值税–销项税额"结转的转账凭证，单击"保存"按钮，凭证上出现已生成的标志，如图 2.6.3 所示，单击"退出"按钮，退出已生成的对应结转的转账凭证。

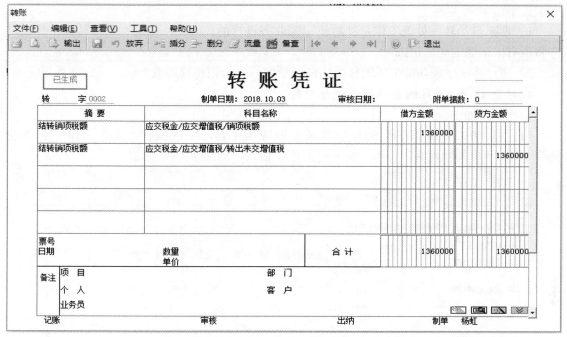

图 2.6.3 对应结转转账凭证

（3）在转账生成窗口里选择"期间损益转结"，单击"全选"按钮（或者选中要结转的凭证所在行），单击"确定"按钮，系统提示"2018.10 月或之前月有未记账凭证，是否继续结转"，单击"是"生成期间损益结转的转账凭证，单击"保存"按钮，凭证上出现已生成的标志，如图 2.6.4 所示，单击"退出"按钮，退出已生成的期间损益结转的转账凭证。

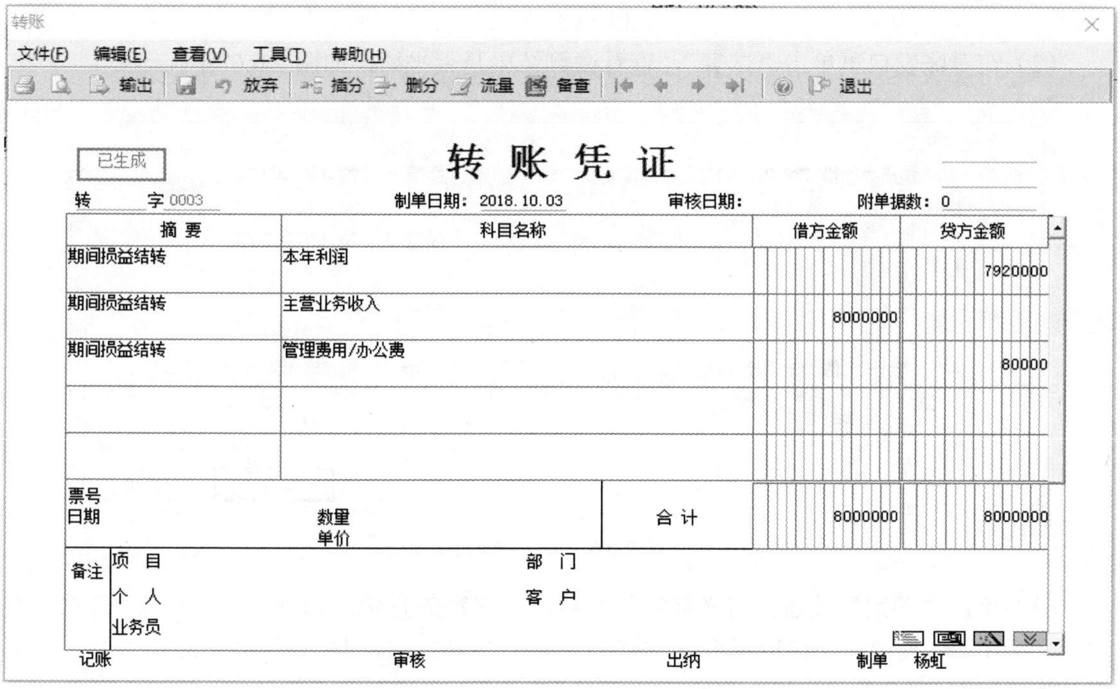

图 2.6.4 期间损益结转转账凭证

提示：

1）期末自动转账处理工作是针对已记账业务进行的，因此，在进行月末转账工作之前应将所有未记账的凭证记账。

2）通过转账生成功能生成的转账凭证必须保存，否则将视同放弃。

4. 对 2018 年 10 月的会计账簿进行对账

操作步骤如下。

（1）以"010"或"020"的身份登录企业应用平台，依次执行"业务工作""财务会计""总账""期末""对账"命令，打开"对账"窗口，如图 2.6.5 所示。

图 2.6.5 对账

（2）在对账窗口里单击"试算"，查看试算结果是否平衡，如图 2.6.6 所示。

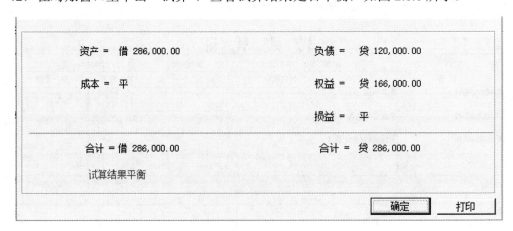

图 2.6.6 试算平衡表

（3）单击"确定"按钮，将光标定位在要进行对账的月份"2018.10"，单击"选择"按钮，在 2018.10 是否对账栏出现"Y"标志，单击"对账"按钮，系统开始对账，并显示对账结果，如图 2.6.7 所示。

第2章 总账系统

图 2.6.7 对账

5. 对 2018 年 10 月份进行结账

操作步骤如下。

（1）以"010"或"020"的身份登录企业应用平台，依次执行"业务工作""财务会计""总账""期末""结账"命令，打开"结账 – 开始结账"对话框，如图 2.6.8 所示。

图 2.6.8 结账 – 开始结账

（2）选中 2018.10，点击"下一步"，打开"结账 – 核对账簿"对话框，单击"对账"，结果如图 2.6.9 所示。

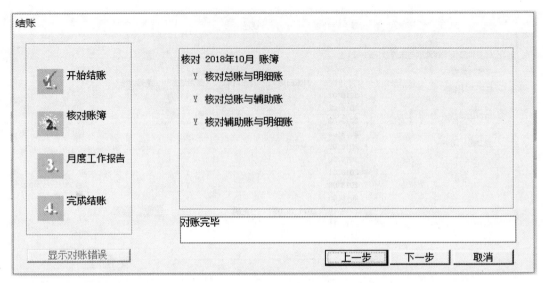

图 2.6.9　结账 – 核对账簿

（3）对账完毕后，点击"下一步"，打开"结账 – 月度工作报告"对话框，如图 2.6.10 所示。

图 2.6.10　结账 – 月度工作报告

（4）单击"下一步"，出现"2018 年 10 月未通过工作检查，不可以结账"提示，如图 2.6.11 所示。

（5）单击"上一步"按钮，检查不能结账的原因，在"2018 年 10 月工作报告"中我们看到"本月未记账凭证共 2 张凭证 转账凭证 2 号 转账凭证 3 号"，如图 2.6.10 所示。

（6）单击下三角按钮，继续查找其他的不能结账的原因，发现"2018 年 10 月工作报告"中"其他系统结账状态 应付系统本月未结账 应收系统本月未结账"，如图 2.6.12 所示。

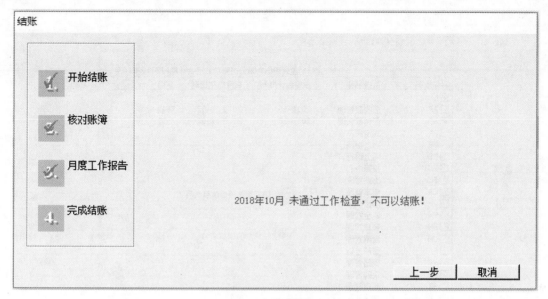

图 2.6.11　不能结账提示

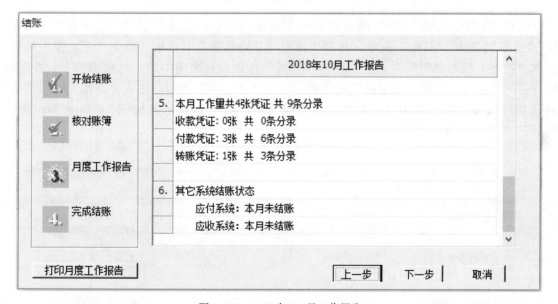

图 2.6.12　2018 年 10 月工作报告

（7）单击"取消"按钮，取消本次的结账操作。

（8）以"010"的身份登录企业应用平台，审核未审核的"转账凭证 2 号"和"转账凭证 3 号"，重新注册操作员为"020"，对未记账的两张凭证记账。

（9）以"010"的身份登录企业应用平台，依次执行"基础设置""基本信息""系统启用"命令，打开"系统启用"对话框。

（10）单击"应收款管理"前的复选框，系统提示"确实要注销当前系统吗？"，如图 2.6.13 所示，单击"是"，再单击"应付款管理"前的复选框，取消对应收款管理系统的启用，单击"退出"按钮，退出"系统启用"窗口。

图 2.6.13 系统注销提示

(11) 以"010"或"020"的身份登录企业应用平台,依次执行"业务工作""财务会计""总账""期末""结账"命令,打开"结账 – 开始结账"对话框;单击"下一步"按钮,进入"结账 – 核对账簿"对话框,单击"对账"按钮;对账完毕后,再单击"下一步"按钮,进入"结账 – 月度工作报告"对话框;单击"下一步"按钮,进入"结账 – 完成结账"对话框,出现"2018 年 10 月 工作检查完成,可以结账"提示,如图 2.6.14 所示;单击"结账"按钮,完成结账操作。

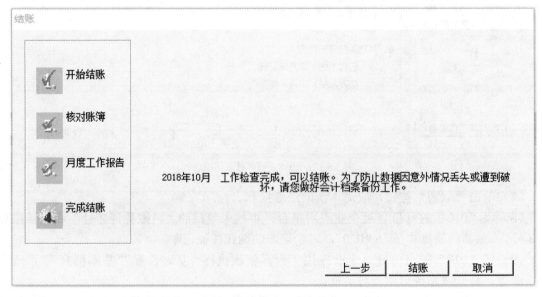

图 2.6.14 结账 – 完成结账

第 3 章 UFO 报表

3.1 功能概述

UFO 报表是用友软件股份有限公司开发的电子表格软件。UFO 报表可以完成表格制作、数据运算、图形制作、打印等电子表的所有功能。该系统是在当今国际流行的计算机操作平台——Windows 下运行的管理型软件，继承了 Windows 的多任务、多媒体、电子邮件、网络通信等特性，丰富的功能给用户以全新的感受。UFO 报表采用面向对象的开发思想，严格地以客观对象为处理目标，彻底摆脱结构划分的弊端，使得财务人员操作起来更自然、更方便，更适合他们的思维方式。只要掌握 Windows 的基本操作，就可以操作报表管理软件。UFO 报表与账务系统同时运行时，作为通用财经报表系统使用，适用于各行业的财务、会计、人事、计划、统计、税务和物资等部门。自 1990 年问世以来，UFO 报表（DOS 版）获得了财经领域和计算机界的多个奖项。1995 年，用友 UFO 电子表被中国软件行业协会评为"1995 年度优秀软件产品"，同年 11 月用友软件获《计算机世界》报财务软件调查和评测总分第 1 名。目前，UFO 报表已在工业、商业、交通业、服务业、金融保险业、房地产与建筑业以及行政事业等各行业得到了推广和应用。

3.1.1 UFO 报表的主要功能

UFO 报表与其他电子表格的最大区别在于它是真正的三维立体表，在此基础上提供了丰富的实用功能，完全实现了三维立体表的四维处理能力。

UFO 报表的主要功能如下：①文件管理功能；②格式管理功能；③数据处理功能；④图形功能；⑤丰富的打印功能；⑥强大的二次开发功能；⑦支持多窗口操作；⑧操作更加灵活；⑨易学易用；⑩更加强大的数据处理功能；⑪提供数据接口；⑫便捷的应用程序间信息交流功能；⑬提供应用查询服务；⑭图文混排；⑮注册管理；⑯提供行业报表模板。以下着重介绍文件管理功能、格式管理功能、数据处理功能和图形功能。

1. 文件管理功能

UFO 报表提供了创建新文件、打开已有的文件、保存文件及备份文件的文件管理功能，并且能够进行不同文件格式的转换。UFO 报表文件可以转换为 ACCESS 文件、MS EXCEL 文件、LOTUS1–2–3 文件、文本文件、XML 格式文件和 HTML 格式文件。上述格式的文件也可转换为 UFO 报表文件。文件管理器，以类似 Windows 资源管理器的风格，将 UFO 的文件统一管理，同时支持按预先设置的邮件地址发送文件。另外 U8–60 按照国家标准《信息技术会计核算软件数据接口》（GB/T19581—2004），又新增财务标准格式输出账表功能。

2. 格式管理功能

UFO 报表提供了丰富的格式设计功能，如设置表尺寸、画表格线（包括斜线）、调整行高列宽、设置字体和颜色等，可以制作符合各种要求的报表。并且内置了 11 种套用格式和 21 种行业的标准财务报表模板，可以轻轻松松制表。

3. 数据处理功能

UFO 报表以固定的格式管理大量不同的表页，能将多达 99 999 张具有相同格式的报表资料统一在一个报表文件中管理，并且在每张表页之间建立有机的联系。提供了排序、审核、舍位平衡、汇总功能；提供了绝对单元公式和相对单元公式，可以方便、迅速地定义计算公式；提供了种类丰富的函数，可以从账务、应收、应付、薪资、固定资产、销售、采购及库存等用友软件模块中提取数据，生成财务报表。

4. 图形功能

UFO 报表提供了很强的图形分析功能，可以很方便地进行图形数据组织，制作包括直方图、立体图、圆饼图及折线图等 10 种图式的分析图表。可以编辑图表的位置、大小、标题、字体及颜色等，并打印输出图表。

3.2 实验一：报表格式设计

3.2.1 实验目的

系统学习自定义报表的生成方法，要求掌握报表格式设计和公式设置的方法。

3.2.2 实验要求

（1）设计利润表的格式。
（2）按新会计制度设计利润表的计算公式。
（3）保存自制的报表格式。

3.2.3 实验资料

（1）表样内容见表 3.2.1。

表 3.2.1 利润表

编制单位：　　　　　　　　　　　　　　　　　　　年　　月

项　目	行　数	本月数	本年累计数
一、主营业务收入	1		
减：主营业务成本	4		
主营业务税金及附加	5		
二、主营业务利润	10		
减：销售费用	11		
管理费用	12		
财务费用	15		
三、营业利润	17		

续表

项 目	行 数	本月数	本年累计数
加：投资收益	18		
减：营业外支出	19		
四、利润总额	22		
减：所得税	23		
五、净利润	24		

（2）按新会计制度设计利润表的计算公式，具体可借鉴系统公式。

3.2.4 实验指导

1. 设计表的尺寸

操作步骤如下。

（1）以"010"的身份登录企业应用平台，依次执行"业务工作""财务会计""UFO报表"命令，打开"UFO报表"窗口。

（2）单击"文件""新建"，打开报表"格式"状态窗口。

（3）单击"格式""表尺寸"，打开"表尺寸"对话框。

（4）在"表尺寸"对话框中，录入行数"16"，列数"4"，如图3.2.1所示，单击"确认"按钮，出现16行4列的表格。

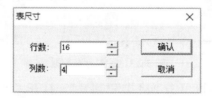

图 3.2.1 表尺寸

提示：

1）UFO建立的是一个报表簿，可以容纳多张报表。

2）在单击"新建"后，系统自动生成一张空白表。

3）设置报表尺寸是指设置报表的大小。设置前应根据所定义的报表大小计算该表所需要的行数及列数，然后再设置。

2. 定义行高和列宽

操作步骤如下。

（1）单击选中A1单元，再单击"格式""行高"，打开"行高"对话框，在"行高"对话框中，录入A1单元所在行的行高为"12"，如图3.2.2所示。单击"确认"按钮。

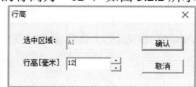

图 3.2.2 行高

（2）单击选中 A3 单元后拖动鼠标到 D16 单元，再单击"格式""行高"，打开"行高"对话框，在"行高"对话框中，录入 A3：D16 区域的行高为"6"，如图 3.2.3 所示，单击"确认"按钮。

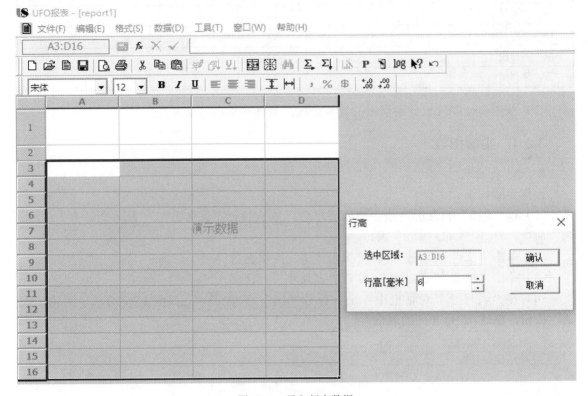

图 3.2.3　录入行高数据

（3）单击选中 A1 单元，再单击"格式""列宽"，打开"列宽"对话框，在"列宽"对话框中，录入 A1 单元所在列的列宽为"50"，如图 3.2.4 所示。

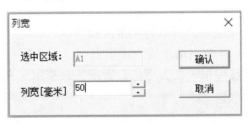

图 3.2.4　录入列宽数据

（4）单击选中 B1 单元，再单击"格式""列宽"，打开"列宽"对话框，在"列宽"对话框中，录入 B1 单元所在列的列宽为"10"。

（5）单击选中 C1 单元后拖动鼠标到 D16 单元，再单击"格式""列宽"，打开"列宽"对话框，在列宽对话框中，录入 C1：D16 区域的列宽为"32"，如图 3.2.5 所示，单击"确认"按钮。

第3章 UFO报表

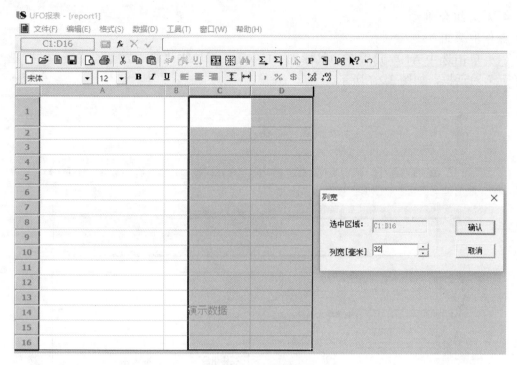

图 3.2.5 录入列宽数据

3. 画表格线

操作步骤如下。

单击选中 A3 单元后拖动鼠标到 D16 单元,再单击"格式""区域画线",打开"区域画线"对话框,如图 3.2.6 所示,单击"确认"按钮。

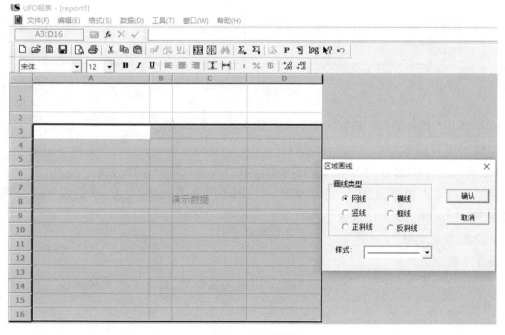

图 3.2.6 区域划线

4. 定义组合单元

操作步骤如下。

(1) 单击选中 A1 单元后拖动鼠标到 D1 单元,再单击"格式""组合单元",打开"组合单元"对话框,如图 3.2.7 所示。

图 3.2.7　组合单元

(2) 单击"按行组合"按钮,将第 1 行组合为一个单元。

5. 输入项目内容

根据所给资料直接在对应单元中输入所有项目内容,如图 3.2.8 所示。

提示:在录入报表项目时,单位名称及日期不需要手工录入,UFO 报表一般将其设置为关键字。用关键字的方法设置。

6. 设置单元属性

操作步骤如下。

(1) 单击选中 A1 单元,再单击"格式""单元属性",打开"单元格属性"对话框,如图 3.2.9 所示。

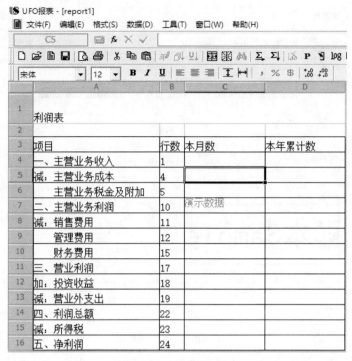

图 3.2.8　输入项目内容

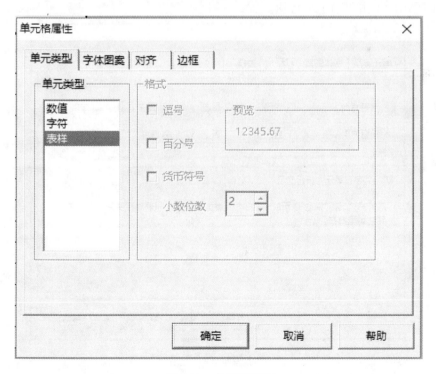

图 3.2.9　单元格属性

（2）单击打开"字体图案"页签，单击字体栏下三角按钮，选择"黑体"，单击字号栏下三角按钮，选择"28"，如图 3.2.10 所示。

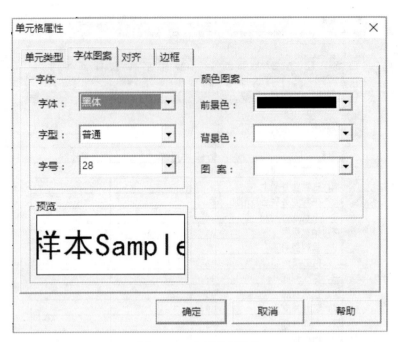

图 3.2.10　字体图案页签

（3）单击打开"对齐"页签，单击水平方向"居中"及垂直方向"居中"前单选按钮，如图 3.2.11 所示，单击"确定"按钮。

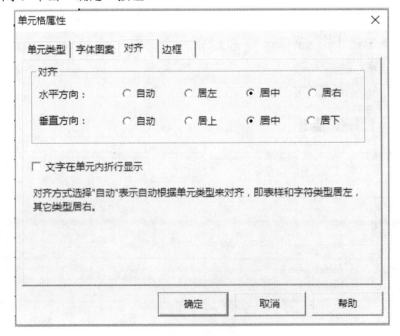

图 3.2.11　对齐页签

（4）单击选中 A3 单元后拖动鼠标到 D3 单元，再单击"格式""单元属性"，打开"单元格属性"窗口。

（5）单击打开"字体图案"页签，单击字体栏下三角按钮，选择"黑体"，单击字号栏下三角按钮,选择"14"。

(6)单击打开"对齐"页签,单击水平方向"居中"及垂直方向"居中"前单选按钮,依此方法再设置 A4:D16 区域的字体为"宋体",字号为"14",单击"确定"按钮,如图3.2.12 所示。

图 3.2.12　利润表

提示:

1)新建的报表,所有单元的单元类型均默认为数值型。

2)格式状态下输入的内容均默认为表样单元。

3)字符单元和数值单元只对本表页有效,表样单元输入后对所有的表页有效。

7.定义关键字

操作步骤如下。

(1)单击 A2 单元,单击"数据""关键字""设置",打开"设置关键字"窗口,如图 3.2.13 所示。单击"确定"按钮,生成关键字"单位名称"的内容。

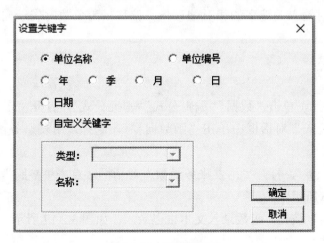

图 3.2.13　设置关键字

（2）单击 C2 单元，单击"数据""关键字""设置"，打开"设置关键字"窗口，单击"年"单选按钮，再单击"确定"按钮，生成关键字"年"的内容。

（3）单击 D2 单元，单击"数据""关键字""设置"，打开"设置关键字"窗口，单击"月"单选按钮，再单击"确定"按钮，生成关键字"月"的内容，如图 3.2.14 所示。

图 3.2.14　利润表生成关键字

提示：

1）定义关键字主要包括设置关键字和调整关键字在表页的位置。

2）关键字在格式状态下设置，在数据状态下录入。

3）同一个单元或组合单元的关键字定义完以后，可能会重叠在一起，如果造成重叠，可以在设置关键字时输入关键字的相对偏移量。偏移量为负数时表示向左移，正数时表示向右移。

8. 录入单元公式

操作步骤如下。

（1）单击 C4 单元，单击"数据""编辑公式""单元公式"，打开"定义公式"对话框。

（2）在"定义公式"对话框中单击"函数向导"，选择"用友财务函数–发生"，如图 3.2.15 所示。

（3）单击"下一步"，打开"用友账务函数"对话框，点击"参照"，打开"财务函数"对话框，如图 3.2.16 所示。

（4）单击"确定"按钮，函数录入文本框已录入，如图 3.2.17 所示。

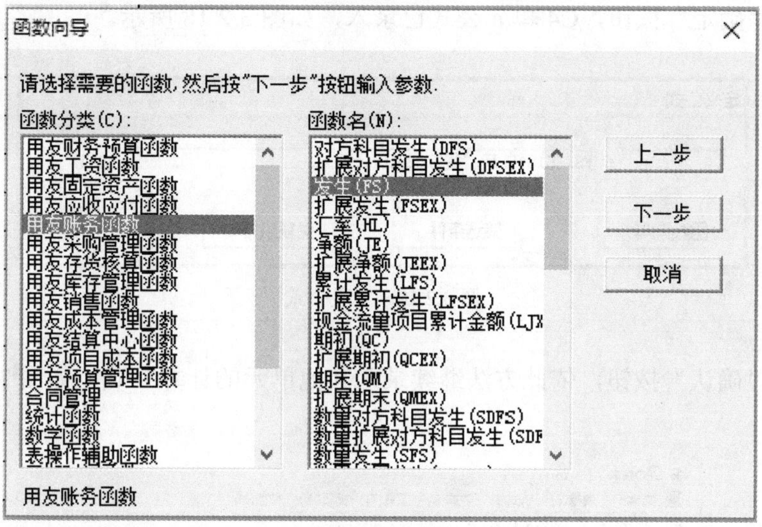

图 3.2.15　函数向导

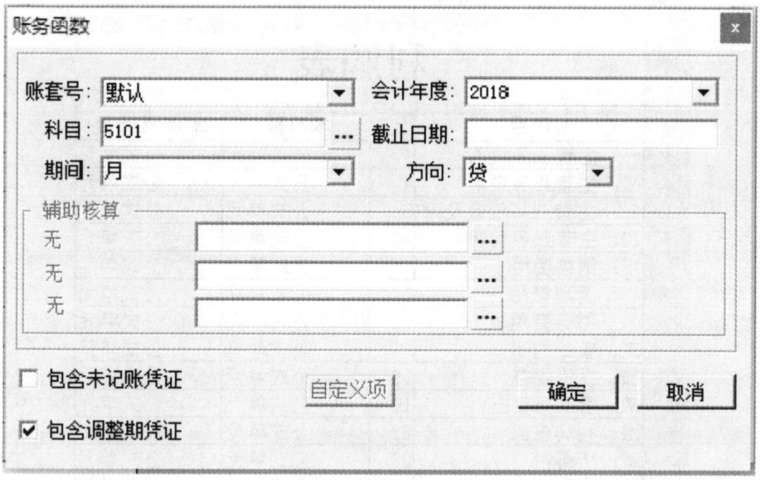

图 3.2.16　财务函数

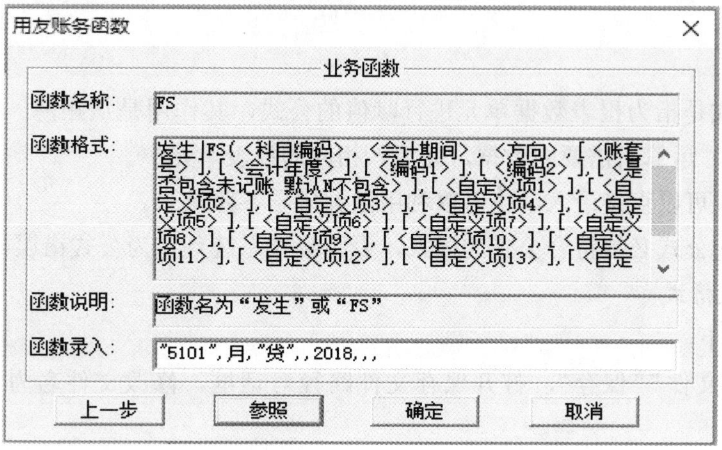

图 3.2.17　用友账务函数

（5）单击“确定”按钮，C4 单元公式已录入，如图 3.2.18 所示。

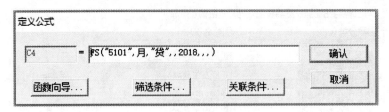

图 3.2.18　定义公式

（6）单击“确认”按钮，依此方法继续录入其他单元的计算公式，如图 3.2.19 所示。

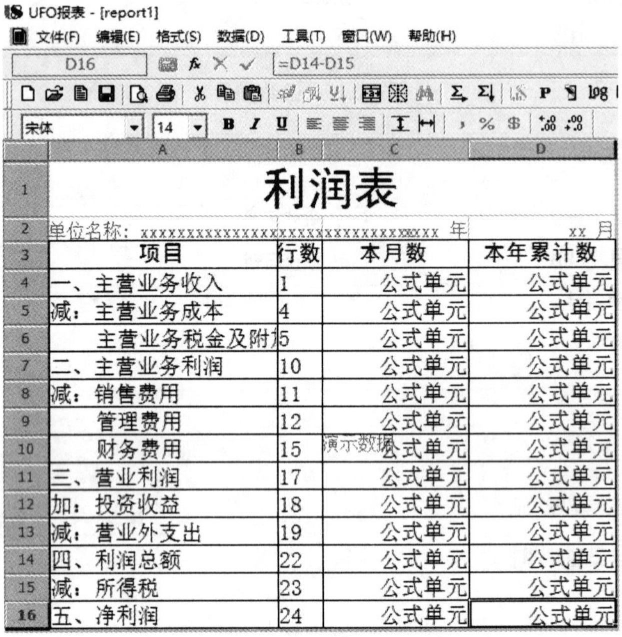

	A	B	C	D
1	利润表			
2	单位名称：xxxxxxxxxxxxxxxxxxxxxxxxxxxxxxxxxxxxxx		年	xx 月
3	项目	行数	本月数	本年累计数
4	一、主营业务收入	1	公式单元	公式单元
5	减：主营业务成本	4	公式单元	公式单元
6	主营业务税金及附加	5	公式单元	公式单元
7	二、主营业务利润	10	公式单元	公式单元
8	减：销售费用	11	公式单元	公式单元
9	管理费用	12	公式单元	公式单元
10	财务费用	15	公式单元	公式单元
11	三、营业利润	17	公式单元	公式单元
12	加：投资收益	18	公式单元	公式单元
13	减：营业外支出	19	公式单元	公式单元
14	四、利润总额	22	公式单元	公式单元
15	减：所得税	23	公式单元	公式单元
16	五、净利润	24	公式单元	公式单元

图 3.2.19　录入单元计算公式

提示：

1）单元公式是指为报表数据单元进行赋值的公式，其作用是从账簿、凭证、本表或其他报表等处调用、运算所需要的数据，并填入相应的报表单元中。

2）计算公式可以直接录入，也可以利用函数向导参照录入。

3）所录入的公式必须符合公式的模式，否则会被系统判定为公式错误。

9. 保存报表格式

操作步骤如下。

（1）单击“文件”“保存”，打开保存文件路径对话框，修改文件名为“自制利润表”，如图 3.2.20 所示。

（2）单击“另存为”按钮。

图 3.2.20 生成"自制利润表"文件

3.3 实验二：报表数据处理

3.3.1 实验目的

学习并掌握报表数据的处理方法。

3.3.2 实验要求

（1）生成自制利润表的数据。
（2）将已生成数据的利润表另存为"10月份报表"。

3.3.3 实验资料

（1）编制单位为各小组所成立的公司，以其所生成的数据为基础。
（2）编制时间为 2018 年 10 月。

3.3.4 实验指导

1. 打开自制利润表，录入关键字并计算报表数据
操作步骤如下。
（1）在 UFO 报表系统中，单击"文件""打开"，打开"打开"对话框。在"打开"对话框中，找到"文档"中的"自制利润表"报表文件，如图 3.3.1 所示。

图 3.3.1 自制利润表

（2）单击"打开"按钮，打开利润表，如图 3.3.2 所示。

图 3.3.2 打开利润表

（3）在 UFO 报表系统中，单击左下角红色按钮，进入 UFO 电子表的数据状态。

（4）UFO 电子表的数据状态中，单击"数据""关键字""录入"，打开录入关键字对话框。录入单位名称、年、月，如图 3.3.3 所示。

图 3.3.3 录入关键字

(5) 单击"确认"按钮，系统提示"是否重算第一页"，如图 3.3.4 所示。

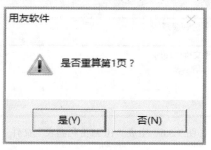

图 3.3.4 系统提示

(6) 单击"是"按钮，系统自动计算报表数据，出现计算结果，如图 3.3.5 所示。

图 3.3.5 计算报表数据

提示：在编制报表时可以选择整表计算或表页计算，整表计算是将该表的所有表页全部进行计算，而表页计算仅仅是将该表页的数据进行计算。

2. 将已经生成数据的利润表另存为"10 月份利润表"

操作步骤如下。

(1) 单击"文件""另存为"，打开另存为文件的路径，录入文件名"10 月份利润表"，如图 3.3.6 所示。

图 3.3.6 生成"10 月份利润表"文件

（2）单击"另存为"按钮。

3.4 实验三：利用报表模板生成报表

3.4.1 实验目的

学习和掌握报表模板生成报表的方法。

3.4.2 实验要求

按新会计制度科目生成 10 月份的资产负债表并保存。

3.4.3 实验资料

（1）单位名称为各小组成立的公司。
（2）编制时间为 2018 年 10 月。

3.4.4 实验指导

1. 打开报表模板并建立"资产负债表"
操作步骤如下。
（1）在 UFO 报表系统中，单击"文件""新建"，打开报表格式状态窗口。
（2）在报表格式状态窗口中，单击"格式""报表模板"，打开报告"报表模板"对话框。单击"您所在的行业"栏下三角按钮，选择"新会计制度科目"，再单击"财务报表"栏下三角按钮，选择"资产负债表"，如图 3.4.1 所示。

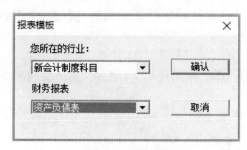

图 3.4.1　报表模板

（3）单击“确认”按钮，系统提示“模板格式将覆盖本表格式！是否继续?”，如图 3.4.2 所示。

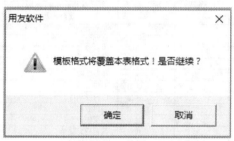

图 3.4.2　系统提示

（4）单击“确定”按钮，打开按“新会计制度科目”设置的“资产负债表”模板，如图 3.4.3 所示。

	A	B	C	D	E	F	G	H
1					资产负债表			
2								会企01表
3	编制单位:		xxxx 年	xx 月	xx 日			单位:元
4	资　产	行次	年初数	期末数	负债和所有者权益	行次	年初数	期末数
5					(或股东权益)		演示数据	
6	流动资产:				流动负债:			
7	货币资金	1	公式单元	公式单元	短期借款	68	公式单元	公式单元
8	短期投资	2	公式单元	公式单元	应付票据	69	公式单元	公式单元
9	应收票据	3	公式单元	公式单元	应付账款	70	公式单元	公式单元
10	应收股利	4	公式单元	公式单元	预收账款	71	公式单元	公式单元
11	应收利息	5	公式单元	公式单元	应付工资	72	公式单元	公式单元
12	应收账款	6	公式单元	公式单元	应付福利费	73	公式单元	公式单元
13	其它应收款	7	公式单元	公式单元	应付股利	74	公式单元	公式单元
14	预付账款	8	公式单元	公式单元	应交税金	75	公式单元	公式单元
15	应收补贴款	9	公式单元	公式单元	其它应交款	80	公式单元	公式单元
16	存货	10	公式单元	公式单元	其它应付款	81	公式单元	公式单元
17	待摊费用	11	公式单元	公式单元	预提费用	82	公式单元	公式单元
18	一年内到期的长期债权投资	21			预计负债	83	公式单元	公式单元
19	其它流动资产	24			一年内到期的长期负债	86		
20	流动资产合计	31	公式单元	公式单元	其它流动负债	90		
21	长期投资:							
22	长期股权投资	32	公式单元	公式单元	流动负债合计	100	公式单元	公式单元
23	长期债权投资	34	公式单元	公式单元	长期负债:			
24	长期投资合计	38	公式单元	公式单元	长期借款	101	公式单元	公式单元
25	固定资产:				应付债券	102	公式单元	公式单元
26	固定资产原价	39	公式单元	公式单元	长期应付款	103	公式单元	公式单元

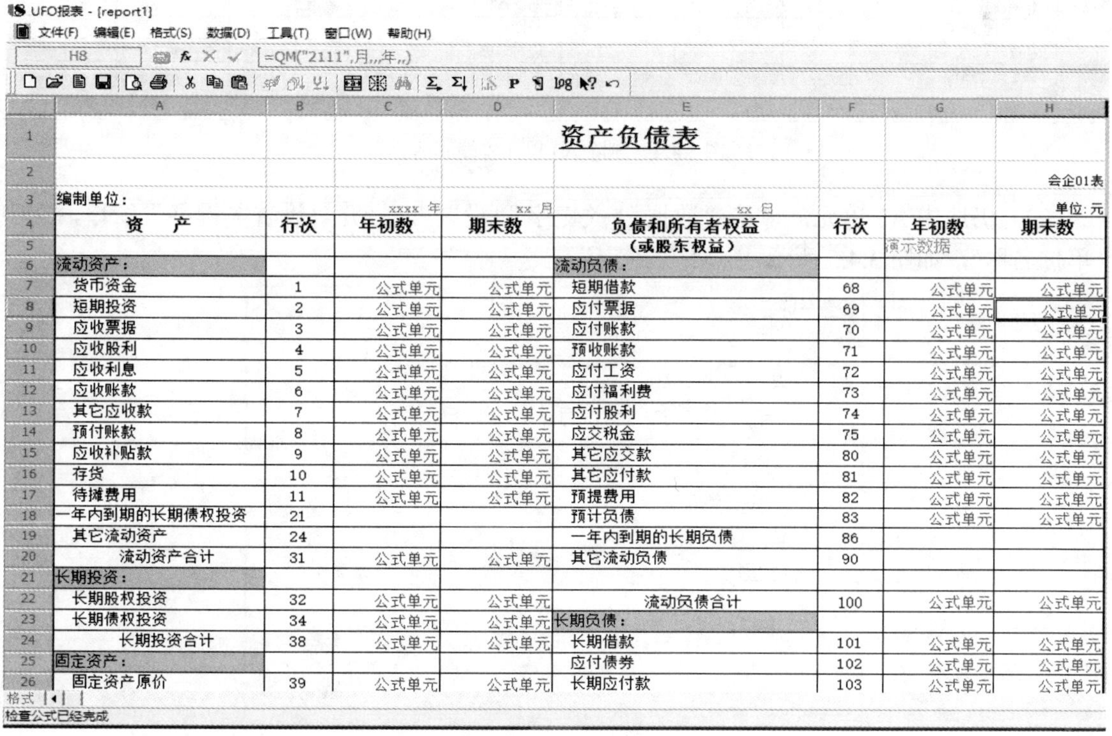

图 3.4.3　资产负债表模板

提示：在调用模板时一定要注意选择正确的所在行业的相应的会计报表，否则不同行业的会计报表其内容不同。

2. 设置关键字

（1）在报表格式状态窗口中，单击选中 A3 单元，将“编制单位”删除，如图 3.4.4 所示。

	A	B	C	D	E	F	G	H
1					资产负债表			
2								会企01表
3			xxxx 年	xx 月	xx 日			单位：元
4	资　产	行次	年初数	期末数	负债和所有者权益（或股东权益）	行次	年初数	期末数
5								
6	流动资产：				流动负债：			
7	货币资金	1	公式单元	公式单元	短期借款	68	公式单元	公式单元
8	短期投资	2	公式单元	公式单元	应付票据	69	公式单元	公式单元
9	应收票据	3	公式单元	公式单元	应付账款	70	公式单元	公式单元
10	应收股利	4	公式单元	公式单元	预收账款	71	公式单元	公式单元
11	应收利息	5	公式单元	公式单元	应付工资	72	公式单元	公式单元
12	应收账款	6	公式单元	公式单元	应付福利费	73	公式单元	公式单元
13	其它应收款	7	公式单元	公式单元	应付股利	74	公式单元	公式单元
14	预付账款	8	公式单元	公式单元	应交税金	75	公式单元	公式单元
15	应收补贴款	9	公式单元	公式单元	其它应交款	80	公式单元	公式单元
16	存货	10	公式单元	公式单元	其它应付款	81	公式单元	公式单元
17	待摊费用	11	公式单元	公式单元	预提费用	82	公式单元	公式单元
18	一年内到期的长期债权投资	21			预计负债	83	公式单元	公式单元
19	其它流动资产	24			一年内到期的长期负债	86		
20	流动资产合计	31	公式单元	公式单元	其它流动负债	90		
21	长期投资：							
22	长期股权投资	32	公式单元	公式单元	流动负债合计	100	公式单元	公式单元
23	长期债权投资	34	公式单元	公式单元	长期负债：			
24	长期投资合计	38	公式单元	公式单元	长期借款	101	公式单元	公式单元
25	固定资产：				应付债券	102	公式单元	公式单元
26	固定资产原价	39	公式单元	公式单元	长期应付款	103	公式单元	公式单元

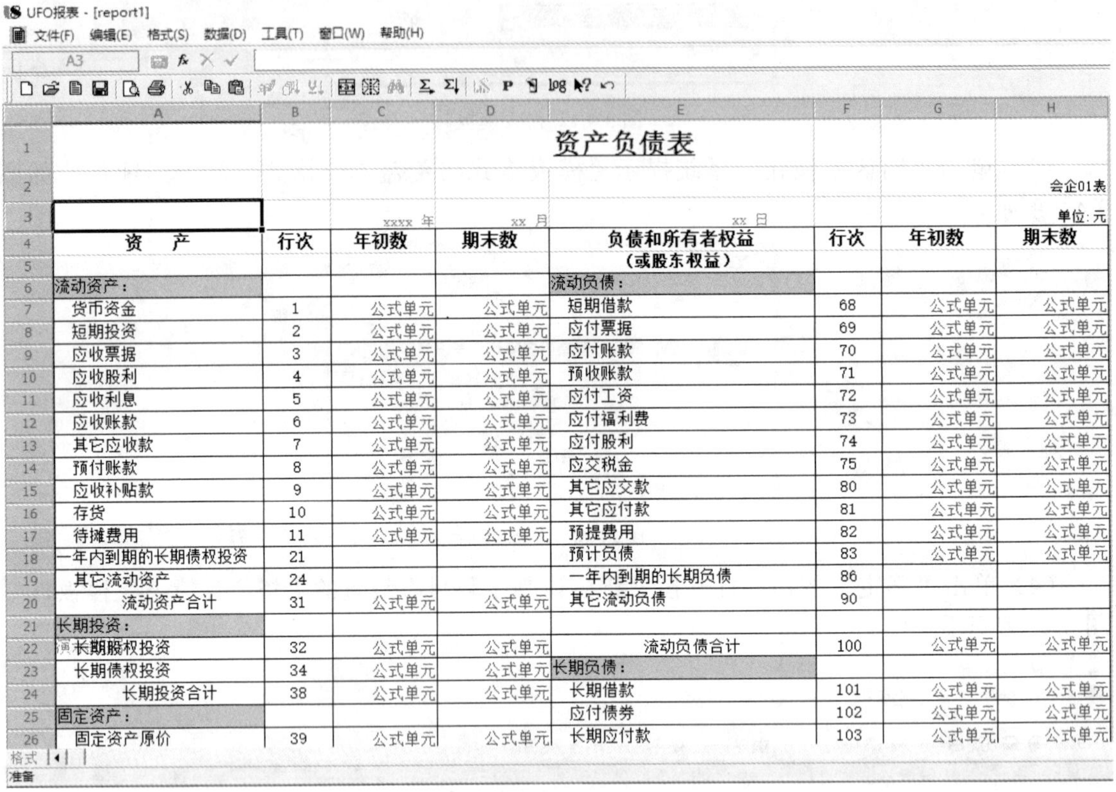

图 3.4.4　删除 A3 单元“编制单位”

（2）仍选中 A3 单元，单击“数据”“关键字”“设置”，打开“设置关键字”窗口，选中“单位名称”，如图 3.4.5 所示，点击“确定”。

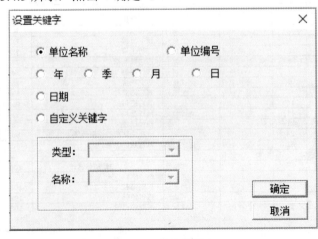

图 3.4.5　设置关键字

提示：

1）如果报表的编制单位是固定的，则可以在格式状态直接录入编制单位的有关内容，不用设置关键字。

2）通过设置关键字可以在每次生成报表数据时以录入关键字的形式录入单位名称等信息。

3. 录入关键字并计算报表数据

操作步骤如下。

(1) 点击状态栏左下角"格式"按钮，系统提示"是否确定全表重算？"，如图 3.4.6 所示。

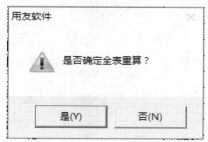

图 3.4.6　系统提示

(2) 单击"否"，进入报表的"数据"状态窗口。

(3) 在报表的"数据"状态窗口中，单击"数据""关键字""录入"，打开"录入关键字"窗口，在单位名称栏录入"兴旺公司"，如图 3.4.7 所示。

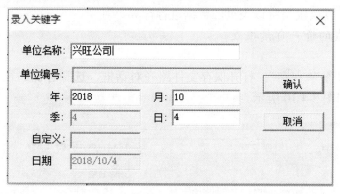

图 3.4.7　录入关键字

(4) 单击"确认"按钮，系统提示"是否重算第一页？"，如图 3.4.8 所示。

图 3.4.8　系统提示

(5) 单击"是"按钮，生成资产负债表数据，如图 3.4.9 所示。

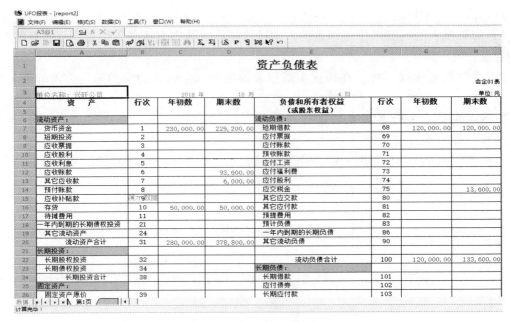

图 3.4.9 生成资产负债表数据

提示：

1）关键字应采用系统提供的定义关键字功能定义，而不应该直接录入。

2）在编制报表时可以选择整表计算或表页计算，整表计算是将该表的所有表页全部进行计算，而表页计算仅仅是将该表页的数据进行计算。

4. 保存所生成的资产负债报表

操作步骤如下。

（1）单击"文件""保存"，打开保存文件路径对话框，选择存储路径，修改文件名称为"资产负债表"，如图 3.4.10 所示。

图 3.4.10 生成资产负债表

（2）单击"另存为"按钮，将"资产负债表"保存到了"文档"中。

第 4 章 薪资管理系统

4.1 功能概述

薪资管理系统是用友 ERP–U8 软件的重要组成部分。它具有功能强大、设计周到和操作方便的特点，适用于各类企业、行政、事业与科研单位，并提供了同一企业存在多种工资核算类型的解决方案。该系统可以根据企业的薪资制度、薪资结构设置企业的薪资标准体系，在发生人事变动或薪资标准调整时执行调资处理，记入员工薪资档案作为工资核算的依据；根据不同企业的需要设计工资项目、计算公式，更加方便地输入、修改各种工资数据和资料；自动计算、汇总工资数据，对形成工资、福利费等各项费用进行月末、年末账务处理，并通过转账方式向总账系统传输会计凭证，向成本管理系统传输工资费用数据。齐全的工资报表形式、简便的工资资料查询方式、健全的核算体系，为企业多层次、多角度的工资管理提供了方便。

薪资管理系统是由工资管理系统更名而来，如果启用了人力资源系统下的 HR 基础设置和人事信息管理两个模块，则系统菜单下又会显示"薪资标准""薪资调整"和"薪资业务单"三组功能节点，这三组功能中的信息与薪资管理系统中其他功能相互独立，不能直接引用，需要手工指定对应关系才可建立关联。

4.2 实验一：工资系统初始化

4.2.1 实验目的

熟悉工资系统初始化操作方法。

4.2.2 实验要求

（1）建立工资账套。
（2）基础设置。
（3）工资类别管理。
（4）设置在岗人员工资套的工资项目。
（5）设置人员档案。
（6）设置计算公式。

4.2.3 实验资料

（1）工资系统的参数。工资类别有两个，工资核算本位币为人民币，不核算计件工资，自动代扣所得税，进行扣零设置且扣零到元，人员编码长度采用默认的 10 位。工资类别为"在岗人员"和"退休人员"，并且在岗人员分布在各个部门，而退休人员只属于人事部门。

（2）人员附加信息：人员的附加信息为"性别"和"学历"。

（3）人员类别：企业的人员类别包括"企业管理人员""车间管理人员""采购人员""销售人员"和"其他人员"。

（4）工资项目（见表 4.2.1）。

表 4.2.1　工资项目

职员编号	人员姓名	所属部门	人员类别	基本工资	职务补贴	福利补贴	奖　金	缺勤天数
1	王文	人事部（1）	企业管理人员	5000	2000	500	800	
2	柯丽	人事部（1）	企业管理人员	4000	1500	500	800	
3	张楠	财务部（2）	企业管理人员	5300	1500	500	800	
4	杨虹	财务部（2）	企业管理人员	4800	1000	200	800	
5	刘玲	财务部（2）	企业管理人员	3800	1000	200	800	
6	杨明	供应部（301）	采购人员	2500	900	200	1000	
7	于伟	销售部（302）	销售人员	4000	900	200	3200	
8	徐东	加工车间（4）	车间管理人员	2200	800	200	1100	

（5）银行名称为"工商银行"，账号长度为 11 位，录入时自动带出账号长度为 8 位。

（6）工资类别：在岗人员和退休人员。

（7）在岗人员档案（见表 4.2.2）。

表 4.2.2　在岗人员档案

职员编号	人员姓名	性别	学历	所属部门	人员类别	银行代发账号
1	王文	男	大学	人事部（1）	企业管理人员	11022033001
2	柯丽	女	大学	人事部（1）	企业管理人员	11022033002
3	张楠	男	大学	财务部（2）	企业管理人员	11022033003
4	杨虹	男	大学	财务部（2）	企业管理人员	11022033004
5	刘玲	女	大学	财务部（2）	企业管理人员	11022033005
6	杨明	男	大学	供应部（301）	采购人员	11022033006
7	于伟	女	大学	销售部（302）	销售人员	11022033007
8	徐东	男	大专	加工车间（4）	车间管理人员	11022033008

计算公式：

$$缺勤扣款 = （基本工资 / 22）\times 缺勤天数$$

$$住房公积金 = （基本工资 + 职务补贴 + 福利补贴 + 交通补贴 + 奖金）\times 0.08$$

采购人员和销售人员的交通补助为 200 元，其他人员的交通补助为 60 元。

4.2.4 实验指导

1. 建立工资套账并建立工资类别

操作步骤如下。

（1）以"010"的身份登录企业应用平台，依次执行"基础设置""基本信息""系统启用"命令，打开"系统启用"对话框。

（2）选中"WA 薪资管理"复选框，打开日历对话框，选择工资系统启用日期为 2018 年 11 月 1 日，单击"确定"按钮，系统弹出提示"确实要启动当天系统吗？"，单击"是"返回。

（3）执行"业务工作""人力资源""薪资管理"命令，打开"建立工资套 – 参数设置"对话框。

（4）在"建立工资套 – 参数设置"对话框中，单击"多个"前的单选按钮，如图 4.2.1 所示。

图 4.2.1　建立工资套 – 参数设置

（5）单击"下一步"按钮，打开"建立工资套 – 扣税设置"对话框，单击"是否从工资中代扣个人所得税"前的复选框后，单击"下一步"按钮，打开"建立工资套 – 扣零设置"对话框，单击"扣零"前复选框，再单击"扣零至元"前单选按钮，如图 4.2.2 所示。

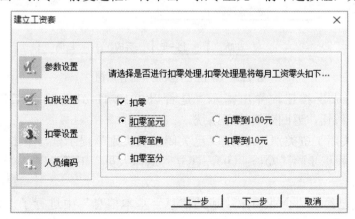

图 4.2.2　建立工资套 – 扣零设置

（6）单击"下一步"按钮，打开"建立工资套–人员编码"对话框，单击"完成"，完成工资账套的创建。

（7）执行"业务工作""人力资源""薪资管理""工资类别""新建工资类别"命令，打开"新建工资类别"对话框，在文本框中输入第一个工资类别"在岗人员"，如图4.2.3所示。

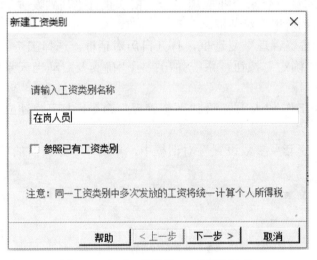

图4.2.3　新建工资类别–工资类别名称

（8）单击"下一步"按钮，单击"选定全部部门"按钮，如图4.2.4所示。

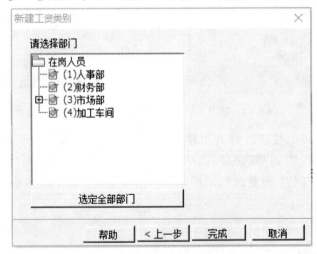

图4.2.4　新建工资类别–选择部门

（9）单击"完成"按钮，弹出提示"是否以2018–11–01为当前工资类别的启用日期？"，单击"是"按钮，返回薪资管理系统。

（10）双击"关闭工资类别"，出现"已关闭工资类别"提示框，单击"确定"。再双击"新建工资类别"，根据步骤（7）～（9），建立"退休人员"工资类别。

提示：

1）工资系统已经在"企业门户–基础信息–基本信息"中进行了"系统启用"的操作，已经设置工资系统的启用日期是"2018–11–01"。启动工资系统既可以在企业门户中启用,也可以使用程序直接启用。

2)工资账套与企业核算账套是不同的概念,企业核算账套在系统管理中建立,是针对整个用友ERP系统而言,而工资账套只针对用友ERP系统中的工资管理子系统,即工资账套是企业核算的一个组成部分。

3)如果单位按周或每月多次发放工资,或者是单位中有多种不同类别(部门)人员,工资发放项目不尽相同,计算公式也不相同,但需要进行统一工资核算管理,应选择"多个"工资类别。反之,如果单位中所有人员工资按统一标准进行管理,而且人员的工资项目、工资计算公式全部相同,则选择"单个"工资项目。

4)选择代扣个人所得税后,系统将自动生成工资项目"代扣税",并自动进行代扣税金的计算。

5)扣零处理是指每次发放工资时零头扣下,积累取整,在下次发放工资时补上,系统在计算工资时将依据扣零类型(扣零至元、扣零至角、扣零至分)进行扣零计算。一旦选择了"扣零处理",系统自动在固定工资项目中增加"本月扣零"和"上月扣零"两个项目,扣零的计算公式将由系统自动定义,不用设置。

6)建账完成后,部分建账参数可以在"设置""选项"中进行修改。

2. 设置人员附加信息

操作步骤如下。

(1)双击"关闭工资类别",出现"已关闭工资类别"提示框,单击"确定"。

(2)执行"设置""人员附加信息设置"命令,打开"人员附加信息设置"对话框。单击"增加"按钮,在"信息名称"栏填入"性别",单击"栏目参照"栏下三角按钮,选择"性别"。再单击"增加"按钮,在"信息名称"栏填入"学历",单击"栏目参照"栏下三角按钮,选择"学历",单击"增加"按钮,如图4.2.5所示,单击"确定"按钮。

图 4.2.5 人员附加信息设置

提示:

1)如果工资系统提供的有关人员的基本信息不能满足实际需要,可以根据需要进行附加信息的设置。

2）已经使用过的人员附加信息可以修改，但不能删除。

3）不能对人员的附加信息进行数据加工，如公式设置等。

3. 设置人员类别

操作步骤如下。

（1）执行“基础设置”“基础档案”“机构人员”“人员类别”命令，打开“人员类别”窗口。

（2）单击“增加”按钮，打开“增加档案项”对话框，在“档案编码”栏录入“104”，在“档案名称”栏录入“企业管理人员”，如图4.2.6所示，单击“确定”按钮。

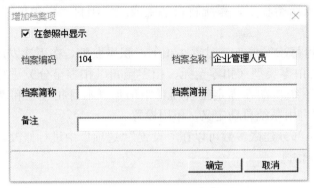

图 4.2.6　增加档案栏

（3）依此方法再录入其他的人员类别，如图4.2.7所示，单击“退出”按钮。

人员类别

序号	档案编码	档案名称	档案简称	档案简拼	档案级别	上级代码	是否自定义	是否有下级	是否显示	备注
1	101	正式工	正式工	ZSG	0		用户	否	是	
2	102	合同工	合同工	HTG	0		用户	否	是	
3	103	实习生	实习生	SXS	0		用户	否	是	
4	104	企业管理人员	企业管理人员	QYGLRY	0		用户	否	是	
5	105	车间管理人员	车间管理人员	CJGLRY	0		用户	否	是	
6	106	采购人员	采购人员	CGRY	0		用户	否	是	
7	107	销售人员	销售人员	XSRY	0		用户	否	是	
8	108	其他人员	其他人员	QTRY	0		用户	否	是	

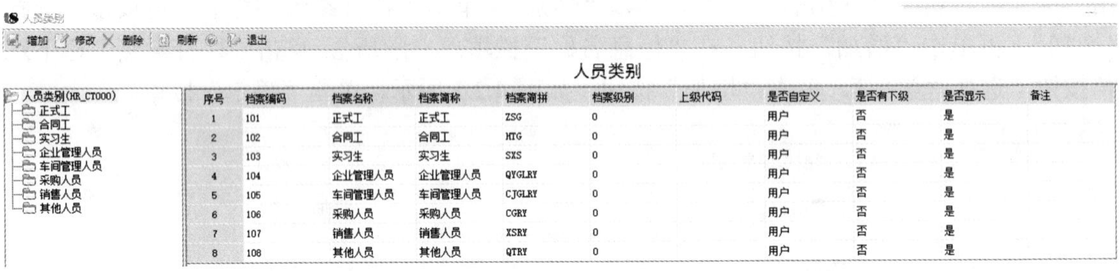

图 4.2.7　人员类别设置

提示：

1）人员类别设置的目的是为“工资分摊”设置相应的入账科目，因此可以按不同的入账科目设置不同的人员类别。

2）人员类别名称可以修改，但已使用的人员类别名称不能删除。

4. 设置工资项目

操作步骤如下。

（1）以“账套主管”的身份登录企业应用平台，执行“业务工作”“人力资源”“薪资管理”“设置”“工资项目设置”命令，打开“工资项目设置”对话框。

（2）单击“增加”按钮，单击“名称参照”栏下三角按钮，打开下拉列表，选择“基本工资”，单击“增加”按钮，该项目即添加至工资项目栏，如图4.2.8所示。

（3）同理，将“职务补贴”“福利补贴”“奖金”“缺勤扣款”“住房公积金”及“缺勤天数”等添加完毕，添加时注意“增减项”的选择。如图4.2.9所示。

第4章 薪资管理系统

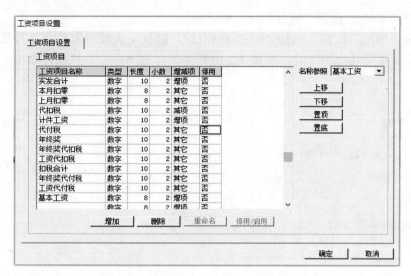

图 4.2.8 工资项目设置 – 基本工资

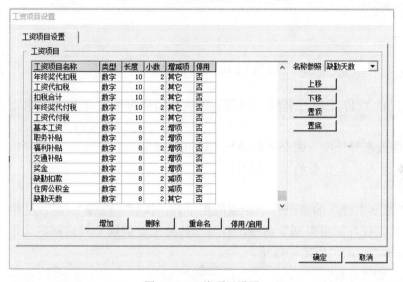

图 4.2.9 工资项目设置

（4）单击"确定"按钮，系统弹出"薪资管理"信息提示框，单击"确定"按钮。

提示：

1）此处所设置的工资项目是针对所有工资类别所需要使用的全部工资项目。

2）系统提供的固定工资项目不能修改、删除。

3）工资项目确定后应通过使用移动按钮将工资项目移动到适合的位置。

4）系统提供若干常用工资项目供参考，可选择输入。对于参照中未提供的工资项目，可以通过双击"工资项目名称"一栏直接输入，或先从"名称参照"中选择一个项目，然后单击"重命名"按钮将其修改为需要的项目。

5. 设置银行名称

操作步骤：

（1）以"账套主管"的身份登录企业应用平台，执行"基础设置""基础档案""收付结算""银行档案"命令,打开"银行档案"对话框。

(2)单击"增加"按钮,增加"05 工商银行",默认个人账号定长且账号长度为"11",自动带出的个人账号长度为"8",如图 4.2.10 所示。单击"保存"按钮,退出。

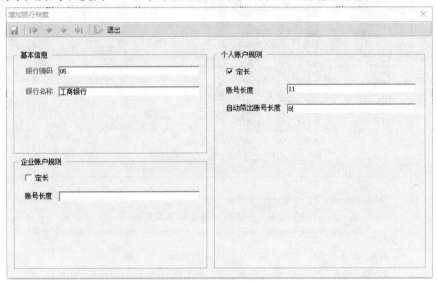

图 4.2.10 银行档案设置

提示:

1)系统提供了 17 个银行名称,如果不能满足需要可以在此基础上删除或增加新的银行名称。

2)如果修改账号长度,则必须敲键盘上的回车键确认。

6.设置在岗人员工资套的工资项目

操作步骤如下。

(1)以"账套主管"的身份登录企业应用平台,执行"业务工作""人力资源""薪资管理""工资类别""打开工资类别"命令,打开"打开工资类别"对话框,选中"在岗人员",如图 4.2.11 所示,单击"确定"按钮。

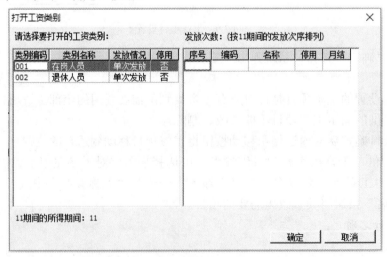

图 4.2.11 打开工资类别

(2)单击"设置""工资项目设置",打开"工资项目设置"对话框。在"工资项目设置"页签中,单击"增加"按钮,再单击名称参照栏下三角按钮,选择"基本工资",依此方法再增加其他的工资项目,如图 4.2.12 所示。

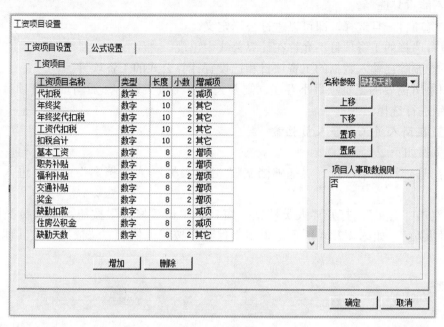

图 4.2.12　工资项目设置

(3)单击选中"基本工资",单击"上移"按钮,将基本工资移动到工资项目栏的第一行,再继续移动其他的工资项目到相应的位置,如图 4.2.13 所示,单击"确定"按钮。

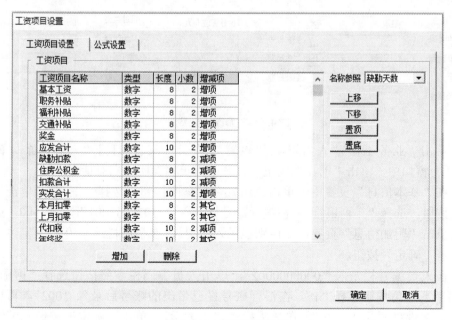

图 4.2.13　工资项目设置

提示：

1）在未打开任何工资账套前可以设置所有的工资项目，当打开某一工资账套后可以根据本工资账套的需要对已经设置的工资项目进行选择，并将工资项目移动到合适的位置。工资项目不能重复选择。

2）工资项目一旦选择，即可以进行公示定义。

3）没有选择的工资项目不允许在计算公式中出现。

4）不能删除已输入数据的工资项目和已设置计算公式的工资项目。

5）如果所需要的工资项目不存在，则要关闭本工资类别，然后新增工资项目，再打开此工资类别进行选择。

7. 设置在岗人员工资套人员档案

操作步骤如下。

（1）在基础设置中，执行"基础档案""机构人员""人员档案"命令，进入"人员列表"窗口。

（2）双击"王文"，打开"人员档案"窗口，单击"修改"按钮，将人员类别修改为"企业管理人员"，如图 4.2.14 所示。单击"保存"按钮，依此方法依次修改其他的职员档案。

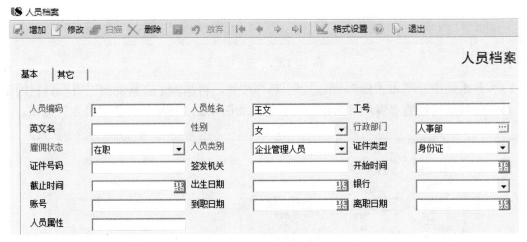

图 4.2.14 修改人员类别

（3）单击"业务工作""人力资源""设置""人员档案"，打开"人员档案"窗口。在"人员档案"窗口中，单击"增加"按钮，打开"人员档案明细"对话框。

（4）在"基本信息"页签中，单击人员姓名栏参照按钮，选择"王文"，单击银行名称栏下三角按钮，选择"工商银行"，在银行账号栏录入"11022033001"，如图 4.2.15 所示。

（5）单击"附加信息"页签，在性别栏录入"男"，在学历栏录入"大学"，如图 4.2.16 所示，单击"确定"按钮。

（6）在人员编号栏录入"0000000002"，单击人员编码栏参照按钮选择"柯丽"，单击部门编码栏下三角按钮选择"1"，在银行账号栏已带出的账号后录入"002"，再单击附加信息页签，在性别栏录入"女"，在学历栏录入"大学"，单击"确定"按钮。继续录入其他的人员档案，如图 4.2.17 所示。

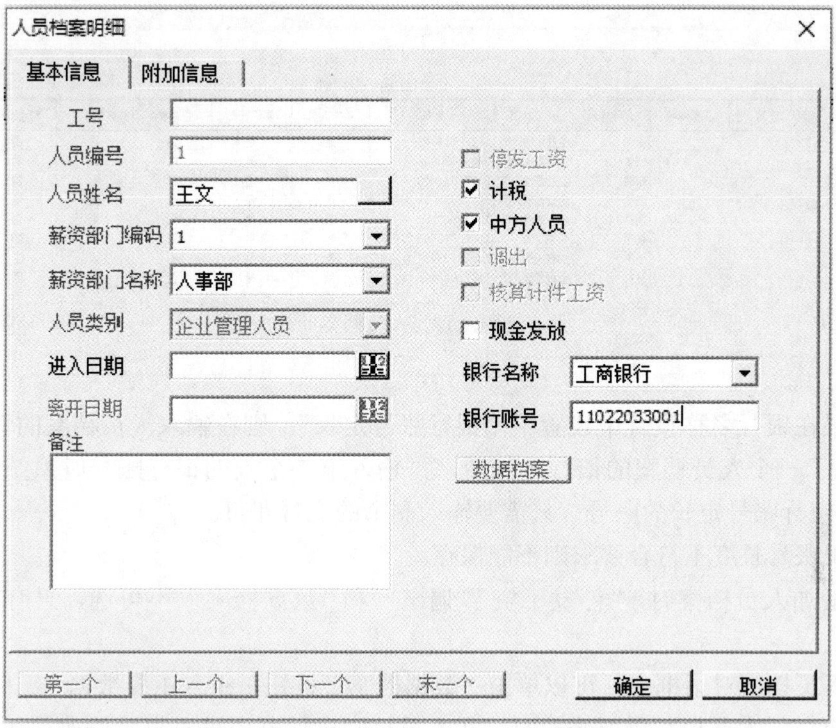

图 4.2.15 人员档案明细 – 基本信息

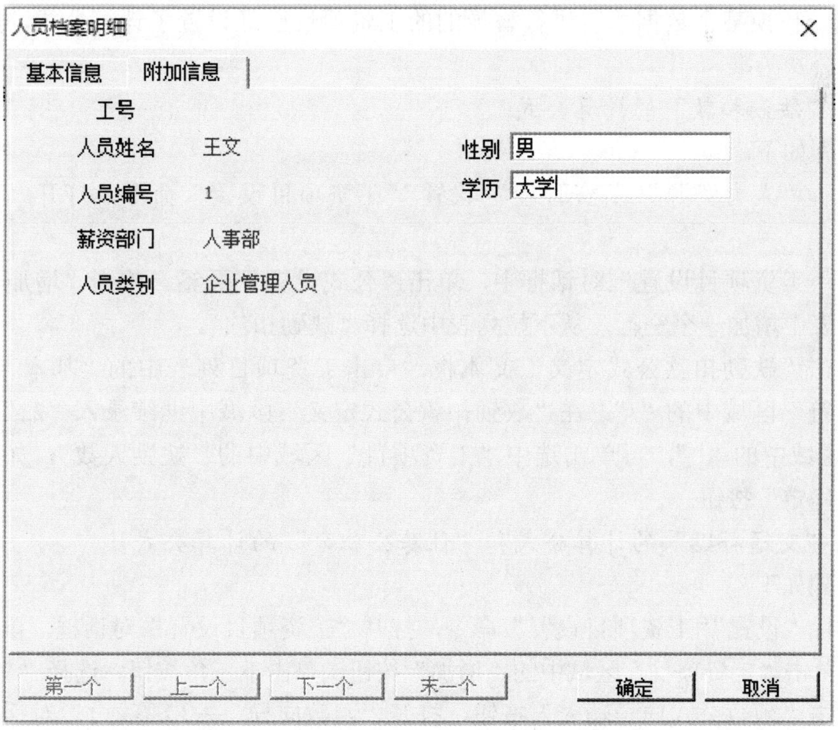

图 4.2.16 人员档案明细 – 附加信息

选择	薪资部门名称	工号	人员编号	人员姓名	人员类别	账号	中方人员	是否计税	工资停发	核算计件工资	现金发放	进入日期	离...
	人事部	1		王文	企业管理人员	11022033001	是	是	否	否	否		
	人事部	2		柯丽	企业管理人员	11022033002	是	是	否	否	否		
	财务部	3		张楠	企业管理人员	11022033003	是	是	否	否	否		
	财务部	4		杨虹	企业管理人员	11022033004	是	是	否	否	否		
	财务部	5		刘玲	企业管理人员	11022033005	是	是	否	否	否		
	供应部	6		杨明	采购人员	11022033006	是	是	否	否	否		
	销售部	7		于伟	销售人员	11022033007	是	是	否	否	否		
	加工车间	8		徐东	车间管理人员	11022033008	是	是	否	否	否		

图 4.2.17 人员档案

提示：

1）如果在银行名称设置中设置了"银行账号定长"，则在输入人员档案的银行账号时，可以在输入了一个人员档案的银行账号后，再输入第二个人的银行账号时系统会自动带出已设置的的银行账号定长的账号，只需要输入剩余的账号即可。

2）如果账号长度不符合要求则不能保存。

3）在增加人员档案时，"停发工资""调出"和"数据档案"不可选，只有在修改状态下才能编辑。

4）在人员档案对话框中，可以单击"数据档案"按钮，录入工资数据。

5）如果个别人员档案需要修改时，在人员档案对话框中可以直接修改。如果一批人员的某个工资项目同时需要修改时，可以利用数据替换功能，将符合条件人员的某个工资项目的内容统一替换某个数据。若进行替换的的工资项目已经设置了计算公式，则在重新计算时以计算公式为准。

8. 设置"缺勤扣款"的计算公式

操作步骤如下。

（1）执行"人力资源""薪资管理""设置""工资项目设置"命令，打开"工资项目设置"对话框。

（2）在"工资项目设置"对话框中，单击"公式设置"页签。单击"增加"按钮，在工资项目列表中增加一个空行，从下拉列表中选择"缺勤扣款"。

（3）单击"缺勤扣款公式定义"文本框，单击工资项目列表中的"基本工资"，单击选中"运算符"区域中的"/"，在"缺勤扣款公式定义"区域中继续录入"22"，单击选中"运算符"区域中的"*"，再单击选中"工资项目"区域中的"缺勤天数"，如图 4.2.18 所示。单击"确定"按钮。

9. 设置"交通补贴"的计算公式和"住房公积金"的计算公式

操作步骤如下。

（1）执行"设置""工资项目设置"命令，打开"工资项目设置"对话框，单击"公式设置"页签，单击"工资项目"区域中的"增加"按钮，单击下三角按钮，选择"交通补贴"。

（2）单击"函数公式向导输入"按钮，打开"函数向导——步骤之1"对话框，单击选中"函数名"中的"iff"，如图 4.2.19 所示。

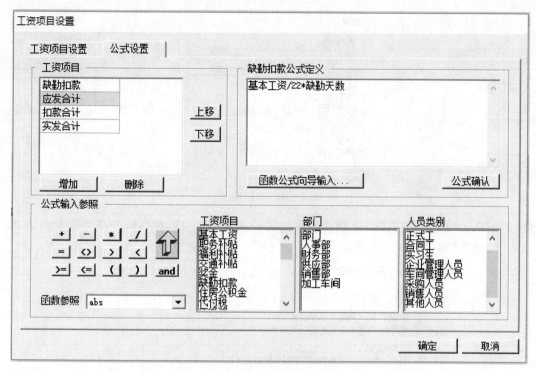

图 4.2.18　工资项目设置

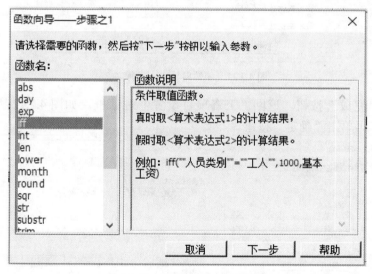

图 4.2.19　函数向导——步骤之 1

（3）单击"下一步"按钮，打开"函数向导——步骤之 2"对话框。单击"逻辑表达式"栏的参照按钮，打开"参照"对话框，单击"参照列表"中第 1 行的下三角按钮，选择"人员类别"，再单击选中"采购人员"，如图 4.2.20 所示，依此方法再选中"销售人员"。

图 4.2.20 参照列表

（4）单击"确定"按钮，返回"函数向导——步骤之 2"对话框，在"算术表达式 1"中录入"200"，在"算术表达式 2"中录入"60"，如图 4.2.21 所示。

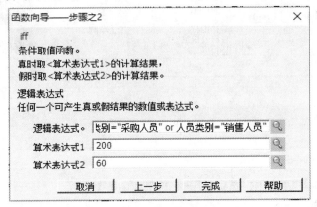

图 4.2.21 函数向导——步骤之 2

（5）单击"完成"按钮，返回"工资项目设置"对话框，如图 4.2.22 所示，单击"公式确认"按钮，再单击"确定"按钮。

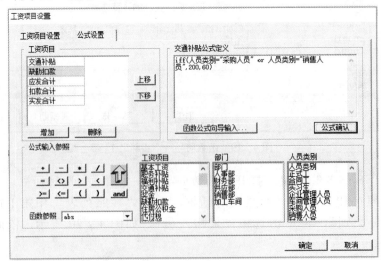

图 4.2.22 工资项目设置

（6）再依次设置"住房公积金""交通补贴"等的计算公式，如图4.2.23所示。

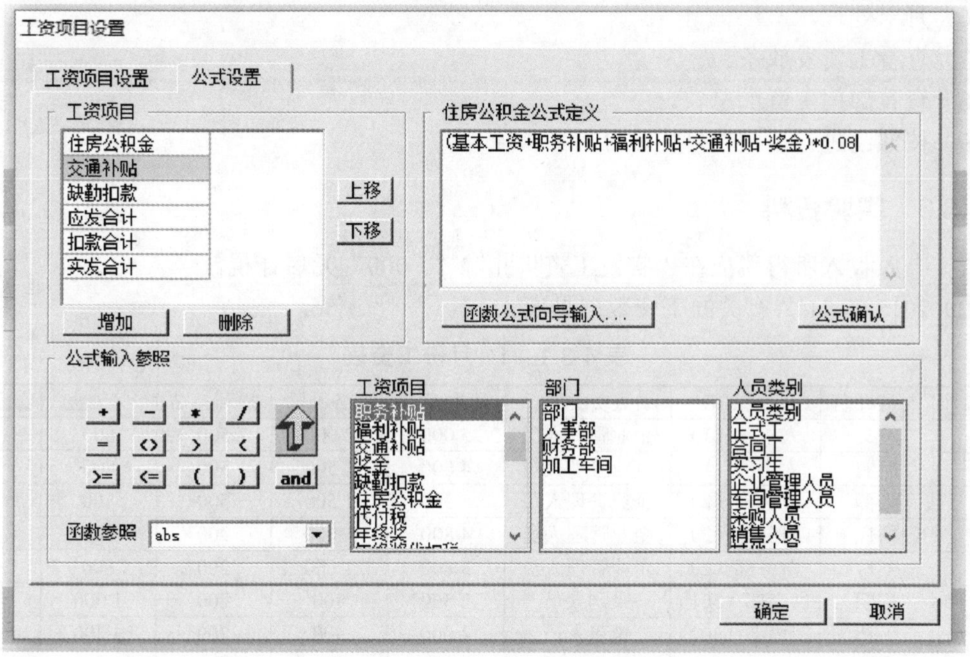

图 4.2.23　工资项目设置

提示：

1）在定义公式时，可以使用函数公式向导输入、函数参照输入、工资项目参照、部门参照和人员参照编辑输入该工资项目的计算公式。其中函数公式向导只支持系统提供的函数。

2）工资中没有的项目不允许在公式中出现。

3）公式中可以引用已设置公式的项目，相同的工资项目可以重复定义公式，多次计算，以最后的运行结果为准。

4）定义公式时要注意先后顺序。

4.3　实验二：工资业务处理与数据统计分析

4.3.1　实验目的

系统学习工资模块日常业务处理的主要内容和操作方法。要求掌握工资数据计算、个人所得税计算、工资分摊和生成转账凭证的方法。熟悉查询有关账表资料并进行统计分析的方法。

4.3.2　实验要求

（1）分别对在岗人员进行工资核算和管理。

（2）录入并计算11月份的工资数据。

（3）扣缴所得税。

（4）银行代发工资。

（5）分摊工资并生成转账凭证。
（6）月末处理。
（7）查看工资发放条。
（8）查看部门工资汇总表。
（9）按部门进行工资项目构成分析。

4.3.3 实验资料

（1）个人收入所得税应在"实发工资"扣除"5 000"元后计税。
（2）2018年11月有关的工资数据见表4.3.1。

表 4.3.1　11月份工资表

职员编号	人员姓名	所属部门	人员类别	基本工资	职务补贴	福利补贴	奖　金	缺勤天数
1	王文	人事部（1）	企业管理人员	5 000	2 000	500	800	
2	柯丽	人事部（1）	企业管理人员	4 000	1 500	500	800	
3	张楠	财务部（2）	企业管理人员	5 300	1 500	500	800	
4	杨虹	财务部（2）	企业管理人员	4 800	1 000	200	800	
5	刘玲	财务部（2）	企业管理人员	3 800	1 000	500	800	
6	杨明	供应部（301）	采购人员	2 500	900	200	1 000	
7	于伟	销售部（302）	销售人员	4 000	900	200	3 200	
8	徐东	加工车间（4）	车间管理人员	2 200	800	200	1 100	

（3）工资分摊的类型。
工资分摊的类型为"应付工资""应付福利费"和"工会经费"。
（4）有关计提标准。
按工资总额的14%计提福利费，按工资总额的2%计提工会经费。
（5）分摊构成设置（见表4.3.2）

表　4.3.2

计提类型名称	部门名称	人员类别	项　目	借方科目	贷方科目
应付工资	人事部	企业管理人员		管理费用—工资（550203）	应付工资（2151）
	财务部	企业管理人员		管理费用—工资（550203）	应付工资（2151）
	供应部	采购人员		管理费用—（550203）	应付工资（2151）
	销售部	销售人员		营业费用—（5501）	应付工资（2151）
	加工车间	车间管理人员		制造费用—（4105）	应付工资（2151）
应付福利费	人事部	企业管理人员		管理费用—工资（550204）	应付福利费（2153）
	财务部	企业管理人员		管理费用—工资（550204）	应付福利费（2153）
	供应部	采购人员		管理费用—（550204）	应付福利费（2153）
	销售部	销售人员		营业费用—（5501）	应付福利费（2153）
	加工车间	车间管理人员		制造费用—（4105）	应付福利费（2153）
工会经费	人事部	企业管理人员		管理费用—工资（550205）	其他应付费（2181）
	财务部	企业管理人员		管理费用—工资（550205）	其他应付费（2181）
	供应部	采购人员		管理费用—（550205）	其他应付费（2181）
	销售部	销售人员		营业费用—（5501）	其他应付费（2181）
	加工车间	车间管理人员		制造费用—（4105）	其他应付费（2181）

4.3.4 实验指导

1. 修改个人收入所得税的计提基数

操作步骤如下。

（1）以"账套主管"的身份登录企业应用平台，执行"业务工作""人力资源""薪资管理""工资类别""打开工资类别"命令，打开"打开工资类别"对话框，选中"在岗人员"，如图 4.3.1 所示，单击"确定"按钮。

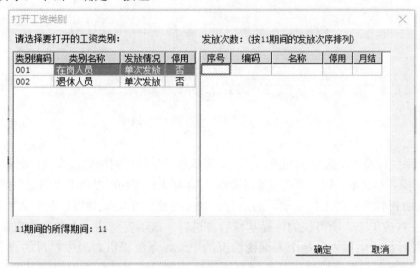

图 4.3.1　打开工资类别

（2）执行"设置""选项"命令，打开"选项"对话框。单击"编辑"按钮，单击"扣税设置"页签，如图 4.3.2 所示。

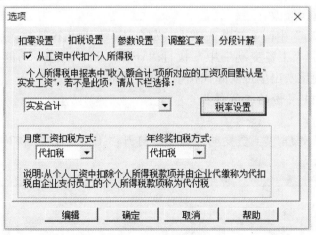

图 4.3.2　选项 – 扣税设置

（3）单击"税率设置"按钮，打开"个人所得税申报表——税率表"对话框，如图 4.3.3 所示。

（4）查看系统预置的所得税纳税基数是否为"5 000"，附加费用是否为"1 000"，税率表是否与国家现行规定一致，如果不一致需要进行修改，单击"确定"按钮返回。

（5）单击"确定"按钮退出。

图 4.3.3 个人所得税申报表——税率表

提示：

1）由于系统按操作员编号识别操作员，如果操作员编号所对应的操作员姓名不同提示"制单人员与当前操作员名不一致，将使用当前操作员"。如果认可则可以单击"确定"按钮确定。

2）个人所得税应在"工资变动"后进行，如果先进行工资变动再修改个人所得税的计提基数就应该在修改了个人所得税的计提基数后再进行一次工资变动，否则工资数据将不正确。

3）"个人所得税申报表"是个人纳税情况的记录，系统提供对表中栏目的设置功能。

4）个人所得税申报表栏目只能选择系统提供的项目，不提供由用户定义项目。

5）系统默认以"实发合计"作为扣税基数。如果想以其他工资项目作为扣税标准，则需要在定义工资项目时单独为应税所得设置一个工资项目。

6）如果单位的扣除费用及税率与国家规定的不一致，可以在个人所得税扣缴申报表中单击"税率"按钮进行修改。

7）在"工资变动"中，系统默认以"实发合计"作为扣税基数，所以在执行完个人所得税计算后，需要到"工资变动"中，执行"计算"和"汇总"功能，以保证"代扣税"这个工资项目正确地反映出单位实际代扣个人所得税的金额。

2. 录入并计算 11 月份的工资数据

操作步骤如下。

（1）执行"业务处理""工资变动"命令，打开"工资变动"窗口，分别录入工资项目内容，如图 4.3.4 所示。

选择	工号	人员编号	姓名	部门	人员类别	基本工资	职务补贴	福利补贴	交通补贴	奖金	应发合计	缺勤扣款	住房公积金	扣款合计	实发合计	本月扣率
		1	王文	人事部	企业管理人员	5,000.00	2,000.00	500.00		800.00						
		2	何丽	人事部	企业管理人员	4,000.00	1,500.00	500.00		800.00						
		3	张楠	财务部	企业管理人员	5,300.00	1,500.00	500.00		800.00						
		4	杨虹	财务部	企业管理人员	4,800.00	1,000.00	200.00		800.00						
		5	刘玲	财务部	企业管理人员	3,800.00	1,000.00	200.00		800.00						
		6	杨明	供应部	采购人员	2,500.00	900.00	200.00		1,000.00						
		7	于伟	销售部	销售人员	4,000.00	900.00	200.00		3,200.00						
		8	徐东	加工车间	车间管理人员	2,200.00	800.00	200.00		1,100.00						
合计						31,600.00	9,600.00	2,500.00		9,300.00	0.00	0.00	0.00	0.00	0.00

图 4.3.4 工资变动

（2）单击"计算"按钮，计算全部工资项目内容，如图4.3.5所示。

图 4.3.5 计算工资项目内容

提示：

1）第一次使用工资系统必须将所有人员的基本工资数据录入系统。工资数据可以在录入人员档案时直接录入，需要计算的内容再在此功能中进行计算。也可以在工资变动功能中录入，当工资数据发生变动时应在此录入。

2）如果工资数据变化较大，可以使用替换功能进行替换。

3）在修改了某些数据、重新设置了计算公式、进行了数据替换或在个人所得税中执行了自动扣税操作后，必须调用"计算"和"汇总"功能。

4）对个人工资数据重新计算，以保证数据正确。

如果对工资数据只进行了"计算"的操作，而未进行"汇总"操作，则退出时系统提示"数据发生变动后尚未进行汇总，是否进行汇总？"如果需要汇总则单击"是"，否则，单击"否"即可。

3. 扣缴所得税

操作步骤如下。

单击"业务处理""扣缴所得税"，打开"个人所得税申报模板"对话框。选中"扣缴个人所得税报表"，单击"打开"按钮，打开"所得税申报"对话框，单击"确定"按钮，进入"系统扣缴个人所得税报表"窗口，如图4.3.6所示。

图 4.3.6 系统扣缴个人所得税报表

提示：可以对"个人所得税扣缴申报表"中的"基数"和"税率"进行调整，而调整后必须重新计算个人所得税，否则个人所得税数据将发生错误。

4. 查看银行代发一览表

操作步骤如下。

（1）执行"业务处理""银行代发"命令，打开"请选择部门范围"对话框（见图

4.3.7），全选后单击"确定"按钮，打开"银行文件格式设置"对话框。

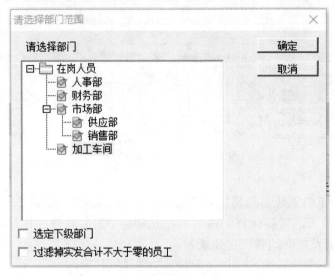

图 4.3.7　选择部门范围

（2）在弹出的"银行文件格式设置"对话框中，单击银行模板栏下三角按钮，选择"工商银行"，如图 4.3.8 所示。

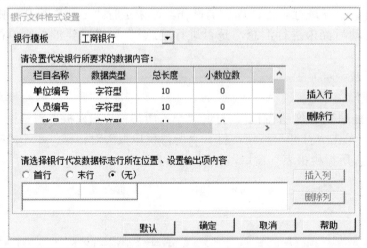

图 4.3.8　银行文件格式设置

（3）单击"确定"按钮，系统提示"确认设置的银行文件格式？"，如图 4.3.9 所示。

图 4.3.9　薪资管理系统提示

（4）单击"是"按钮，打开"银行代发一览表"窗口，如图 4.3.10 所示。

单位编号	人员编号	账号	金额	录入日期
1234934325	1	11022033001	8830.00	20190325
1234934325	2	11022033002	7330.00	20190325
1234934325	3	11022033003	8640.00	20190325
1234934325	4	11022033004	7330.00	20190325
1234934325	5	11022033005	6280.00	20190325
1234934325	6	11022033006	5170.00	20190325
1234934325	7	11022033007	8970.00	20190325
1234934325	8	11022033008	4700.00	20190325
合计			57,250.00	

名称：工商银行

图 4.3.10　银行代发一览表

提示：银行文件格式可以进行设置，并且可以分别以 TXT，DAT 及 DBF 文件格式输出。

5. 分摊工资设置

操作步骤如下。

（1）以"账套主管"的身份登录企业应用平台，执行"业务工作""人力资源""薪资管理""工资类别""打开工资类别"命令，打开"打开工资类别"对话框，选中"在岗人员"，单击"确定"按钮。

（2）执行"业务处理""工资分摊"命令，打开"工资分摊"对话框，如图 4.3.11 所示。

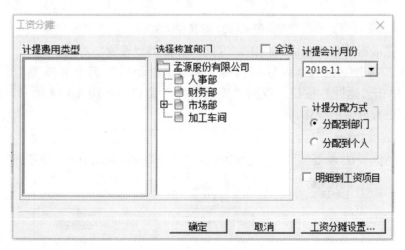

图 4.3.11　工资分摊

（3）单击"工资分摊设置"按钮，打开"分摊类型设置"对话框。单击"增加"按钮，打开"分摊计提比例设置"对话框。在"计提类型名称"栏录入"应付工资"，计提比例"100%"，如图 4.3.12 所示。

图 4.3.12 分摊计提比例设置

（4）单击"下一步"按钮，打开"分摊构成设置"对话框，单击第一行，依次将分摊构成设置表中的应付工资等部分录入，如图 4.3.13 所示。

部门名称	人员类别	工资项目	借方科目	借方项目大类	借方项目	贷方科目	贷方项目大类
人事部,财务部	企业管理人员	应发合计	550203			2151	
加工车间	车间管理人员	应发合计	4105			2151	
供应部	采购人员	应发合计	550203			2151	
销售部	销售人员	应发合计	5501			2151	

图 4.3.13 分摊构成设置

（5）录入完成后单击"完成"按钮，返回"分摊类型设置"对话框。

（6）同理，再分别录入"应付福利费"和"工会经费"两个分摊类型，比例分别为 14% 和 2%。单击"返回"按钮，返回"工资分摊"窗口，如图 4.3.14 所示。单击"取消"按钮，暂时不进行分摊的操作。

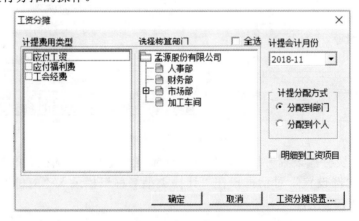

图 4.3.14 工资分摊

提示：
1）所有与工资相关的费用及基金需建立相应的分摊类型名称及分类比例。
2）不同部门、相同人员类别可以设置不同的分摊科目。
3）不同部门、相同人员类别在设置时，可以一次选择多个部门。
6. 分摊工资并生成转账凭证
操作步骤如下。
（1）以"账套主管"的身份登录企业应用平台，执行"业务工作""人力资源""薪资管理""工资类别""打开工资类别"命令，打开"打开工资类别"对话框，选中"在岗人员"，单击"确定"按钮。
（2）执行"业务处理""工资分摊"命令，打开"工资分摊"对话框，选择需要分摊的计提费用类型，确定分摊计提的会计月份，选择核算部门，选中"明细到工资项目"复选框，如图4.3.15所示。

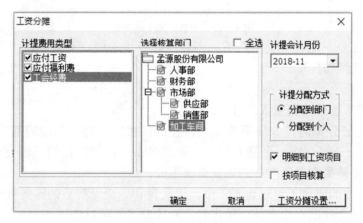

图 4.3.15　工资分摊

（3）单击"确定"按钮，打开"应付工资一览表"对话框，选中"合并科目相同、辅助项相同的分录"复选框，如图4.3.16所示。

部门名称	人员类别	应发合计		
		分配金额	借方科目	贷方科目
人事部	企业管理人员	16437.60	550203	2151
财务部	企业管理人员	22550.40	550203	2151
供应部	采购人员	5184.00	550203	2151
销售部	销售人员	9180.00	5501	2151
加工车间	车间管理人员	4708.80	4105	2151

图 4.3.16　应付工资一览表

（4）单击"制单"按钮，单击凭证左上角的"字"处，选择"转账凭证"，输入附单据数，单击"保存"按钮，凭证左上角出现"已生成"标志，代表该凭证已传递到总账，如图 4.3.17 所示。

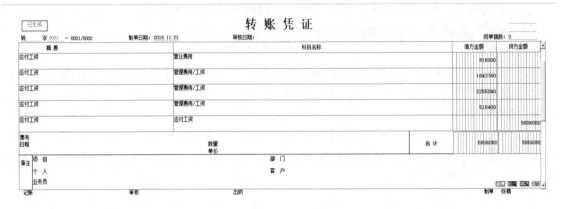

图 4.3.17 工资分摊生成凭证

（5）从应付工资一览表"类型"下拉列表中选择"应付福利费"和"工会经费"，生成应付福利费和工会经费凭证。

提示：

1）工资分摊应按分摊类型依次进行。

2）在进行工资分摊时，如果不选择"合并科目相同、辅助项相同的分录"，则在生成凭证时将每一条分录都对应一个贷方科目；如果单击"批制"按钮，则可以一次将所有本次参与分摊的"分摊类型"所对应的凭证全部生成。

3）图 4.3.17 中的应付工资包含了工资、福利费和工会经费后的账务处理结果，表 4.3.2 中的科目是按照老会计准则给出的。操作时，两种方式都可以选择。

7．月末处理

操作步骤如下。

（1）以"账套主管"的身份登录企业应用平台，依次执行"业务工作""人力资源""薪资管理""工资类别""打开工资类别"命令，打开"打开工资类别"对话框，选中"在岗人员"，单击"确定"按钮。

（2）执行"业务处理""月末处理"命令，打开"月末处理"对话框，如图 4.3.18 所示。

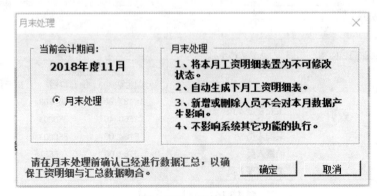

图 4.3.18 月末处理

（3）单击"确定"按钮，系统弹出提示"月末处理之后，本月工资将不许变动！继续月末处理吗？"，如图 4.3.19 所示。

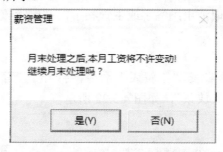

图 4.3.19　工资月末处理系统提示

（4）单击"是"按钮，系统弹出提示"是否选择清零项？"，如图 4.3.20 所示。

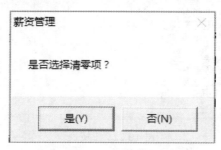

图 4.3.20　系统提示

（5）单击"否"按钮，系统提示"月末处理完毕！"，如图 4.3.21 所示，单击"确定"按钮。

图 4.3.21　月末处理完毕提示

提示：

1）月末处理只有在会计年度的 1 月至 11 月进行。

2）如果处理多个工资类别，则应打开工资类别，分别进行月末处理。

3）如果本月工资未汇总，系统将不允许进行月末处理。

4）进行月末处理后，当月数据将不再允许变动。

5）月末处理功能只有账套主管才能执行。

6）在进行月末处理后，如果发现还有一些业务或其他事项要在已进行月末处理的月份进行账务处理，可以由账套主管使用反结账功能，取消已结账标记。

7）有下列情况之一不允许反结账：总账系统已结账，汇总工资类别的会计月份与反结账的会计月相同，并且包括反结账的工资类别。

8）本月工资分摊、计提凭证传输到总账系统，如果总账系统已审核并记账，需做红字冲销后，才能反结账；如果总账系统未做任何操作，只需删除此凭证即可。如果凭证已由出纳签字或主管签字，应在取消出纳签字或主管签字，并删除该凭证后才能反结账。

8. 查看工资发放条

操作步骤如下。

（1）执行"统计分析""账表""工资表"命令，打开"工资表"对话框。在"工资表"对话框中，单击选中"工资发放条"，如图 4.3.22 所示。

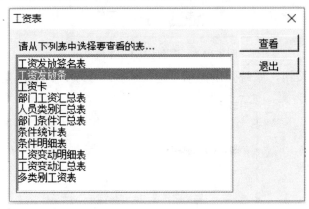

图 4.3.22 工资表

（2）单击"查看"按钮，打开"选择分析部门"对话框。单击选中各个部门，并单击"选定下级部门"前的复选框，如图 4.3.23 所示。

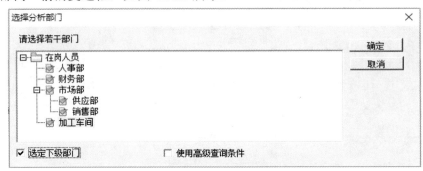

图 4.3.23 选择分析部门

（3）单击"确定"按钮，打开"工资发放条"窗口，如图 4.3.24 所示，单击"退出"按钮。

工资发放条
2018 年 11 月

人员编号	姓名	基本工资	取暖补贴	粮补补贴	交通补贴	奖金	应发合计	缺勤扣款	住房公积金	扣零合计	实发合计	本月扣零	上月扣零	代付税	代付税	年终奖	年终奖代扣款	工资代扣款	扣税合计
1	王文	5,000.00	2,000.00	500.00	60.00	800.00	9,028.80		668.80	192.88	8,830.00	5.92		192.88				192.88	192.
2	何珊	4,000.00	1,500.00	500.00	60.00	800.00	7,408.80		548.80	72.26	7,330.00	6.54		72.26				72.26	72.
3	张婧	5,300.00	1,500.00	500.00	60.00	800.00	8,812.80		652.80	171.28	8,640.00	1.52		171.28				171.28	171.
4	杨权	4,800.00	1,000.00	200.00	60.00	800.00	7,408.80		548.80	72.26	7,330.00	6.54		72.26				72.26	72.
5	刘妙	3,800.00	1,000.00	200.00	60.00	800.00	6,328.80		468.80	39.86	6,280.00	8.94		39.86				39.86	39.
6	杨明	2,500.00	800.00	200.00	200.00	1,000.00	5,194.00		384.00	5.52	5,170.00	8.48		5.52				5.52	5.
7	于伟	4,000.00	900.00	200.00	200.00	3,200.00	9,190.00		680.00	208.00	8,970.00	2.00		208.00				208.00	208.
8	徐东	2,200.00	800.00	200.00	60.00	1,100.00	4,708.80		348.80		4,700.00	8.30							
合计		31,600.00	9,600.00	2,500.00	760.00	9,300.00	58,060.80	0.00	4,300.00	762.06	57,250.00	48.74	0.00	762.06				762.06	762.

图 4.3.24 工资发放条

提示：

1）工资业务处理完成后，相关工资报表数据同时生成，系统提供了多种形式的报表反映工资核算的结果。如果对报表的格式不满意还可以进行修改。

2）系统提供的工资表主要包括"工资发放签名表""工资发放条""部门工资汇总表""部门条件汇总表""条件统计表""条件明细表"及"工资变动明细表"等等。

3）工资发放条是发放工资时交给职工的工资项目清单。系统提供了自定义工资发放打印信息和工资项目打印位置格式的功能，提供固化表头和打印区域范围的"工资套打"格式。

9. 查看部门工资汇总表

操作步骤如下。

（1）执行"统计分析""账表""工资表"命令，打开"工资表"对话框。在"工资表"对话框中，单击选中"部门工资汇总表"，如图 4.3.25 所示。

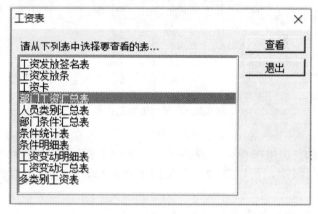

图 4.3.25　工资表

（2）单击"查看"按钮，打开"部门工资汇总表 – 选择部门范围"对话框，如图 4.3.26 所示。

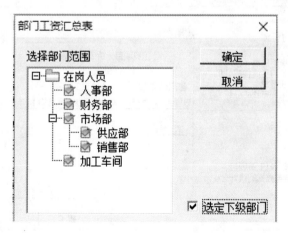

图 4.3.26　部门工资汇总表 – 选择部门范围

（3）单击"确定"按钮，单击选中各个部门，并单击"选定下级部门"前的复选框，如图 4.3.27 所示。

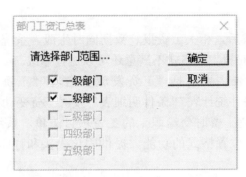

图 4.3.27 部门工资汇总表 – 选择部门范围

（4）单击"确定"按钮，打开部门工资汇总表窗口，如图 4.3.28 所示，单击"退出"按钮。

部门工资汇总表
2018 年 11 月

部门	人数	基本工资	职务补贴	福利补贴	交通补贴	奖金	应发合计	融勤扣款	住房公积金	扣款合计	实发合计	本月扣缴	上月扣缴	代扣税	代付税	年终奖	年终奖代扣税	工资代扣税	扣税合计	年终奖代付税
人事部	2	9,000.00	3,500.00	1,000.00	120.00	1,600.00	16,437.60		1,217.60	265.14	16,160.00	12.46		265.14				265.14	265.14	
财务部	3	13,900.00	3,500.00	900.00	180.00	2,400.00	22,550.40		1,670.40	283.40	22,250.00	17.00		283.40				283.40	283.40	
市场部	2	6,500.00	1,800.00	400.00	400.00	4,200.00	14,364.00		1,064.00	213.52	14,140.00	10.48		213.52				213.52	213.52	
供应部	1	2,500.00	900.00	200.00	200.00	1,000.00	5,184.00		384.00	5.52	5,170.00	8.48		5.52				5.52	5.52	
销售部	1	4,000.00	900.00	200.00	400.00	3,200.00	9,180.00		680.00	208.00	8,970.00	2.00		208.00				208.00	208.00	
加工车间	1	2,200.00		800.00	60.00	1,100.00	4,708.80		348.80		4,700.00	8.80								
合计	8	31,600.00	9,600.00	2,500.00	760.00	9,300.00	58,060.80		4,300.80	762.06	57,250.00	48.74		762.06				762.06	762.06	

图 4.3.28 部门工资汇总表

提示：

1）部门工资汇总表提供按单位（或各部门）进行工资汇总的查询。

2）可以选择部门级次，可以查询当月部门工资汇总表，也可以查询其他各月的部门工资汇总表。

10. 对财务部门进行工资项目构成分析

操作步骤如下。

（1）单击"统计分析""工资分析表"，打开"工资分析表"对话框，如图 4.3.29 所示。

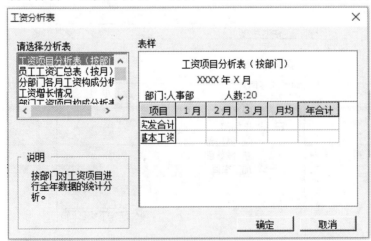

图 4.3.29 工资分析表

（2）单击"确定"按钮，打开"选择分析部门"对话框，单击选中各个部门，如图 4.3.30 所示。

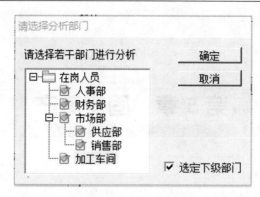

图 4.3.30　选择分析部门

（3）单击"确定"按钮，打开"分析表选项"对话框，单击">>"按钮，选中所有的工资项目内容，如图 4.3.31 所示。

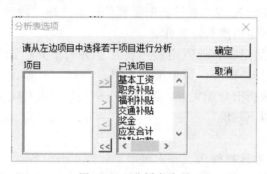

图 4.3.31　分析表选项

（4）单击"确定"按钮，打开"工资项目分析表（按部门）"窗口，单击部门栏下三角按钮，选择"财务部"，如图 4.3.32 所示，单击"退出"按钮。

工资项目分析（按部门）
2018年度11月

部门：　人事部

项目	1月	2月	3月	4月	5月	6月	7月	8月	9月	10月	11月	月均	年度合计
基本工资											9,000.00	9,000.00	9,000.00
职务补贴											3,500.00	3,500.00	3,500.00
福利补贴											1,000.00	1,000.00	1,000.00
交通补贴											120.00	120.00	120.00
奖金											1,600.00	1,600.00	1,600.00
应发合计											16,437.60	16,437.60	16,437.60
缺勤扣款													
住房公积金											1,217.60	1,217.60	1,217.60
扣款合计											265.14	265.14	265.14
实发合计											16,160.00	16,160.00	16,160.00
本月扣缴											12.46	12.46	12.46
上月扣缴													
代扣税											265.14	265.14	265.14
代付税													
年终奖													
年终奖代扣													
工资代扣税											265.14	265.14	265.14
扣税合计											265.14	265.14	265.14
年终奖代付													
工资代付税													
缺勤天数													

图 4.3.32　工资部门分析表（按部门）

提示：对于工资项目分析，系统仅提供单一部门的分析表。用户在分析界面可以单击部门栏下三角按钮，某一部门，查看该部门的工资项目分析表。

第5章 固定资产

5.1 功能概述

固定资产系统是一套用于各类企业和行政事业单位进行固定资产核算和管理的软件，能够帮助企业进行固定资产净值、累计折旧数据的动态管理，协助企业进行部分成本核算，协助设备管理部门做好固定资产管理工作。

该系统的主要作用是完成企业固定资产日常业务的核算和管理，生成固定资产卡片，按月反映固定资产的增加、减少、原值变化及其他变动，并输出相应的增减变动明细账，按月自动计提折旧，生成折旧分配凭证，同时输出相关的报表和账簿。

固定资产系统具有以下功能。

（1）初始设置。

1）支持用户根据需要选择外币（非人民币）管理资产设备。

2）支持用户自定义资产分类编码方式和资产类别，同时定义该类别级次的使用年限、残值率和缺省入账科目等信息。

3）用户自定义部门核算的科目，转账时自动生成凭证。

4）用户可自定义使用状况，并增加折旧属性，使用更灵活。

5）恢复月末结账前状态，又称"反结账"，是本系统提供的一个纠错功能。

6）为适应行政事业单位固定资产管理的需要，提供整套账不提折旧功能。

（2）业务处理。

1）用户可自由设置卡片项目。

2）提供固定资产卡片批量打印的功能。

3）提供资产附属设备和辅助信息的管理。

4）提供按类别定义卡片样式，适用不同企业定制样式的需要。

5）提供固定资产卡片批量复制、批量变动及从其他账套引入的功能，极大地提高了卡片录入效率。

6）提供原值变动表、启用记录、部门转移记录、大修记录及清理信息等附表。

7）可处理各种资产变动业务，包括原值变动、部门转移、使用状况变动、使用年限调整、折旧方法调整、净残值（率）调整、工作总量调整、累计折旧调整及资产类别调整等。

8）提供对固定资产的评估功能，包括对原值、使用年限、净残值率及折旧方法等进行评估。

（3）计提折旧。

1）自定义折旧分配周期，满足不同行业的需要。

2）提供折旧公式自定义功能，并按分配表自动生成记账凭证。

3）提供两种平均年限法（计算公式不同）计提折旧。

4）提供平均年限法、工作量法、年数总和法、双倍余额递减法（一）、双倍余额递减法（二）计提折旧。

5）折旧分配表更灵活全面，包括部门折旧分配表和类别折旧分配表，各表均按辅助核算项目汇总。

6）考虑原值、累计折旧、使用年限、净残值和净残值率、折旧方法的变动对折旧计提的影响，系统自动更改折旧计算，计提折旧，生成折旧分配表，并按分配表自动制作记账凭证。

（4）输出账表。

固定资产系统提供以下报表。

1）账簿。
2）固定资产总账。
3）单个固定资产明细账。
4）固定资产登记簿。
5）部门类别明细账。
6）分析表。
7）部门构成分析表。
8）使用状况分析表。
9）价值结构分析表。
10）类别构成分析表。

5.2 实验一：固定资产系统初始化

5.2.1 实验目的

系统学习固定资产模块的初始化，掌握输入固定资产卡片的方法，了解固定资产账套内容及作用。

5.2.2 实验要求

（1）建立固定资产子账套。

（2）基础设置。

（3）录入原始卡片。

5.2.3 实验资料

1. 固定资产系统的参数

固定资产账套的启用月份为"2018年11月"，固定资产采用"平均年限法（一）"计提折旧，折旧汇总分配周期为一个月；当"月初已计提月份 = 可使用月份 − 1）"时将剩余折旧全部提足。固定资产编码方式为"2-1-1-2"；固定资产编码方式用自动编码方法，编码方式为"类别编码 + 序号"；序号长度为"5"。要求固定资产系统与总账进行对账，固定资产对账科目为"1501 固定资产",累计折旧对账科目为"1502 累计折旧",对账不平衡的情况下不允许固定资产月末结账。

2. 部门对应折旧科目

部门对应折旧科目见表 5.2.1。

表 5.2.1　折旧科目

部门名称	贷方科目
人事部	管理费用－折旧费（550204）
财务部	管理费用－折旧费（550204）
供应部	营业费用—（5501）
销售部	营业费用—（5501）
加工车间	制造费用—（4105）

3. 固定资产类别

固定资产类别见表 5.2.2。

表 5.2.2　固定资产

类别编码	类别名称	使用年限	净残值率	计提属性	折旧方法	卡片样式
01	房屋及建筑物				平均年限法（一）	通用样式
011	办公楼	30	2%	正常计提	平均年限法（一）	通用样式
012	厂房	30	2%	正常计提	平均年限法（一）	通用样式
02	机械设备				平均年限法（一）	通用样式
021	生产线	10	3%	正常计提	平均年限法（一）	通用样式
022	办公设备	5	3%	正常计提	平均年限法（一）	通用样式

4. 固定资产增减方式

固定资产增减方式见表 5.2.3。

表 5.2.3　固定资产增减

增加方式	对应入账科目	减少方式	对应入账科目
直接购入	银行存款－工行存款（100201）	出售	固定资产清理（1701）
投资者投入	实收资本（3101）	投资转出	长期股权投资－其他股权投资（140102）
捐赠	资本公积－接受捐赠非现金资产准备（311102）	捐赠转出	固定资产清理（1701）
盘盈	待处理财产损溢－待处理固定资产损溢（191102）	盘亏	待处理财产损溢－待处理固定资产损溢（191102）
在建工程转入	在建工程（1603）	报废	固定资产清理（1701）

5. 固定资产原始卡片

固定资产原始卡片见表 5.2.4。

表 5.2.4　固定资产原始卡片

卡片编号	00001	00002	00003	00004	00005
固定资产编号	01100001	01200001	02100001	02100002	02200001
固定资产名称	1号楼	2号楼	A生产线	B生产线	电脑
类别编号	011	012	021	021	022
类别名称	办公楼	厂房	生产线	生产线	办公设备
部门名称	人事部	加工车间	加工车间	加工车间	财务部
增加方式	在建工程转入	在建工程转入	在建工程转入	在建工程转入	直接购入
使用状况	在用	在用	在用	在用	在用
使用年限	30年	30年	10年	10年	5年
折旧方法	平均年限法（一）	平均年限法（一）	平均年限法（一）	平均年限法（一）	平均年限法（一）
开始使用日期	2015-11-08	2017-01-10	2018-11-08	2015-03-08	2015-04-01
币种	人民币	人民币	人民币	人民币	人民币
原值	400,000	450,000	150,000	180,000	20,000
净残值率	2%	2%	3%	3%	3%
净残值	8 000	9 000	4 500	5 400	600
累计折旧	37 800	25 515	39 375	45 198	1 944
月折旧率	0.002 7	0.002 7	0.008 1	0.008 1	0.016 2
月折旧额	1 080	1 215	1 215	1 458	324
净值	362 200	424 485	110 625	134 802	18 056
对应折旧科目	管理费用	制造费用	制造费用	制造费用	管理费用

5.2.4　实验指导

1. 建立固定资产账套

操作步骤如下。

（1）以"账套主管"的身份登录企业应用平台，启动"固定资产"系统，如图 5.2.1 所示。

（2）在企业应用平台中，执行"业务工作""财务会计""固定资产"命令，系统提示"这是第一次打开此账套，还未进行过初始化，是否进行初始化？"，如图 5.2.2 所示，单击"是"按钮，打开"初始化账套向导－约定及说明"对话框。

图 5.2.1 系统启用

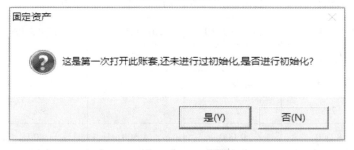

图 5.2.2 系统初始化提示

(3)在"初始化账套向导–约定及说明"对话框中,仔细阅读相关条款,选中"我同意"单选按钮,如图 5.2.3 所示。

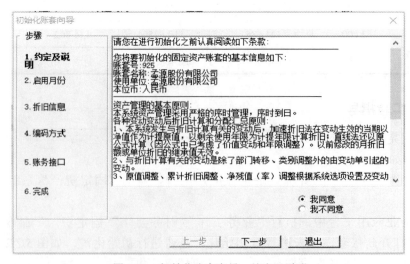

图 5.2.3 初始化账套向导–约定及说明

（4）单击"下一步"按钮，打开"初始化账套向导 – 启用月份"对话框，确认账套启用月份，如图 5.2.4 所示。

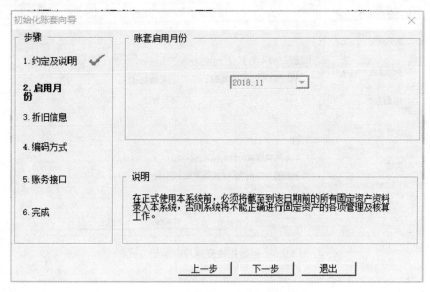

图 5.2.4　初始化账套向导 – 启用月份

（5）单击"下一步"按钮，打开"固定资产初始化向导 – 折旧信息"对话框，点击"主要折旧方法"栏下三角按钮，选择"平均年限法（一）"，如图 5.2.5 所示。

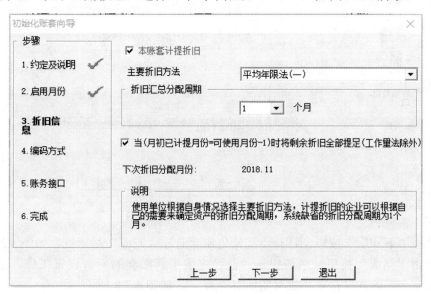

图 5.2.5　初始化账套向导 – 折旧信息

（6）单击"下一步"按钮，打开"初始化账套向导 – 编码方式"对话框，选择"自动编码"方式，如图 5.2.6 所示。

（7）单击"下一步"按钮，打开"初始化账套向导 – 账务接口"对话框，选择相应的对账科目，取消"在对账不平情况下允许固定资产月末结账"前的选择，如图 5.2.7 所示。

图 5.2.6　初始化账套向导 – 编码方式

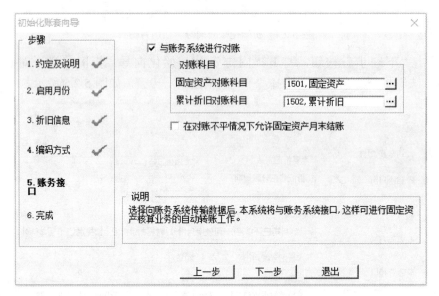

图 5.2.7　初始化账套向导 – 账务接口

（8）单击"下一步"按钮，打开"初始化账套向导 – 完成"对话框，如图 5.2.8 所示。

（9）单击"完成"按钮，系统提示"已经完成了新账套的所有设置工作，是否确定所设置的信息完全正确并保存对新账套的所有设置？"，如图 5.2.9 所示。

（10）单击"是"按钮，系统提示"已成功初始化本固定资产账套！"，如图 5.2.10 所示。

（11）单击"确定"按钮。

提示：

1）在"初始化账套向导 – 启用月份"对话框中所列的启用月份只能查看，不能修改。启用日期确定后，在该日期的所有固定资产都将作为期初数据，在启用月份开始计提折旧。

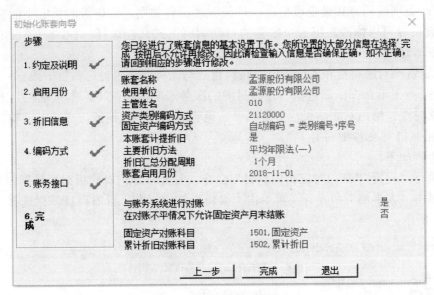

图 5.2.8　初始化账套向导 – 完成

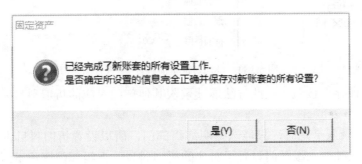

图 5.2.9　固定资产系统提示信息

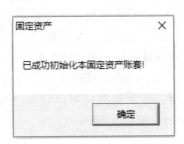

图 5.2.10　固定资产系统提示

2）在"账套初始化向导–折旧信息"对话框中，当"月初已计提月份＝可使用月份–1）时，将剩余折旧全部提足，该月折旧＝净值–净残值，并且不能手工修改；如果不选该项，则该月不提足折旧，并且可手工修改，但如以后各月按照公式计算的月折旧率或折旧额是负数时，认为公式无效，令月折旧率＝0，月折旧额＝净值–净残值。

3）规定资产编码方式包括"手工输入"和"自动编码"两种方式。自动编码方式包括"类别编码+序号""部门编码+序号""类别编码+部门编码+序号"" 部门编码+类别编码+序号"。类别编码中的序号长度可自由设定为 1～5 位。

4）资产类别编码方式设定以后，一旦某一级设置类别，则该级的长度不能修改，未使用过的各级长度可以修改。每一个账套的自动编码方式只能选择一种，一经设定，该自动编码方式不得修改。

5）规定资产对账科目和累计折旧对账科目应与账务系统内对应科目一致。

6）对账不平不允许结账是指当存在对应的账务账套的情况下，本系统在月末结账前自动执行一次对账，给出对账结果，如果不平，说明两系统出现偏差，应予以调整。

2. 设置部门对应折旧科目

操作步骤如下。

（1）执行"设置""部门对应折旧科目"命令，打开"部门对应折旧科目"窗口。

（2）单击"人事部"所在行，再单击"编辑"按钮，在"折旧科目"栏选择"550204"，如图5.2.11所示。

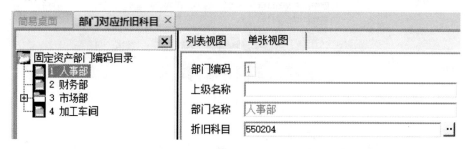

图5.2.11 部门对应折旧科目-单张视图

（3）单击"保存"按钮，依此方法继续录入其他部门对应的折旧科目。

提示：

1）因本系统录入卡片时，只能选择明细级部门，所以设置折旧科目也只有给明细级设置才有意义。如果某一上级部门设置了对应的折旧科目，下级部门继承上级部门的设置。

2）供应部和销售部的折旧可以单独设置，也可以直接为市场部设置。当为市场部设置对应的折旧为"5501营业费用"时，系统回提示"是否将市场部的所有下级部门的折旧科目替换为营业费用"？如果选择是，请在成功保存后点"刷新"按钮查看。单击"是"按钮，将市场部的两个下级部门的折旧科目一并设置完成。

3）设置部门对应的折旧科目时，必须选择末级会计科目。

4）设置上级部门的折旧科目，则下级部门可以自动继承，也可以选择不同的科目，即上下级部门的折旧科目可以相同，也可以不相同。

3. 设置固定资产类别

操作步骤如下。

（1）以"账套主管"的身份登录企业应用平台，依次执行"财务会计""固定资产""设置""资产类别"命令，打开"资产类别-列表视图"窗口。

（2）单击"增加"按钮，打开"资产类别-单张视图"窗口，在"类别编码"为"01"的资产分类中，录入"类别名称"为"房屋及建筑物"，单击"计提属性"栏下三角按钮，打开下拉列表选中"正常计提"，单击"折旧方法"栏下三角按钮选中"平均年限法（一）"，单击"卡片样式"栏下三角按钮选中"通用样式"，单击"保存"按钮，保存编码为"01"类别的资产类型设置，如图5.2.12所示。

第5章 固定资产

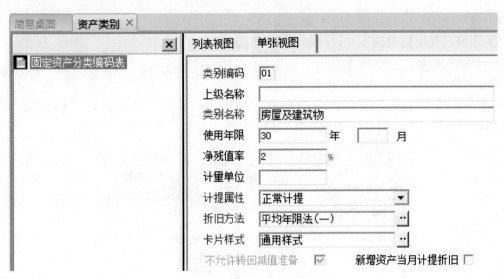

图 5.2.12 资产类别 – 单张视图

（3）单击"保存"按钮，继续录入 02 号资产的类别名称"机器设备"，单击"保存"按钮。

（4）单击"01 房屋及建筑物"，单击"增加"，"类别编码"后输入"1"，类别名称为"办公楼"，"使用年限"为"30"，"净残值率"为"2"，计提属性为"正常计提"，"折旧方法"为"平均年限法（一）"，"卡片样式"为"通用样式"，单击"保存"按钮。

（5）同理，依此方法完成"房屋及建筑物"类别下"012 厂房""021 生产线"和"022 办公设备"的设置，如图 5.2.13 所示。

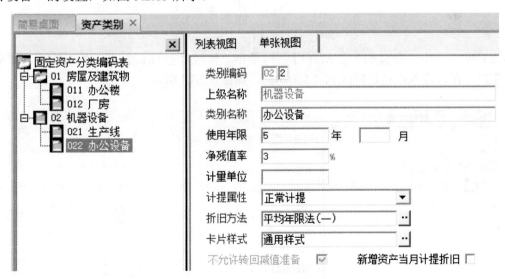

图 5.2.13 资产类别 – 单张视图

提示：
1）应在建立上级固定资产类别后再建立下级类别。
2）类别编码、名称、计提属性及卡片样式不能为空。
3）非明细级类别编码不能修改和删除，明细级类别编码修改时只能修改本级的编码。

4）使用过的类别的计提属性不能修改。

5）系统已使用的类别不允许增加下级和删除。

4. 设置固定资产的增减方式

操作步骤如下。

（1）以"账套主管"的身份登录企业应用平台，执行"财务会计""固定资产""设置""增减方式"命令，打开"增减方式－列表视图"窗口，如图5.2.14所示。

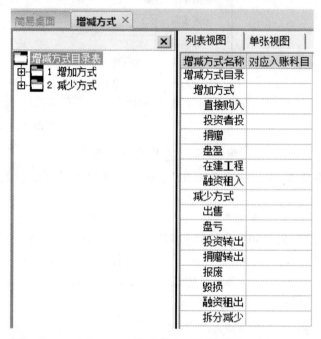

图 5.2.14　增减方式－列表视图

（2）单击选中"直接购入"所在行，再单击"修改"按钮，打开"增减方式－单张视图"窗口。在对应入账科目栏录入"100201"，如图5.2.15所示。

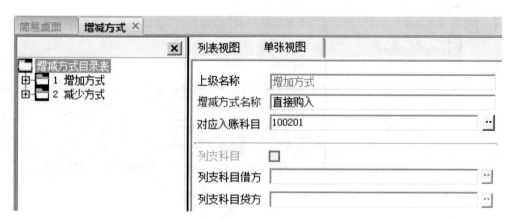

图 5.2.15　增减方式－单张视图

（3）单击"保存"按钮，依此方法继续设置其他的增减方式对应的入账科目。

提示：

1）在资产增减方式中所设置的对应对账科目是为了生成凭证时缺省。

2）因为本系统提供的报表中有固定资产盘盈盘亏报表，所以增减方式中"盘赢、盘亏、毁损"不能修改和删除。

3）非明细增减方式不能删除，已使用的增减方式不能删除。

4）生成凭证时，如果入账科目发生了变化，可以即时修改。

5．录入固定资产原始卡片

操作步骤如下。

（1）单击"卡片""录入原始卡片"，打开"固定资产类别档案"窗口。

（2）双击资产类别中的"房屋及建筑物"，再单击"房屋及建筑物"下级类别中的"011 办公楼"，如图 5.2.16 所示。

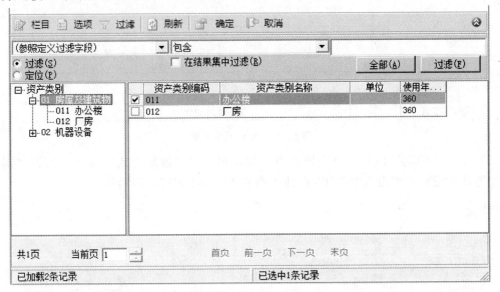

图 5.2.16　固定资产类别档案

（3）单击"确定"按钮，打开"固定资产卡片"窗口。在固定资产编号栏录入"01100001"，在固定资产名称栏录入"1号楼"，单击使用部门栏，再单击"使用部门"按钮，打开"固定资产－本资产部门使用方式"对话框，如图 5.2.17 所示。

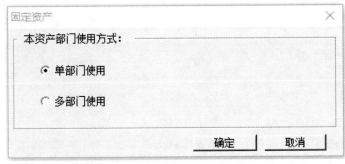

图 5.2.17　固定资产－本资产部门使用方式

（4）单击"确定"按钮，打开"部门基本参照"对话框，如图 5.2.18 所示。

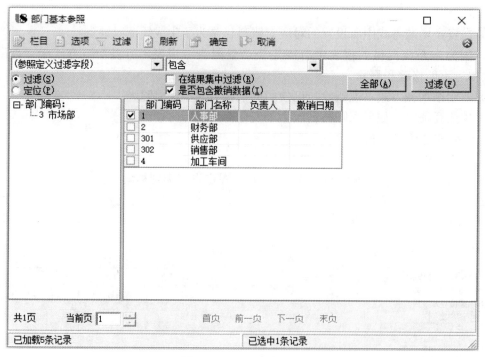

图 5.2.18 部门基本参照

(5) 单击"确定"按钮,单击增加方式栏,再单击"增加方式"按钮,打开"固定资产增加方式"窗口,单击选中"105 在建工程转入",如图 5.2.19 所示。

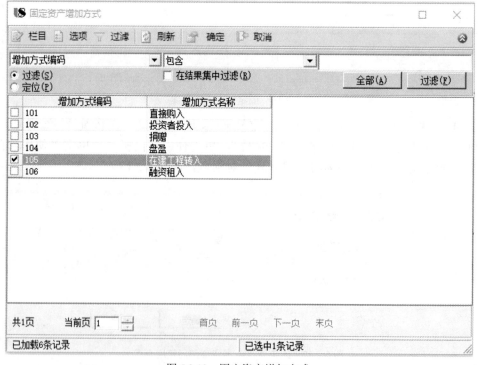

图 5.2.19 固定资产增加方式

（6）单击"确定"按钮，单击使用状况栏，再单击"使用状况"按钮，打开"使用状况参照"窗口，如图 5.2.20 所示。

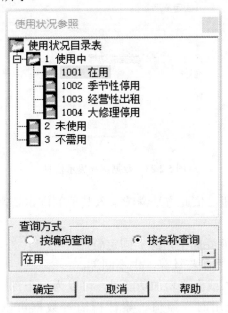

图 5.2.20　使用状况参照

（7）单击"确定"按钮，录入"开始使用日期""原值""累计折旧"，如图 5.2.21 所示。

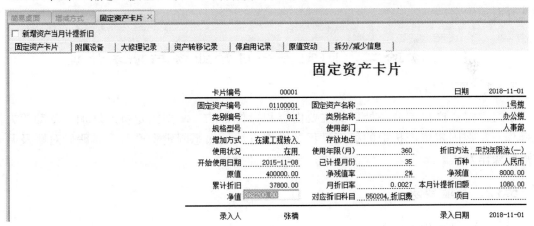

图 5.2.21　固定资产卡片 – 录入原始卡片

（8）单击"退出"按钮，系统提示"是否保存数据？"，如图 5.2.22 所示。

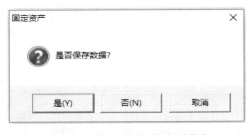

图 5.2.22　固定资产系统提示信息

(9)单击"是"按钮,系统提示"数据成功保存!",如图 5.2.23 所示。

图 5.2.23　数据保存提示信息

(10)单击"确定"按钮,依此方法继续录入其他的固定资产卡片。

提示:

1)在固定资产卡片功能界面中,除"固定资产"主卡片外,还有若干附属页签,附属页签上的信息只供参考,不参与计算,也不回溯。

2)在执行原始卡片录入或资产增加功能时,可以为一个资产选择多个使用部门。

3)当资产为多部门使用时,原值、累计折旧等数据可以在多部门间按设置的比例分摊。

4)单个资产对应多个使用部门时,卡片上的对应折旧科目处不能确认,只能按使用部门选择时的确定。

5.3　实验二：固定资产日常业务与期末处理

5.3.1　实验目的

学习固定资产日常业务处理的主要内容和操作方法,掌握固定资产增加、变动等方法的操作。掌握固定资产折旧的处理过程及操作方法,熟悉固定资产月末转账、对账及月末结账的操作方法。

5.3.2　实验要求

(1)修改固定资产卡片。
(2)增加固定资产。
(3)折旧处理。
(4)生成增加固定资产的记账凭证。
(5)对账与结账。
(6)账表管理。

5.3.3　实验资料

1.修改固定资产卡片

将卡片编号为"00003"的固定资产(A 生产线)的使用状况由"在用"修改为"大修

理停用"。

2. 新增固定资产

2018年11月15日直接购入并交付销售部使用一台电脑,雨季使用年限为5年,原值为12 000元,净残值为3%,采用"年数总和法"计提折旧。

5.3.4 实验指导

1. 修改固定资产卡片

操作步骤如下。

(1) 执行"卡片""卡片管理"命令,打开"查询条件选择–卡片管理"对话框,选择合适的开始使用日期范围,如图5.3.1所示。

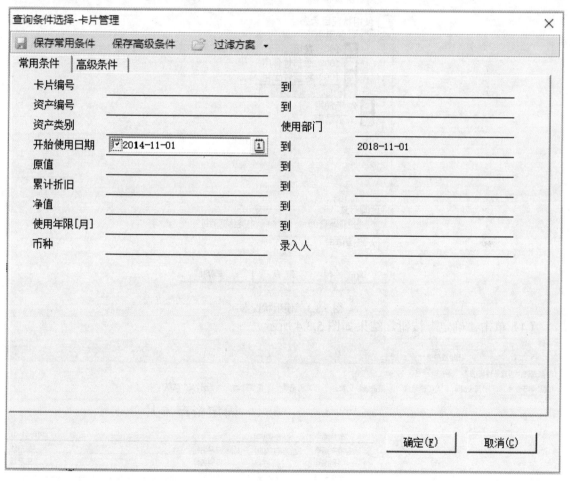

图 5.3.1 查询条件选择 – 卡片管理

(2) 单击"确定"按钮,打开"卡片管理"窗口,单击选中"00003"所在行,如图5.3.2所示。

(3) 单击"修改",打开"固定资产卡片"窗口,单击"使用状况"栏,再单击"使用状况"按钮,打开"使用状况参照"对话框,单击选中"1004 大修理停用",如图5.3.3所示。

图 5.3.2　卡片管理

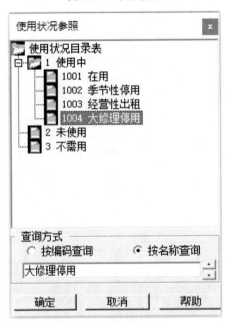

图 5.3.3　使用状况参照

（4）单击"确定"按钮，结果如图 5.3.4 所示。

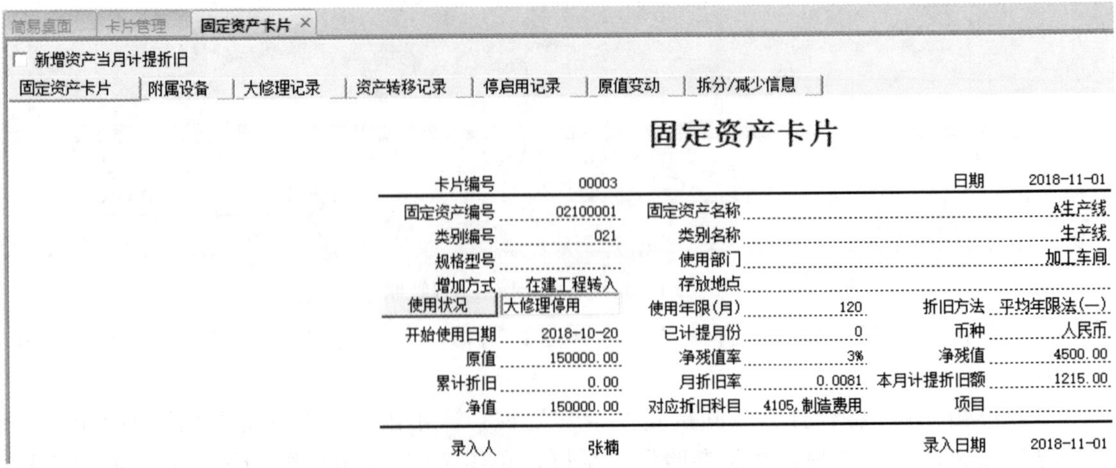

图 5.3.4　固定资产卡片

（5）单击"退出"按钮，系统提示"是否保存数据？"，单击"是"，系统提示"数据成功保存！"，单击"确定"按钮，退回卡片管理窗口，单击"退出"按钮。

提示：

1）当发现卡片有录入错误，或资产使用过程中有必要修改卡片中的一些内容时，可以通过卡片修改功能实现，这种修改为无痕迹修改。

2）原始卡片的原值、使用部门、工作总量、使用状况、累计折旧、净残值（率）、折旧方法、使用年限等资产类别及在没有做变动单或评估的情况下，在录入当月可以无痕迹修改；如果做过变动单，则只有删除变动才能无痕迹修改；若各项目做过一次月末结账后，只能通过变动单或评估单调整，不能通过卡片修改功能改变。

3）通过资产增加录入系统的卡片如果没有制作凭证和变动单、评估单的情况下，录入当月可以无痕迹修改。如果做过变动单，则只有删除变动单才能无痕迹修改。如果已制作凭证，则要修改原值或累计折旧则必须在删除凭证后，才能无痕迹修改。卡片上的其他项目，任何时候均可无痕迹修改。

4）非本月录入卡片，不能删除。

5）卡片做过一次月末结账后不能删除。做过变动单或评估单的卡片删除时会提示先删除相关的变动单或评估单。

2．增加固定资产

操作步骤如下。

（1）执行"卡片""资产增加"命令，打开"固定资产类别档案"窗口，单击机器设备，再单击选中机器设备的下级类别"办公设备"，如图5.3.5所示。

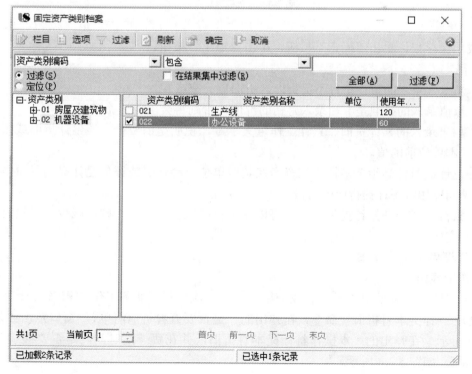

图 5.3.5　固定资产类别档案

（2）单击"确定"按钮，打开"固定资产卡片"窗口，在固定资产名称栏录入电脑，单击使用部门，再单击"使用部门"按钮，出现"本资产部门使用方式"对话框，单击"确定"按钮，打开"部门基本参照"对话框，单击"市场部"，再单击市场部下级部门"销售部"，单击"确定"按钮，单击"增加方式"，再单击"增加方式"按钮，打开"固定资产增加方式"对话框，单击"确定"按钮，单击"使用状况"栏，再单击"使用状况"按钮，打开"使用状况参照"窗口，单击"确定"按钮。录入开始使用日期为"2018-11-15"，单击折旧方法栏，再单击"折旧方法"按钮，打开"折旧方法参照"对话框，单击选中"5年数总和法"，单击"确定"按钮，在原值栏录入"12 000"，如图5.3.6所示。

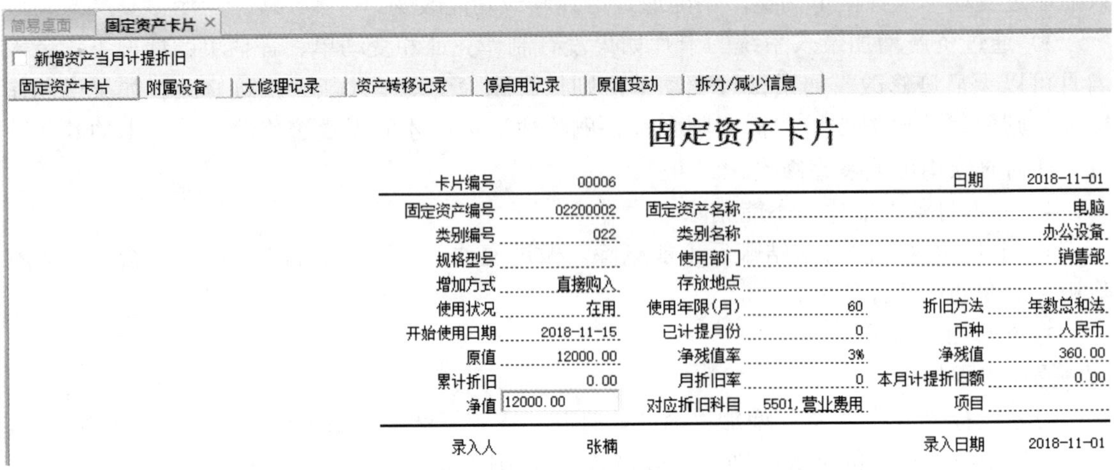

图5.3.6 固定资产卡片

（3）单击"退出"按钮，系统提示"是否保存数据？"，单击"是"按钮，系统提示"数据成功保存！"，单击"确定"按钮，单击"退出"按钮。

提示：

1）新卡片录入的第一个月不提折旧，折旧额为空或零。

2）原值录入的必须是卡片录入月初的价值，否则将会出现计算错误。

3）如果录入的累计折旧、累计工作量大于零，说明是旧资产，该累计折旧或累计工作量是进入本单位前的值。

4）已计提月份必须严格按照该资产在其他单位已经计提或评估已计提的月份数，不包括使用期间停用等不计提折旧的月份。

5）只有当资产开始计提折旧后才可以使用资产减少功能，否则，减少资产只有通过删除卡片来完成。

3. 计提固定资产折旧

操作步骤如下。

（1）以账套主管的身份登录企业应用平台，依次执行"业务工作""财务会计""固定资产""处理""计提本月折旧"命令，在弹出的"是否要查看折旧清单？"窗口点击"是"，如图5.3.7所示。在弹出的"本操作将计提本月折旧，并花费一定时间，是否要继续？"窗口点击"是"，如图5.3.8所示。

第5章 固定资产

图 5.3.7 固定资产计提折旧信息提示

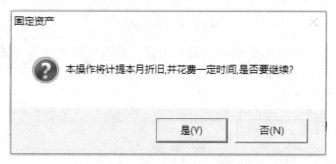

图 5.3.8 固定资产计提折旧信息提示

（2）系统自动打开"折旧清单"，如图 5.3.9 所示。

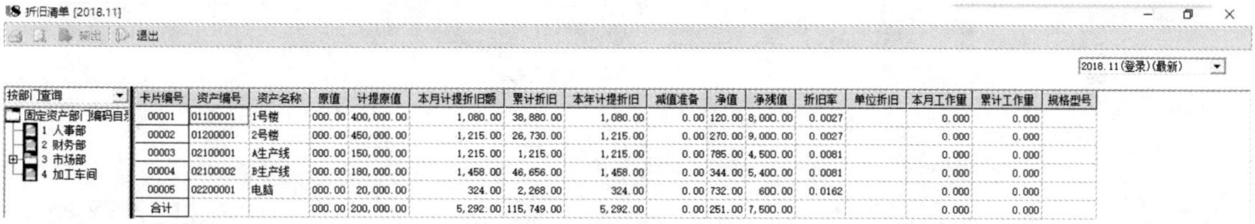

卡片编号	资产编号	资产名称	原值	计提原值	本月计提折旧额	累计折旧	本年计提折旧	减值准备	净值	净残值	折旧率	单位折旧	本月工作量	累计工作量	规格型号
00001	01100001	1号楼	000.00	400,000.00	1,080.00	38,880.00	1,080.00	0.00	120.00	8,000.00	0.0027		0.00	0.000	
00002	01200001	2号楼	000.00	450,000.00	1,215.00	26,730.00	1,215.00	0.00	270.00	9,000.00	0.0027		0.00	0.000	
00003	02100001	A生产线	000.00	150,000.00	1,215.00	1,215.00	1,215.00	0.00	785.00	4,500.00	0.0081		0.00	0.000	
00004	02100002	B生产线	000.00	180,000.00	1,458.00	46,656.00	1,458.00	0.00	344.00	5,400.00	0.0081		0.00	0.000	
00005	02200001	电脑	000.00	20,000.00	324.00	2,268.00	324.00	0.00	732.00	600.00	0.0162		0.00	0.000	
合计			000.00	200,000.00	5,292.00	115,749.00	5,292.00	0.00	251.00	7,500.00			0.00	0.000	

图 5.3.9 折旧清单

（3）单击"退出"后，系统提示"计提折旧完成！"，如图 5.3.10 所示。

图 5.3.10 固定资产计提折旧完成

（4）打开"折旧分配表"窗口，如图 5.3.11 所示。

图 5.3.11 折旧分配表

（5）单击"凭证"按钮，生成一张记账凭证，修改凭证类别为"转账凭证"，在第四行分录栏录入"1502"，单击"保存"按钮，系统会自动把该凭证输出到总账系统（见图5.3.12）。单击"退出"按钮。

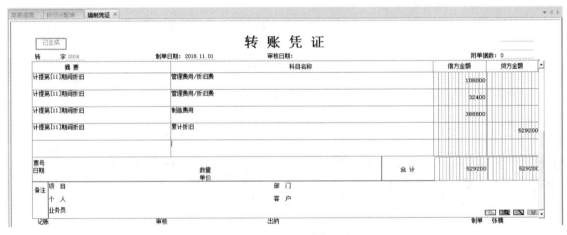

图 5.3.12 生成计提折旧转账凭证

提示：

1）计提折旧功能对各项资产每期计提一次折旧，并自动生成折旧分配表，然后制作记账凭证，将本期的折旧费用自动登账。

2）部门转移和类别调整的资产当月计提的折旧分配到变动后的部门和类别。

3）在一个期间内可以多次计提折旧，每次计提折旧后，只是将计提的折旧累加到月初的累计折旧上，不会重复累计。

4）若上次计提折旧已制单并已传递到总系统，则必须删除该凭证才能重新计提折旧。

5）计提折旧后又对账套进行了影响折旧计算或分配的操作，必须重新计提折旧，否则系统不允许结账。

6）资产的使用部门和资产的折旧要汇总的部门可能不同，为了加强资产管理，使用部门必须是明细部门，而折旧分配部门不一定分配到明细部门，不同的单位处理可能不同，因此要在计提折旧后，分配折旧费用时做出选择。

7）在折旧费用分配表界面，可以单击"制单"按钮制单，也可以以后用"批量制单"

功能进行制单。

4. 生成增加固定资产的记账凭证

操作步骤如下。

(1) 执行"处理"|"批量制单"命令,打开"查询条件选择–批量制单"对话框,单击"业务类型"下三角按钮,选择"新增资产",如图 5.3.13 所示。

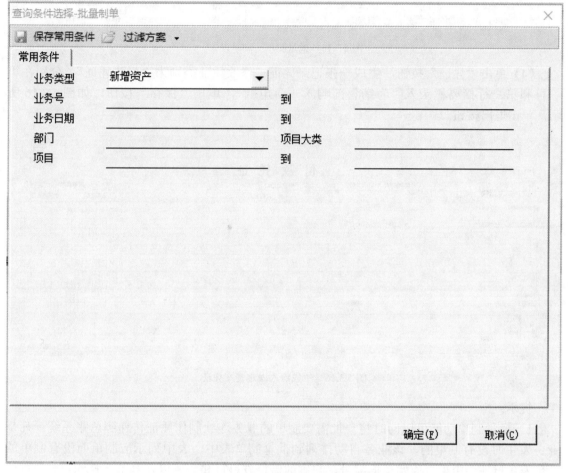

图 5.3.13　查询条件选择–批量制单

(2) 单击"确定"按钮,打开"批量制单"窗口。单击"全选"按钮,或双击制单栏,选中要制单的业务,如图 5.3.14 所示。

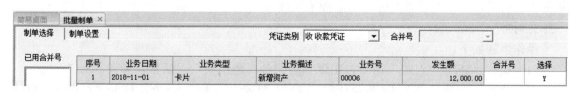

图 5.3.14　批量制单–制单选择

(3) 单击"制单设置"页签,在第一行"科目"栏录入"1501",如图 5.3.15 所示。

图 5.3.15 批量制单－制单设置

（4）单击"凭证"按钮，生成一张记账凭证。修改凭证类别为"付款凭证"，分别在第一行和第二行摘要栏录入"为销售部购入一台电脑"，单击"保存"按钮，如图 5.3.16 所示，单击退出按钮。

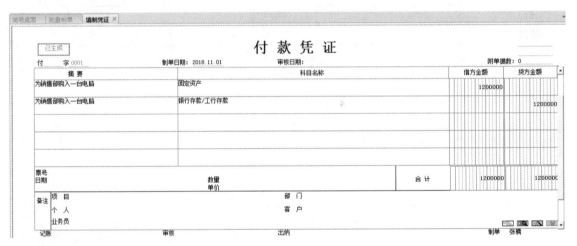

图 5.3.16 生成购入固定资产凭证

提示：

1）批量制单功能可以同时将一批需要制单的业务连续制作凭证传递到总账系统。凡是业务发生时没有制单的，该业务自动排列到批量制单表中，表中列示应制单而没有制单的业务发生日期、类型、原始单据编号、缺省的借贷方科目和金额以及制单选择标志。

2）业务发生时立即制单，摘要根据业务情况自动填入；如果使用批量制单方式，则摘要为空，需要手工录入。

3）修改凭证时，能修改的内容仅限于摘要、用户自行增加的凭证分录、系统缺省的分录的折旧科目，而系统缺省的分录的金额不能修改。

5．对账

操作步骤如下。

（1）执行"处理""对账"命令，出现"与账务对账结果"对话框，如图 5.3.17 所示。

（2）执行"业务工作""财务会计""总账""期末""结账"命令，打开"结账－开始结账"对话框，选择要取消结账的最后一个结账月份，如图 5.3.18 所示。

（3）按〈Ctrl+Shift+F6〉组合键，再输入账套主管的口令，如图 5.3.19 所示。

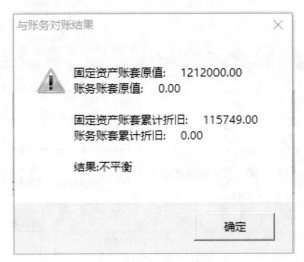

图 5.3.17　与账务对账结果

图 5.3.18　反结账

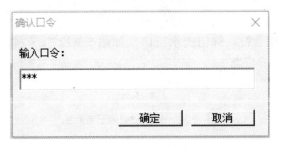

图 5.3.19　确认口令

（4）单击"确定"按钮，即可进行反结账操作，如图 5.3.20 所示。

图 5.3.20　反结账完成

（5）执行"业务工作""财务会计""总账""期末""对账"命令，打开"对账"对话框，选择要取消记账的最后一个结账月份，如图 5.3.21 所示。

图 5.3.21　反记账

（6）按〈Ctrl+H〉组合键，弹出提示窗口，如图 5.3.22 所示。

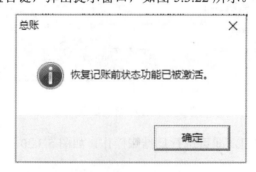

图 5.3.22　激活恢复记账前状态

(7)单击"确定"按钮,再单击"退出"按钮,执行"总账""凭证""恢复记账前状态"命令,打开"恢复记账前状态"对话框,如图 5.3.23 所示。

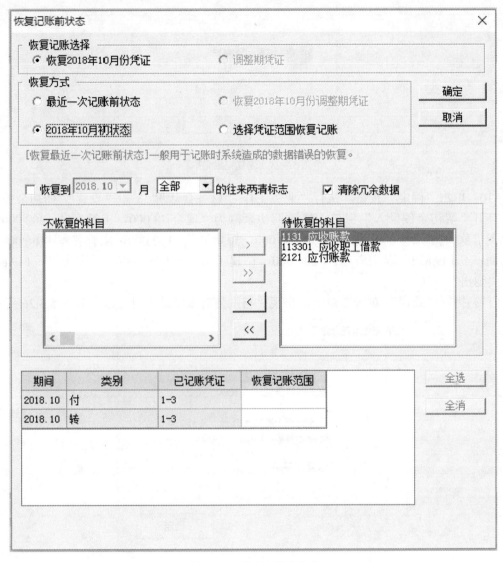

图 5.3.23　恢复记账前状态

(8)单击"确定"按钮,输入账套主管口令,如图 5.3.24 所示。

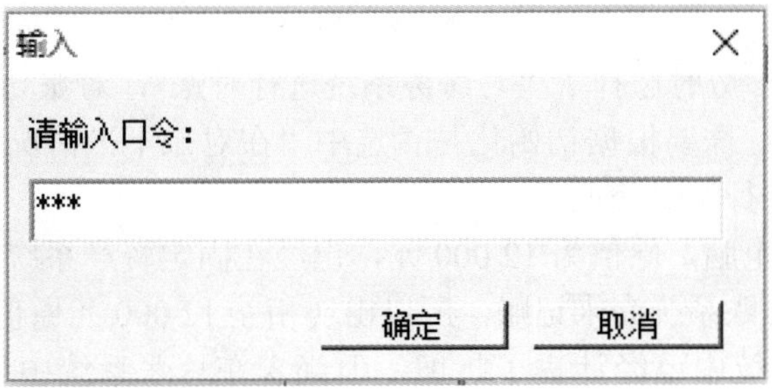

图 5.3.24　输入口令

（9）单击"确定"按钮。出现"恢复记账完毕"提示信息，如图 5.3.25 所示。

图 5.3.25　恢复记账完毕

（10）单击"确定"按钮，执行"业务工作""财务会计""总账""设置""期初余额"命令，打开"期初余额录入"窗口。修改期初余额为"现金：8 000，工行存款：202 000，应收职工借款—杨明：6 000，库存商品：50 000，短期借款：120 000，实收资本：166 000，本年利润：－149 832，固定资产：1 200 000，在建工程：－1 180 000，累计折旧：149 832"。单击"退出"按钮。

（11）执行"处理""对账"命令，出现"与账务对账结果"对话框，如图 5.3.26 所示。

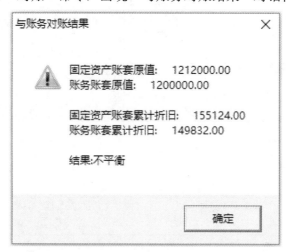

图 5.3.26　与账务对账结果

（12）对 10 月进行记账和结账工作。

提示：

1）只有设置账套参数时选择了"与账务系统进行对账"，对账功能才能操

2）如果对账不平，需要根据初始化是否选中"在对账不平情况下允许固定资产月末结账"来判断是否可以进行结账处理。

3）本期增加一台电脑，原值为 12 000 元，已经在固定资产系统填制了记账凭证并传递到了总账系统，但是总账系统尚未记账，所以出现相差 12 000 元原值的结果。

4）在固定资产系统中已经计提了折旧，但尚未在总账系统中记账，因此出现了折旧差额。

6. 将固定资产系统所生成的记账凭证审核并记账

操作步骤如下。

（1）由 020 号操作员打开"总账"系统，在总账系统中单击"凭证""审核凭证"，审核增加原值和计提折旧的记账凭证。

（2）单击记账，将未记账的凭证记账，如图 5.3.27 所示。

图 5.3.27　记账完毕提示信息

7. 再对账

操作步骤如下。

（1）由 010 号操作员在固定资产系统中单击"处理""对账"，出现"与账务对账结果"对话框，如图 5.3.28 所示。

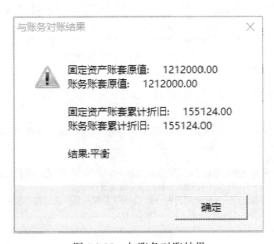

图 5.3.28　与账务对账结果

（2）单击"确定"按钮。

8. 结账

操作步骤如下。

（1）单击"处理""月末结账"，打开"月末结账"窗口。

（2）单击"开始结账"按钮，出现"与账务对账结果"对话框，如图 5.3.29 所示。

图 5.3.29　与账务对账结果

(3) 单击"确定"按钮，系统提示"月末结账成功完成！"，如图 5.3.30 所示。

图 5.3.30　月末结账成功完成

(4) 单击"确定"按钮，出现系统提示，如图 5.3.31 所示。

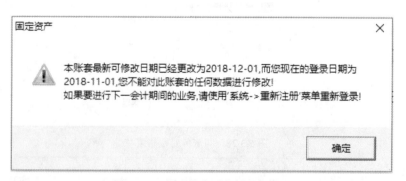

图 5.3.31　固定资产系统提示信息

(5) 单击"确定"按钮。

提示：

1) 在固定资产系统完成了本月全部制单业务后，可以进行月末结账。月末结账每月进行一次，结账后当期数据不能修改。

2) 本期不结账，将不能处理下期的数据；结账前一定要进行数据备份，否则数据一旦丢失，将造成无法挽回的后果。

3）如果结账后发现有未处理的业务或者需要修改的事项，可以通过系统提供的"恢复月末结账前状态"功能进行反结账。但是，不能跨年度恢复数据，即本系统年末结转后，不能利用本功能恢复年末结转。

4）恢复到某个月结账前状态后，本账套对该结账后所做的所有工作都可以无痕迹删除。

9. 查询固定资产原值一览表

操作步骤如下。

（1）执行"账表""我的账表"命令，打开"固定资产报表"窗口，单击账簿中的"统计表"，如图 5.3.32 所示。

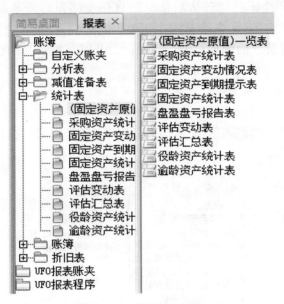

图 5.3.32　固定资产报表

（2）双击"（固定资产原值）一览表"，打开"条件 –（固定资产原值）一览表"窗口，如图 5.3.33 所示。

图 5.3.33　条件 –（固定资产原值）一览表

（3）单击"确定"按钮，打开"（固定资产原值）一览表"窗口，如图 5.3.34 所示，单击"退出"按钮。

图 5.3.34 (固定资产原值)一览表

提示:在固定资产系统中提供了 8 种统计表,包括"固定资产原值一览表""固定资产到期提示表""固定资产统计表""评估汇总表""评估变动表""盘盈盘亏报告表""逾龄资产统计表""役龄资产统计表"。这些表从不同的侧面对固定资产进行统计分析,使管理者可以全面细致地了解企业对资产的管理、分布情况,为及时掌握资产的价值、数量以及新旧程度等指标提供依据。

10. 查询"价值结构分析表"

操作步骤如下。

(1)执行"账表""我的帐表"命令,打开"固定资产报表"窗口,单击账簿中的"分析表",如图 5.3.35 所示。

图 5.3.35 固定资产报表

(2)双击"价值结构分析表",打开"条件-价值结构分析表"对话框,如图 5.3.36 所示。

图 5.3.36 条件-价值结构分析表

(3)单击"确定"按钮,打开"价值结构分析表",如图 5.3.37 所示,单击"退出"按钮。

第5章 固定资产

图 5.3.37 价值结构分析表

提示：在固定资产系统中分析表主要通过对固定资产的综合分析，为管理者提供管理和决策依据。系统提供了 4 种分析表，即"部门构成分析表""价值结构分析表""类别构成分析表"及"使用状况分析表"。管理者可以通过这些表了解本企业资产计提折旧程度和剩余价值大小。

第6章 应收款管理系统

6.1 功能概述

应收款管理系统，通过发票、其他应收单和收款单等单据的录入，对企业的往来账款进行综合管理，及时、准确地提供客户的往来账款余额资料，提供各种分析报表，如账龄分析，周转分析、欠款分析、坏账分析及回款分析等情况分析报表，通过各种分析报表，帮助企业合理地进行资金调配，提高资金的利用效率。

根据对客户往来款项核算和管理的程度不同，系统提供了应收账款核算模型"详细核算"和"简单核算"客户往来款项两种应用方案，可供企业选择。

如果企业的销售业务以及应收款核算与管理业务比较复杂，或者需要追踪每一笔业务的应收款、收款等情况，或者需要将应收款核算到产品一级，那么可以选择"详细核算"方案。该方案能够帮助企业了解每一客户每笔业务详细的应收情况、收款情况及余额情况，并进行账龄分析，加强客户及往来款项的管理，使企业能够依据每一客户的具体情况，实施不同的收款策略。

如果企业的销售业务以及应收账款业务比较简单，或者现销业务很多，则可以选择"简单核算"方案。该方案着重于对客户的往来款项进行查询和分析。

具体选择哪一种方案，可在应收系统中通过设置系统选项"应收账款核算模型"进行设置。

应收款管理系统与销售管理系统、总账系统的集成使用，应收款管理系统可接收在销售系统中所填制的销售发票，进行审核，同时可生成相应凭证，并传递至总账系统。

6.2 实验一：应收款管理系统初始化

6.2.1 实验目的

系统学习应收款系统初始化的一般方法。

6.2.2 实验要求

（1）设置系统参数。
（2）基础设置。
（3）设置科目。
（4）坏账准备设置。
（5）账龄区间设置。

（6）报警级别设置。
（7）设置允许修改"销售专用发票"的编号。
（8）设置本单位开户银行。
（9）录入期初余额并与总账系统进行对账。

6.2.3 实验资料

1. 925 账套应收款系统的参数

应收款核销方式为"按单据"，单据审核日期依据为"单据日期"，坏账处理方式为"应收余额百分比法"，代垫费用类型为"其他应收单"，应收款核算类型为"详细核算"，受控科目制单依据为"明细到客户"，非受控科目制单方式为"汇总方式"；启用客户权限，并且按信用方式根据单据提前 7 天自动报警。

2. 存货分类

存货分类见表 6.2.1。

表 6.2.1 存货分类

存货分类编码	存货分类名称
1	原料及主要材料
2	辅助材料
3	库存商品
4	应税劳务

3. 计量单位

计量单位见表 6.2.2。

表 6.2.2 计量单位

计量单位组	计量单位
基本计量单位	吨
	台
	桶
	公里（千米）

4. 存货档案

存货档案见表 6.2.3。

表 6.2.3 存货档案

存货编码	存货名称	所属分类码	计量单位	税率/（%）	存货属性
001	钢材	1	吨	17	外购、生产耗用
002	油漆	1	桶	17	外购、生产耗用
003	电动机	1	台	17	外购、生产耗用
005	甲产品	3	台	17	自制、销售
006	乙产品	3	台	17	自制、销售
007	运输费	4	公里（千米）	7	应税劳务

5. 基本科目

应收科目为"1131 应收账款",预收科目为"2131 预收账款",销售收入科目为"5101 主营业务收入",应交增值税科目为"21710105 应交税金－应交增值税－销项税额",销售退回科目为"5101 主营业务收入",银行承兑科目为"1111 应收票据",商业承兑科目为"1111 应收票据",现金折扣科目为"5503",票据利息科目为"5503",票据费用科目为"5503",收支费用科目为"5501"。

6. 结算方式科目

现金结算方式科目为"1001 现金",现金支票结算方式科目为"1001 现金",转账支票结算方式科目为"100201 工行存款",银行汇票结算方式科目为"100201 工行存款"。

7. 坏账准备

提取比率为"0.5%",坏账准备期初余额为"0",坏账准备科目为"1141 坏账准备",坏账准备对方科目为"5503 管理费用"。

8. 账龄区间

总天数分别为 30 天、60 天、90 天和 120 天。

9. 报警级别

A 级时的总比率为 10%,B 级时的总比率为 20%,C 级时的总比率为 30%,D 级时的总比率 40%,E 级时的总比率为 50%,总比率在 50% 以上为 F 级。

10. 本单位开户银行

本单位开户银行为工行北京支行花园路办事处,账号为"001–34567"。

11. 初期余额

存货税率均为 17%,开票日期均为 2018 年 9 月份,见表 6.2.4。

表 6.2.4 初期余额单据

单据名称	方向	开票日期	票号	客户名称	销售部门	科目编码	货物名称	数量	无税单价	价税合计
销售专用发票	正	09.12	78987	北京天益公司（01）	销售部（302）	1131	甲产品（005）	3	2 000	7 020
销售专用发票	正	09.18	78988	明兴公司（04）	销售部（302）	1131	甲产品（005）	3	2 000	7 020
销售专用发票	正	09.22	78989	大地公司（02）	销售部（302）	1111	甲产品（005）	2	500	1 170
其他应收单	正	09.22	001	明兴公司（04）	销售部（302）	1131	运费			500
预收款单（银行汇票）	正	09.26	111	伟达公司（06）	销售部（302）	2131				30 000

6.2.4 实验指导

1. 设置系统参数

操作步骤如下。

（1）以账套主管的身份登录企业应用平台,启用"应收款管理"系统,如图 6.2.1 所示。

第6章 应收款管理系统

图 6.2.1 启用应收款管理系统

（2）执行"财务会计""应收款管理""设置""选项"命令，打开"账套参数设置－常规"对话框。

（3）单击"编辑"按钮，按照实验资料设置相关选项，如图 6.2.2 所示。

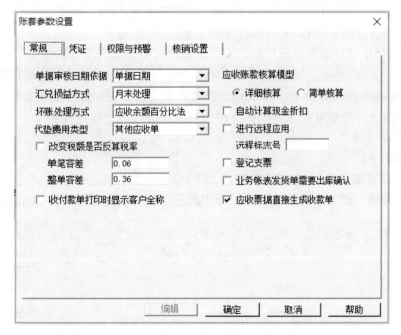

图 6.2.2 账套参数设置－常规

（4）单击"权限与预警"页签，单击"超过信用额度报警"前的复选框，在提前天数栏录入提前天数"7"，如图 6.2.3 所示。

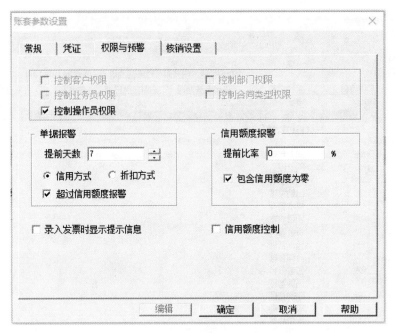

图 6.2.3　账套参数设置 – 权限与预警

(5) 单击"确定"按钮。

提示：

1) 在进入应收款系统之前应在建立账套后启用应收款系统，或者在企业门户中启用应收款系统。应收款系统的启用会计期间必须大于等于账套的启用期间。

2) 在账套使用过程中可以随时修改账套参数。

3) 如果选择单据日期为审核日期，则月末结账时单据必须全部审核。

4) 如果当年已经计提过坏账准备，则坏账处理方式不能修改，只能下一年度修改。

5) 关于应收账款核算模型，在系统启用时或者还没有进行任何业务处理的情况下才允许从简单核算改为详细核算。从详细核算改为简单核算随时可以进行。

2. 设置存货分类

操作步骤如下。

(1) 执行"基础设置""基础档案""存货""存货分类"命令，打开"存货分类"窗口。单击"增加"按钮，录入分类编码"1"，分类名称"原料及主要材料"，如图 6.2.4 所示。

图 6.2.4　存货分类

（2）单击"保存"按钮，依此方法依次录入其他的存货分类。

3. 设置计量单位

操作步骤如下。

（1）执行"基础信息""基础档案""存货""计量单位"命令，打开"计量单位-计量单位组"窗口。

（2）单击"分组"按钮，打开"计量单位组"窗口，单击"增加"按钮，录入计量单位组编码"1"，录入计量单位组名称"基本计量单位"。单击"计量单位组类别"栏下三角按钮，选择"无换算率"，如图 6.2.5 所示。

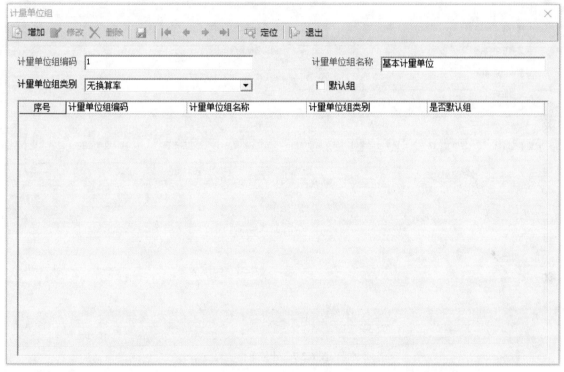

图 6.2.5　计量单位组

（3）单击"保存"按钮，单击"退出"按钮，如图 6.2.6 所示。

图 6.2.6　计量单位（1）- 基本计量单位（无换算率）

（4）单击"单位"按钮，打开"计量单位"窗口，单击"增加"按钮，录入计量单位编码"1"，计量单位名称"吨"，如图 6.2.7 所示。

（5）单击"保存"按钮，继续录入其他的计量单位内容，录入完成所有的计量单位之后，单击"退出"按钮，如图 6.2.8 所示。

提示：

1）在设置存货档案之前必须先到企业门户的基础档案中设置计量单位，否则，存货档案中没有备选的计量单位，存货档案不能保存。

2）在设置计量单位时必须先设置计量单位分组，再设置各个计量单位组中的计量单位。

3）计量单位组分为无换算、固定换算和浮动换算三种类型。如果需要换算，一般认为应将小组的单位作为主计量单位。

4）计量单位可以根据需要随时增加。

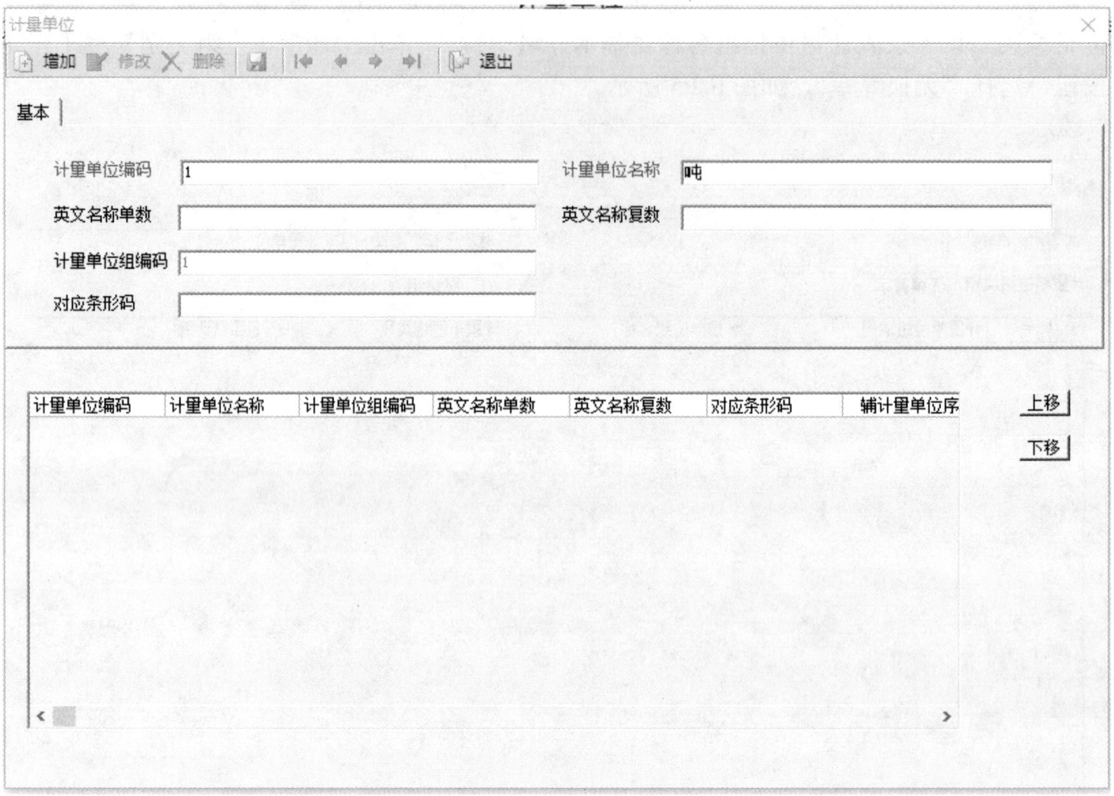

图 6.2.7　计量单位

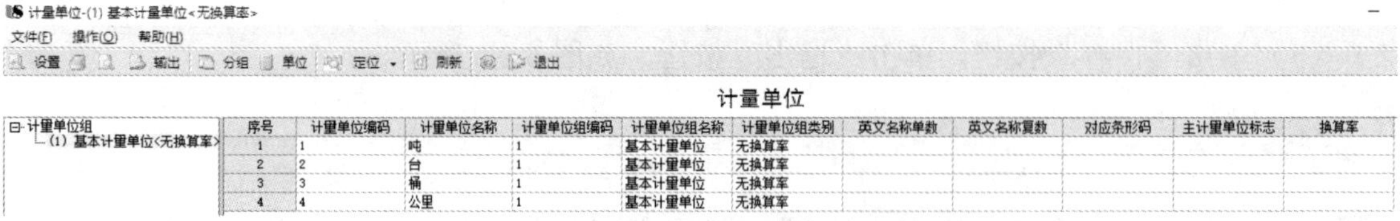

图 6.2.8　计量单位（1）－基本计量单位（无换算率）

4. 设置存货档案

操作步骤如下。

（1）执行"基础设置""基础档案""存货""存货档案"，打开"存货档案"窗口。单击存货分类中的"原料及主要材料"，再单击"增加"按钮，打开"增加存货档案"窗口。

（2）录入存货编码"001"，存货名称"钢材"，单击"计量单位组"栏参照按钮，选择"基本计量单位"，单击"外购"和"生产耗用"前的复选框，如图 6.2.9 所示。

（3）单击"保存"按钮，依此方法继续录入其他的存货档案。

提示：

1）存货档案既可在应收、应付款系统录入，也可以在企业门户中录入。而如果只启用财务系统并且不在应收、应付系统填制发票则不需要设置存货档案。

2）在录入存货档案时，如果存货类别不符合要求应重新选择。

3）在录入存货档案时，如果直接列示的计量单位不符合要求，应先将不符合要求的计量单位删除，再按"参照"按钮就可以在计量单位表中重新选择计量单位。

4）存货档案中的存货属性必须选择正确，否则，在填制相应单据时就不会列出相应的存货列表。

5）存货档案中的有关成本资料可以在填制单据时列出，如果不能录入成本资料，在单据中也就不能自动列出存货的成本资料。

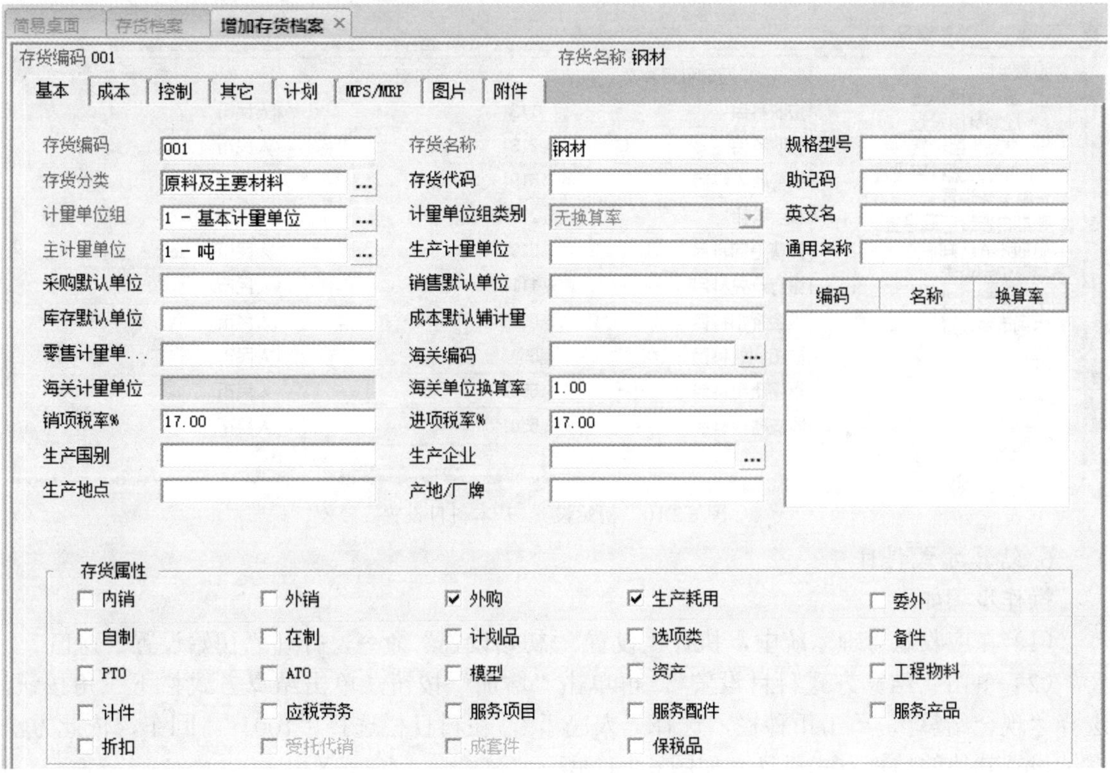

图 6.2.9　增加存货档案

5. 设置基本科目

操作步骤如下。

（1）在应收款管理系统中，执行"设置""初始设置"命令，打开"初始设置"窗口。

（2）单击"基本科目"设置，再单击"增加"按钮，在"基础科目种类"栏选择"应收科目"，在"科目"栏选择"1131"（系统提示"本科目应为应收受控科目"，执行"基础设置""财务""会计科目"命令，将应收账款的"受控系统"改为"应收系统"即可）。依此方法设置其他的基本科目，如图 6.2.10 所示。

（3）单击"退出"按钮。

提示：

1）在基本科目设置中，所有设置的应收科目"1131 应收账款"，预收科目"2131 预收账款"及银行承兑科目"1111 应收票据"，应在总账系统中设置及辅助核算内容为客户往来，并且其受控系统为"应收系统"，否则在这里不能被选中。

2）只有在这里设置了基本科目，在生成凭证时才能直接生成凭证中的会计科目，否则凭证中将没有会计科目，相应的会计科目只能手工再录入。

3）如果应收科目、预收科目按不同的客户或客户分类分别设置，则可在"控制科目设置"中设置，在此可以不设置。

4）如果针对不同的存货，分别设置销售收入核算科目，则在此不用设置，可以在"产品科目设置"中进行设置。

基础科目种类	科目	币种
应收科目	1131	人民币
预收科目	2131	人民币
销售收入科目	5101	人民币
税金科目	21710105	人民币
销售退回科目	5101	人民币
银行承兑科目	1111	人民币
现金折扣科目	5503	人民币
票据利息科目	5503	人民币
票据费用科目	5503	人民币
收支费用科目	5501	人民币

图 6.2.10 初始设置-基本科目设置

6. 结算方式科目

操作步骤如下。

（1）在应收款管理系统中，执行"设置""初始设置"命令，打开"初始设置"窗口。

（2）单击"结算方式科目设置"，再单击"增加"按钮，单击结算方式栏下三角按钮，选择"现金结算"，单击币种栏，选择"人民币"，在科目栏选择"1001"，回车，依此方法继续设置其他的结算方式科目，如图 6.2.11 所示。

结算方式	币种	本单位账号	科...
1 现金结算	人民币		1001
2 现金支票结算	人民币		1001
3 转账支票结算	人民币		100201
4 银行汇票结算	人民币		100201

图 6.2.11 初始设置–结算方式科目设置

(3)单击"退出"按钮。

提示:

1)结算方式科目设置是针对已经设置的结算方式设置相应的结算科目,即在收款或付款时,只要告诉系统结算时使用的结账方式就可以由系统自主生成该种结算方式所使用的会计科目。

2)如果在此不设置结算方式科目,则在收款或付款时可以手工输入不同结算方式对应的会计科目。

7. 设置坏账准备

操作步骤如下。

(1)在应收款管理系统中,执行"设置""初始设置"命令,打开"初始设置"窗口。

(2)单击"坏账准备设置",录入提取比率"0.5",坏账准备期初余额"0",坏账准备科目"1141",坏账准备对方科目"5503",如图6.2.12所示。

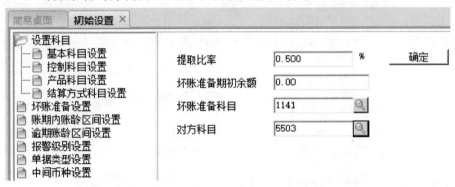

图 6.2.12 初始设置 – 坏账准备设置

(3)单击"确定"按钮,出现"储存完毕"提示,单击"确定"按钮。

提示:

1)如果在选项中并未选中坏账处理的方式为"应收余额百分比法",则在此处就不能录入"应收余额百分比法"所需要的初始设置,即此处的初始设置是与选项中所选择的坏账处理方式相对应的。

2)坏账准备的初期余额应与总账系统中所录入的坏账准备的期初余额相一致,但是,系统没有坏账准备初期余额的自动对账功能,只能人工核对,坏账准备的初期余额,如果在借方,则用"–"号表示,如果没有初期余额,应将初期余额录入为"0",否则系统将不予确认。

3)坏账准备初期余额被确认后,只要进行了坏账准备的日常业务处理,就不允许再修改,下一年度使用本系统时可以修改提取比率、区间和科目。

如果在系统选项中默认坏账处理方式为直接转销,则不用进行坏账准备设置。

8. 设置账龄区间

操作步骤如下。

(1)在应收款管理系统中,执行"设置""初始设置"命令,打开"初始设置"窗口。

(2)单击"账期内账龄区间设置",在总天数栏录入"30",回车,再在总天数栏录入"60"后回车。依此方法继续录入其他的总天数,如图6.2.13所示。

（3）依照步骤（2）进行"逾期账龄区间设置"，如图 6.2.14 所示，单击"退出"按钮。

提示：

1）序号由系统自动生成，不能修改和删除。总天数直接输入截止设置账龄区间的账龄总天数。

2）最后一个区间不能修改和删除。

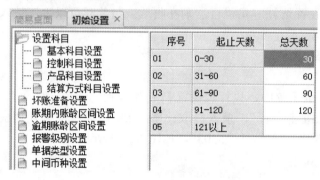

图 6.2.13 初始设置 – 账期内账龄区间设置

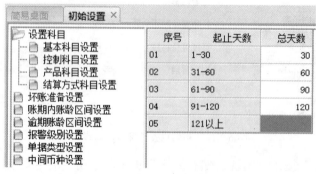

图 6.2.14 初始设置 – 逾期账龄区间设置

9. 设置报警级别

操作步骤如下。

（1）在应收款管理系统中，执行"设置""初始设置"命令，打开"初始设置"窗口。

（2）在"初始设置"窗口中，单击"报警级别设置"，在总比率栏录入"10"，在级别名称栏录入"A"，回车，依此方法继续录入其他的总比率和级别，如图 6.2.15 所示。

图 6.2.15 初始设置 – 报警级别设置

(3)单击"退出"按钮。

提示:

1)序号由系统自动生成,不能修改、删除,应直接输入该区间的最大比率及级别名称。

2)系统会根据输入的比率自动生成相应的区间。

3)单击"增加"按钮,可以在当前级别之前插入一个级别。插入一个级别后,该级别后的各级别比率会自动调整。

4)删除一个级别后,该级别后的各级比率会自动调整。

5)最后一个级别为某一比率之上,所以在总比率栏不能录入比率,否则将不能退出。

6)最后一个比率不能删除,如果录入错误则应先删除上一级比率,再修改最后一级比率。

10. 单据编号设置

操作步骤如下。

(1)在企业应用平台"基础设置"选项卡中,执行"单据设置""单据编号设置"命令,打开"单据编号设置"对话框。

(2)在销售管理单据类型中,选择"销售专用发票",打开"单据编号设置–销售专用发票"窗口。

(3)单击"修改"按钮,单击"手工改动,重号时自动重取"前的复选框,如图6.2.16所示。

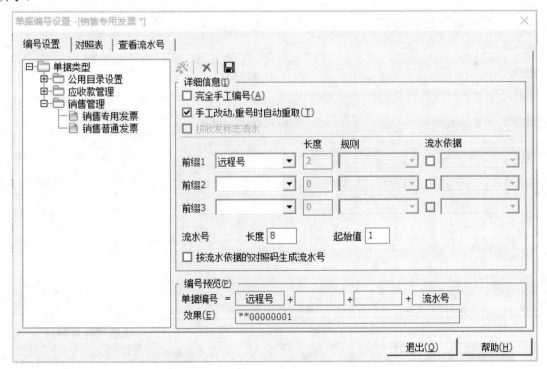

图6.2.16 单据编号设置–销售专用发票

(4)单击"保存"按钮,单击"退出"按钮。

提示：

1）如果不在"单据编号设置"中设置允许"手工改动"某一单据的编号，则在填制这一单据时其编号由系统自动生成而不允许手工录入编号。

2）在单据编号设置中还可以设置"重号时自动重取"及"按收发标志流水"等。

11. 设置开户银行

操作步骤如下。

（1）在企业应用平台"基础设置"中，执行"基础档案""收付结算""本单位开户银行信息"命令，进入"本单位开户银行"窗口。

（2）单击"增加"按钮，打开"增加本单位开户银行"对话框，设置本单位开户银行，如图 6.2.17 所示。

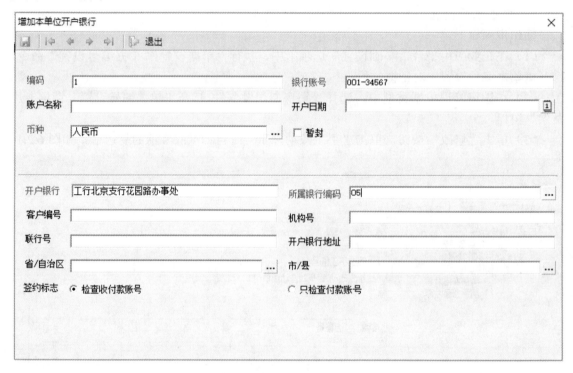

图 6.2.17　增加本单位开户银行

（3）单击"保存"按钮，单击"退出"按钮，如图 6.2.18 所示，单击"退出"按钮。

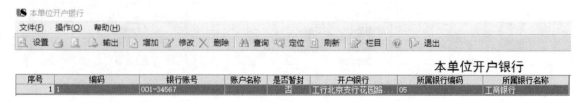

图 6.2.18　本单位开户银行

提示：开户银行可以在企业门户中设置，或者在销售系统中设置，如果不设置开户银行，在填制销售发票时不能保存。

第6章　应收款管理系统

12. 录入期初销售发票

操作步骤如下。

（1）在应收款管理系统中，执行"设置""期初余额"命令，打开"期初余额 – 查询"对话框。

（2）单击"确定"按钮，进入期初余额窗口，单击"增加"按钮，打开单据类别对话框，选择单据名称"销售发票"，单据类型"销售专用发票"，如图 6.2.19 所示。

图 6.2.19　单据类别

（3）单击"确定"按钮，进入"期初销售发票"窗口，单击"增加"按钮，修改开票日期，录入发票号"78987"，在客户名称栏录入"01"，或单击客户名称栏参照按钮，选择"北京天益公司"，在税率栏录入"17"，在科目栏录入"1131"，或单击科目栏参照按钮，选择"1131 应收账款"，在销售部门栏录入"302"，或单击部门栏参照按钮，选择"销售部"，在货物编号栏录入"005"，或单击货物编号栏，选择"甲产品"，在数量栏录入"3"，在无税单价栏录入"2 000"，如图 6.2.20 所示。

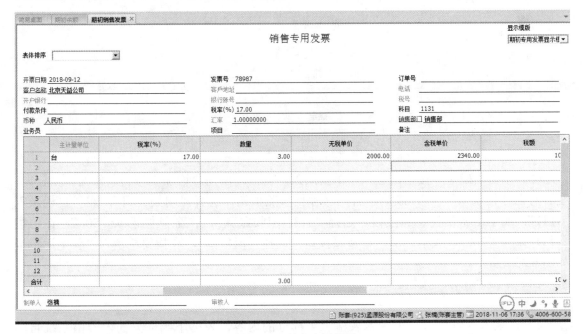

图 6.2.20　销售专用发票

（4）单击"保存"按钮，依此方法继续录入第二张和第三张销售专用发票。

提示：

1）在初次使用应收款系统时，应将启用收款系统时未处理完的所有客户的应收账款、预收账款、应收票据等数据录入到本系统。当进入第二年度时，系统自动将上年度未处理完的单据转为下一年度的期初余额，在下一年度的第一会计期间里，可以进行期初余额的调整。

2）在日常业务中，可对期初发票、应收单、预收款、票据进行后续的核销、转账处理。

3）如果退出了录入期初余额的单据，在"期初余额明细表"窗口中并没有看到新录入的期初余额，应单击"刷新"按钮，就可以列示所有的期初余额的内容。

4）在录入期初余额时一定要注意期初余额的会计科目，比如第三张销售发票的会计科目为"1111"，即应收票据。应收款系统的期初余额应与总账进行对账，如果科目错误将会导致对账错误。

5）如果并未设置允许修改销售专用发票的编号，则在填制销售专用发票时不允许修改销售专用发票的编号。其他单据的编号也一样，系统默认的状态为不允许修改。

13. 录入期初其他应收单

操作步骤如下。

（1）在应收款管理系统中，执行"设置""期初余额"命令，打开"期初余额-查询"对话框。

（2）单击"确定"按钮，进入期初余额窗口，单击"增加"按钮，打开"单据类别"对话框，选择单据名称"应收单"，单据类型"其他应收单"，如图6.2.21所示。

图 6.2.21 单据类型

（3）单击"确定"按钮，进入"单据录入"窗口，单击"增加"按钮，修改单据日期，在客户名称栏录入"04"，或单击客户名称栏参照按钮，选择"明兴公司"，在科目栏录入"1131"，或单击科目栏参照按钮，选择"1131 应收账款"，在金额栏录入"500"，在销售部门栏录入"302"，或单击部门栏参照按钮，选择"销售部"，在摘要栏录入"代垫运费"，如图 6.2.22 所示。

（4）单击"保存"按钮。

提示：

1）在录入应收单时只需录入表格上半部分的内容，表格下半部分的内容由系统自动生成。

2）应收单中的会计科目必须录入正确，否则将无法与总账进行对账。

第6章 应收款管理系统

14. 录入预收款单

操作步骤如下。

(1) 在应收款管理系统中,执行"设置""期初余额"命令,打开"期初余额 – 查询"对话框。

(2) 单击"确定"按钮,进入期初余额窗口,单击"增加"按钮,打开"单据类别"对话框,选择单据名称"预收款",单据类型"收款单",如图 6.2.23 所示。

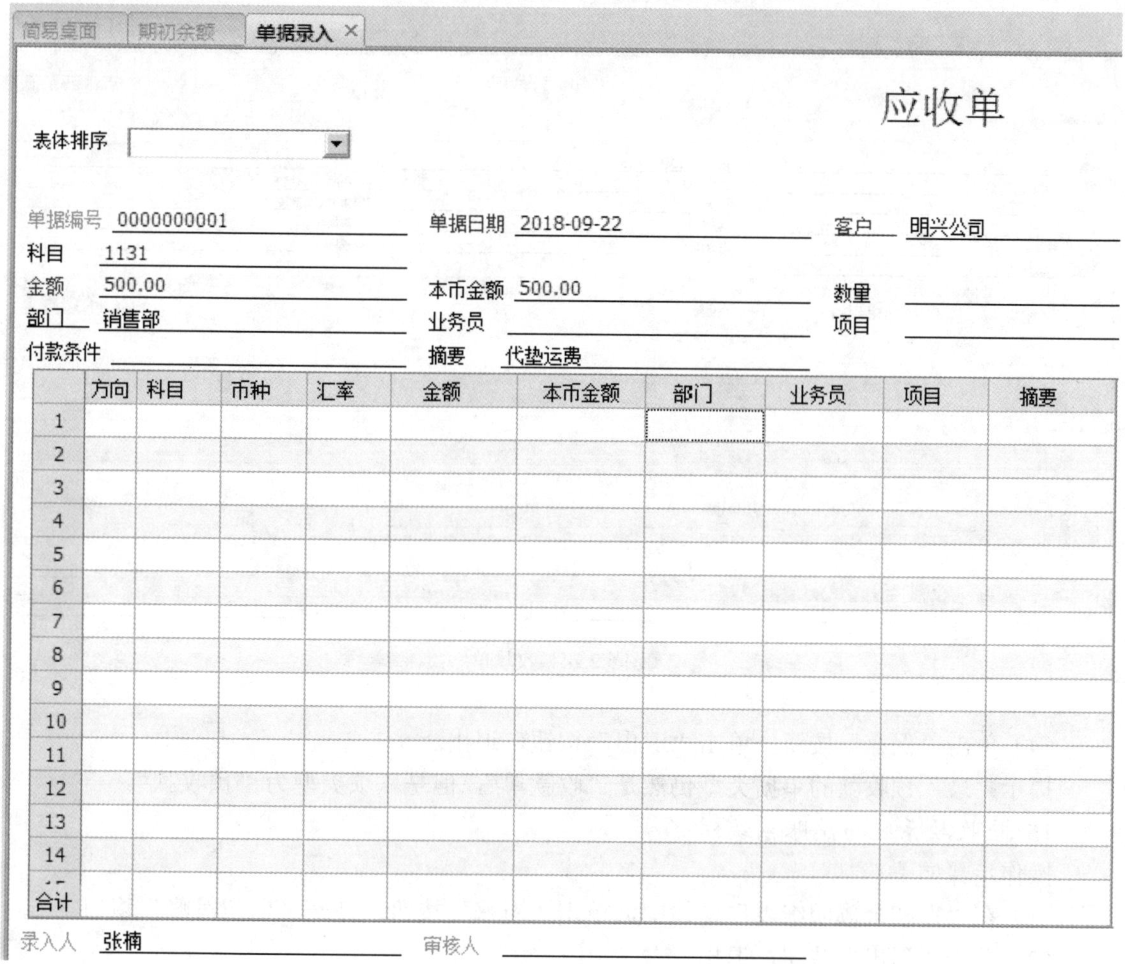

图 6.2.22　应收单

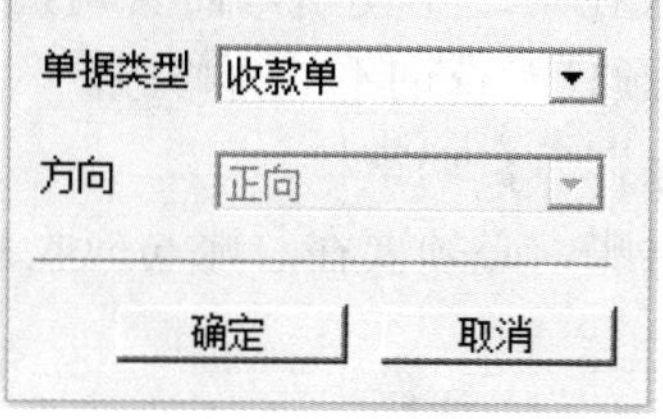

图 6.2.23　单据类别

（3）单击"确定"按钮，进入"期初单据录入"窗口，单击"增加"按钮，修改单据日期，在客户名称栏录入"06"，或单击客户名称栏参照按钮，选择"伟达公司"，在结算方式栏录入"4"，或单击结算方式栏参照按钮，选择"银行汇票结算"，在金额栏录入"30 000"，在销售部门栏录入"302"，或单击部门栏参照按钮，选择"销售部"，在摘要名称栏录入"预收货款"，在收款单下半部分中的科目栏录入"2131"，或单击科目栏参照按钮，选择"2131 预收账款"，如图6.2.24所示。

图6.2.24　收款单

（4）单击"保存"按钮。单击"退出"按钮，退出。

提示：录入预收款的单据类型仍然是"收款单"，但是款项类型为"预收款"。

15．应收款系统与总账系统对账

操作步骤如下。

（1）在"期初余额明细表"窗口中，单击"对账"按钮，打开"期初对账"窗口。

（2）单击"退出"按钮，退出。

提示：

1）完成全部应收款期初余额录入后，通过对帐功能将应收系统期初余额与总账系统期初余额进行核对。

2）当保存了期初余额结果或在第二年使用，需要调整期初余额时，可以进行修改，当第一个会计期已结账后，期初余额只能查询不能再修改。

3）期初余额所录入的票据保存后自动审核。

4）应收款系统与总账系统对账，必须要在总账与应收系统同时启用后才可以进行。

6.3 实验二：应收单据处理

6.3.1 实验目的

学习应收款系统日常业务处理的主要内容和操作方法。要求掌握应收款系统与总账系统组合时，应收款系统的基本功能和操作方法。

6.3.2 实验要求

（1）录入应收单据。
（2）修改应收单据。
（3）删除应收单据。
（4）2018年11月25日，审核本月录入的应收单据。
（5）对应收单据进行账务处理。

6.3.3 实验资料

（1）2018年11月15日，向"北京天益公司"销售"甲产品"2台，无税单价为1 990元，增值税率为17%（销售专用发票号码：5678900）。

（2）2018年11月15日，向"伟达公司"销售"乙产品"2台，无税单价为510元，增值税率为17%（销售专用发票号码：5678988）。

（3）2018年11月16日，向"上海邦立公司"销售"乙产品"2台，无税单价为510元，增值税率为17%（销售专用发票号码：5678901）。以转账支票代垫运费120元。

（4）2018年11月16日，向"北京天益公司"销售"乙产品"1台，无税单价为520元，增值税率为17%（销售专用发票号码：5678902）。以现金代垫运费120元。

（5）2018年11月18日，发现2018年11月16日所填制的向"上海邦立公司"销售"乙产品"2台，无税单价为510元，增值税率为17%的"5678901"号销售专用发票中的无税单价应为512元。

（6）2018年11月18日，发现2018年11月15日，向"北京天益公司"销售"甲产品"2台，无税单价为1 990元，增值税率为17%的"5678900"号销售专用发票填制错误，应删除。

6.3.4 实验指导

1. 填制第1笔业务的销售专用发票

操作步骤如下。

（1）在应收款管理系统中，执行"应收单据处理""应收单据录入"命令，打开"单据类别"窗口，如图6.3.1所示。

（2）单击"确定"按钮，打开"销售专用发票"窗口。

（3）单击"增加"按钮，修改开票日期，录入发票号"5678900"，在客户简称栏录入"01"，或单击客户名称栏"参照"按钮，选择"北京天益公司"，在税率栏录入"17"，在销售部门栏录入"302"，或单击部门栏"参照"按钮选择"销售部"，在存货编码栏录入

"005",或单击货物名称栏"参照"按钮,选择"甲产品",在数量栏录入"2",在无税单价栏录入"1 900"。

(4)单击销售类型"参照"按钮,打开"销售类型基本参照"对话框,单击"编辑"按钮,进入"销售类型"窗口,单击"增加"按钮,输入销售类型编码"1",销售类型名称"普通销售",如图 6.3.2 所示。

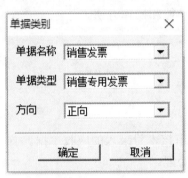

图 6.3.1　单据类别

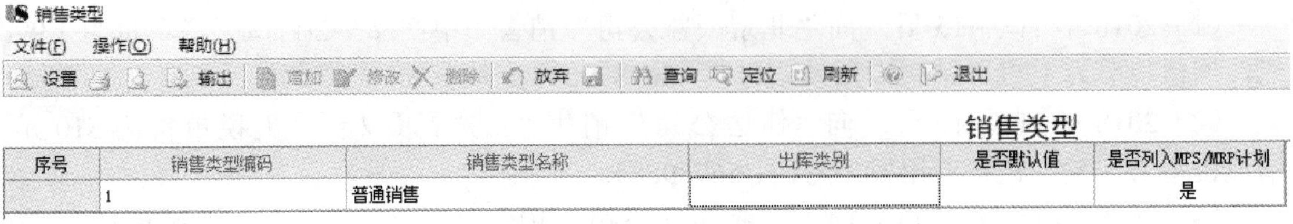

序号	销售类型编码	销售类型名称	出库类别	是否默认值	是否列入MPS/MRP计划
	1	普通销售			是

图 6.3.2　销售类型

(5)单击出库类别"参照"按钮,打开"收发类别档案基本参照"对话框,单击"编辑"按钮,打开"收发类别"对话框,单击"增加"按钮,按表 6.3.1"收发类别"进行收发类别设置,单击"保存"按钮,如图 6.3.3 所示。

表 6.3.1　收发类别

收发类别编码	收发类别名称	收发标志
1	入库	收
2	出库	发
201	销售出库	发

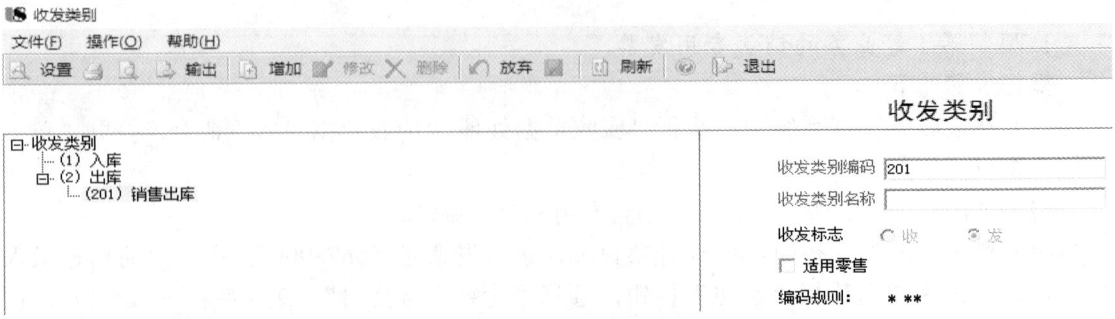

图 6.3.3　收发类别

第6章 应收款管理系统

（6）录入完成后退出，选择"销售出库"，如图6.3.4所示。

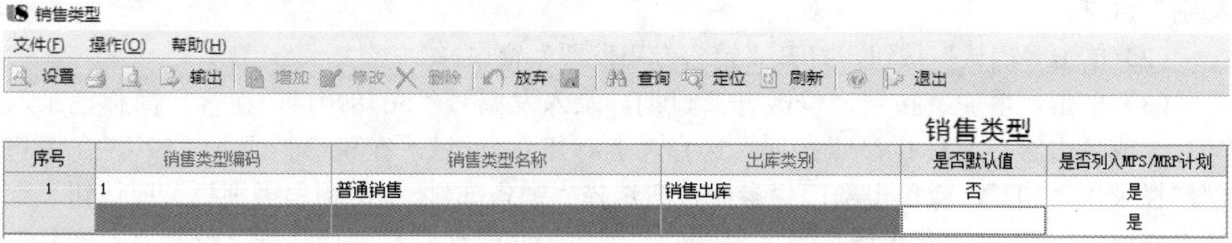

图 6.3.4　销售类型

（7）单击"退出"按钮，选择"普通销售"，单击"确定"按钮，如图6.3.5所示。

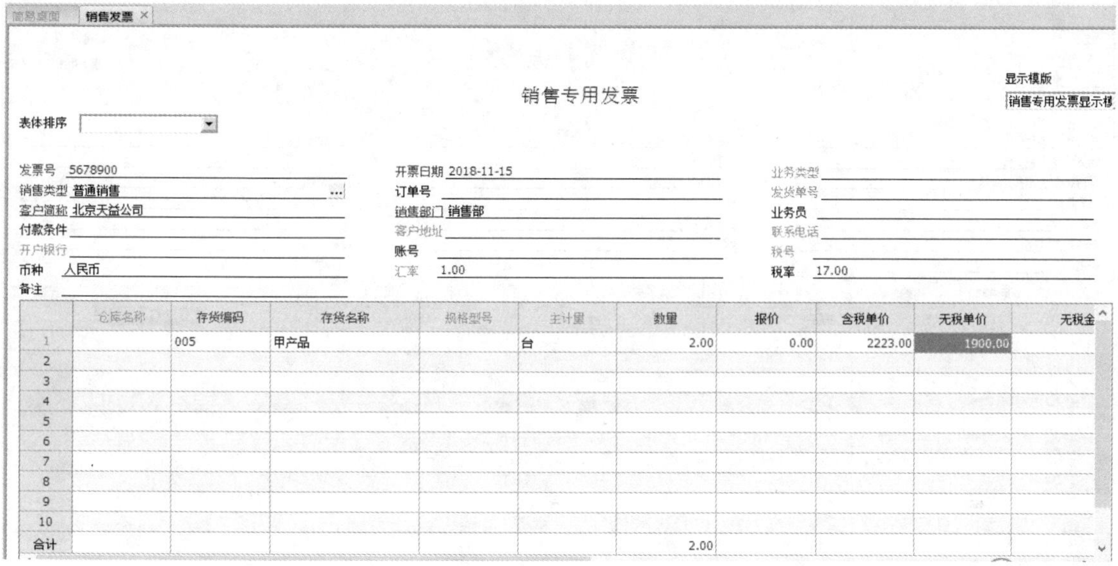

图 6.3.5　销售专用发票

（8）单击"保存"按钮，再单击"增加"按钮，继续录入第2笔业务的销售专用发票。

提示：

1）销售发票和应收单是应收款管理系统日常核算的单据。如果应收款系统与销售系统集成使用，销售发票和代垫费用在销售管理系统中录入，在应收系统中可以对这些单据进行查询、核销及制单等操作。此时应收系统需要录入的只限于应收单。

2）如果没有使用销售系统，则所有发票和应收单均需在应收系统中录入。

3）在不启用供应链的情况下，在应收款系统中只能对销售业务的资金流进行会计核算，即可以进行应收款、已收款以及收入实现情况的核算，而其物流的核算，即存贷出货成本的核算还需在总账系统中手工进行结转。

4）已审核的单据不能修改或删除，已生成凭证或进行过核销的单据在单据界面不再显示。

5）在录入销售发票后可以直接进行审核，在直接审核后系统会提示"是否立即制单"，此时可以直接制单。如果录入销售发票后不直接审核，可以使用审核功能审核，再使用制单功能制单。

6）已审核的单据在未进行其他处理之前，可以取消审核后修改。

2. 填制第3笔业务的销售专用发票

操作步骤如下。

（1）在应收款管理系统中，执行"应收单据处理""应收单据录入"命令，打开"单据类别"窗口。

（2）单击"确认"按钮，打开"销售专用发票"窗口。

（3）单击"增加"按钮，修改开票日期，录入发票号"5678901"，在客户简称栏录入"03"，或单击客户名称栏参照按钮，选择"上海邦立公司"，在税率栏录入"17"，在销售部门栏录入"302"，或单击部门栏参照按钮选择"销售部"，单击销售类别栏参照按钮，选择"普通销售"，在存货编码栏录入"006"，或单击货物名称栏参照按钮，选择"乙产品"，在数量栏录入"2"，在无税单价栏录入"510"，如图6.3.6所示。

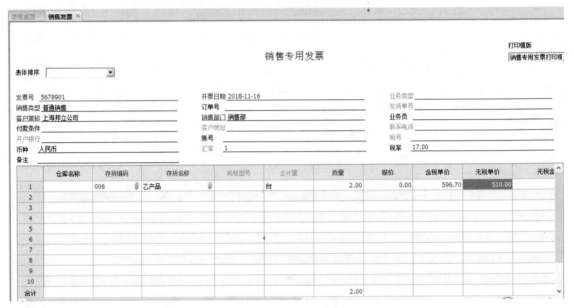

图 6.3.6　销售专用发票

（4）单击"保存"按钮，再单击"退出"按钮。

3. 填制第 3 笔业务的应收单

操作步骤如下。

（1）在应收款管理系统中，执行"应收单据处理""应收单据录入"命令，打开"单据类别"窗口。单击"单据名称"栏下三角按钮，选择"应收单"，如图6.3.7所示。

图 6.3.7　单据类别

（2）单击"确定"按钮，打开"应收单"窗口。单击"增加"按钮，修改单据日期，在客户名称栏录入“03”，或单击客户名称栏参照按钮，选择“上海邦立公司”，在科目栏录入“1131”，或单击科目栏参照按钮，选择“1131 应收账款”，在金额栏录入“120”，在部门栏录入“302”，或单击部门栏参照按钮，选择“销售部”，在摘要栏录入“代垫运费”，在下半部分的对应科目栏录入“100201”，或单击科目栏参照按钮，选择“100201 工行存款”，如图 6.3.8 所示。

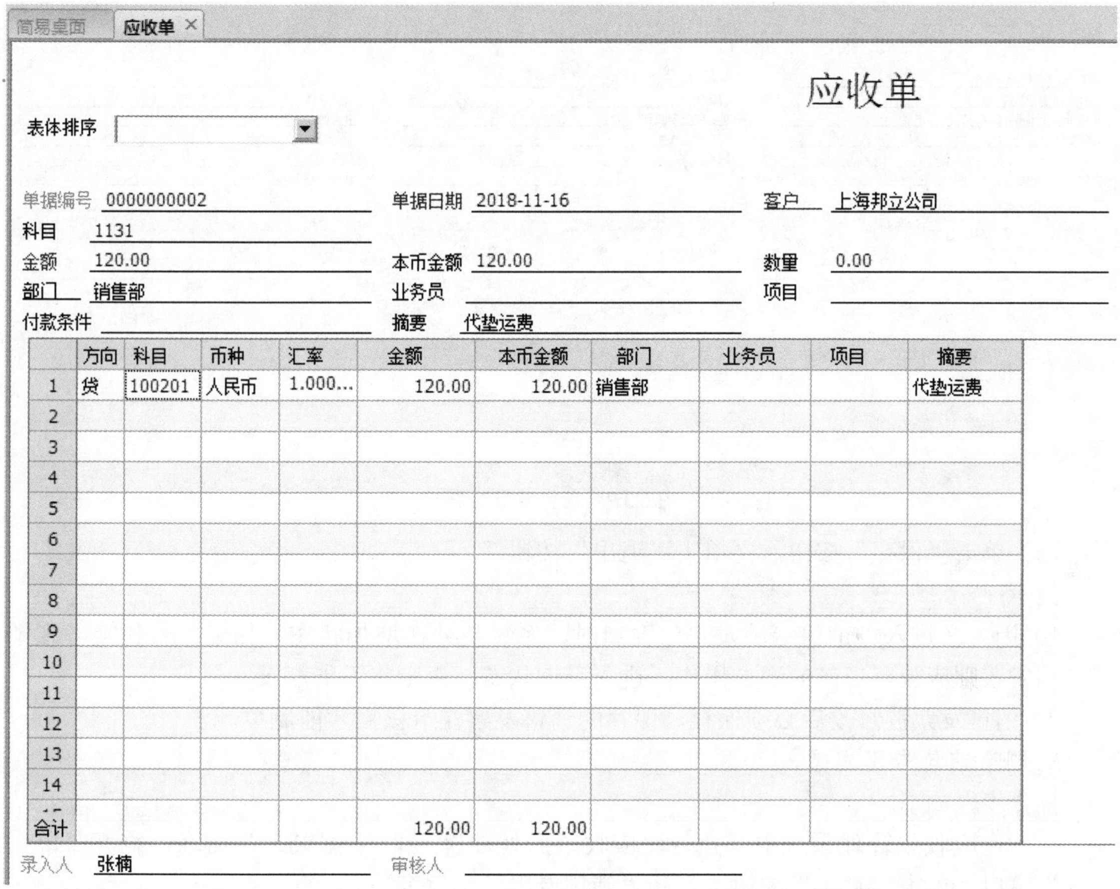
简易桌面 应收单

应收单

表体排序

单据编号 0000000002　单据日期 2018-11-16　客户 上海邦立公司
科目 1131
金额 120.00　本币金额 120.00　数量 0.00
部门 销售部　业务员　项目
付款条件　摘要 代垫运费

	方向	科目	币种	汇率	金额	本币金额	部门	业务员	项目	摘要
1	贷	100201	人民币	1.000...	120.00	120.00	销售部			代垫运费
2										
3										
4										
5										
6										
7										
8										
9										
10										
11										
12										
13										
14										
合计					120.00	120.00				

录入人 张楠　审核人

图 6.3.8 应收单

（3）单击“保存”按钮，再单击“退出”按钮。继续录入第 4 笔业务的销售专用发票及其他应收单。

提示：

1）在填制应收单时，只需上半部分的内容，下半部分的内容除对方科目外均由系统自动生成。下半部分的对方科目如果不能录入，可以在生成凭证后再手工录入。

2）应收单和销售发票一样可以在保存后直接审核，也可以在审核功能中审核。如果直接审核系统会问是否制单，如果在审核功能中审核，则只能到制单功能中制单。

3）如果同时使用销售系统，在应收款系统中只能录入应收单而不能录入销售发票。

4. 修改销售专用发票

操作步骤如下。

（1）在应收款管理系统中，执行“应收单据处理”“应收单据录入”命令，打开“单据类别"窗口。单击"确认"按钮,打开"销售专用发票"窗口。

(2)单击"增加"按钮,再单击"放弃"按钮,单击"上张"按钮,找到"5678901"号销售专用发票。单击"修改"按钮,将无税单价修改为"512",如图 6.3.9 所示。

图 6.3.9 销售专用发票

(3)单击"保存"按钮,再单击"退出"按钮。

提示:

1)因为在进入"销售专用发票"窗口时,系统是处在增加状态,如果想查找某一张销售专用发票则应放弃当前的增加操作,进入查询状态,否则将不能翻页。

2)销售发票被修改后必须保存,保存的销售发票在审核后才能制单。

5. 删除销售专用发票

操作步骤如下。

(1)在应收款管理系统中,执行"应收单据处理""应收单据录入"命令,打开"单据类别"窗口。单击"确认"按钮,打开"销售专用发票"窗口。

(2)单击"增加"按钮,再单击"放弃"按钮,单击"上张"按钮,找到"5678900"号销售专用发票。单击"删除"按钮,系统提示"单据删除后不能恢复,是否继续?",如图 6.3.10 所示。

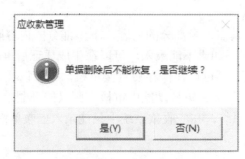

图 6.3.10 应收款管理

（3）单击"是"按钮，再单击"退出"按钮。

6. 审核应收单据

操作步骤如下。

（1）在应收款管理系统中，执行"应收单据处理""应收单据审核"命令，打开"应收单查询条件"窗口，如图6.3.11所示。

图6.3.11 应收单查询条件

（2）单击"确定"按钮，打开"应收单据列表"窗口。

（3）在"应收单据列表"窗口中，单击"全选"按钮，如图6.3.12所示。

选择	审核人	单据日期	单据类型	单据号	客户名称	部门	业务员	制单人	币种	汇率	原币金额
Y		2018-11-15	销售专…	5678988	伟达公司	销售部		张楠	人民币	1.00000000	11,583.00
Y		2018-11-16	其他应收单	0000000002	上海邦立公司	销售部		张楠	人民币	1.00000000	120.00
Y		2018-11-16	其他应收单	0000000003	北京天益公司	销售部		张楠	人民币	1.00000000	120.00
Y		2018-11-16	销售专…	5678901	上海邦立公司	销售部		张楠	人民币	1.00000000	1,198.08
Y		2018-11-16	销售专…	5678902	北京天益公司	销售部		张楠	人民币	1.00000000	608.40
合计											13,629.48

图6.3.12 应收单据列表

（4）单击"审核"按钮，系统提示"本次审核成功单据5张"，如图6.3.13所示。

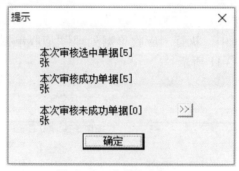

图6.3.13　审核成功提示

（5）单击"确定"按钮，再单击"退出"按钮。

7. 制单

操作步骤如下。

（1）在应收款管理系统中，执行"制单处理"命令，打开"制单查询"窗口。

（2）在"制单查询"窗口中，单击"应收单制单"，如图6.3.14所示。

图6.3.14　制单查询

（3）单击"确定"按钮，打开"应收制单"窗口，单击"全选"按钮，单击凭证类别栏下三角按钮，选择"转账凭证"，如图6.3.15所示。

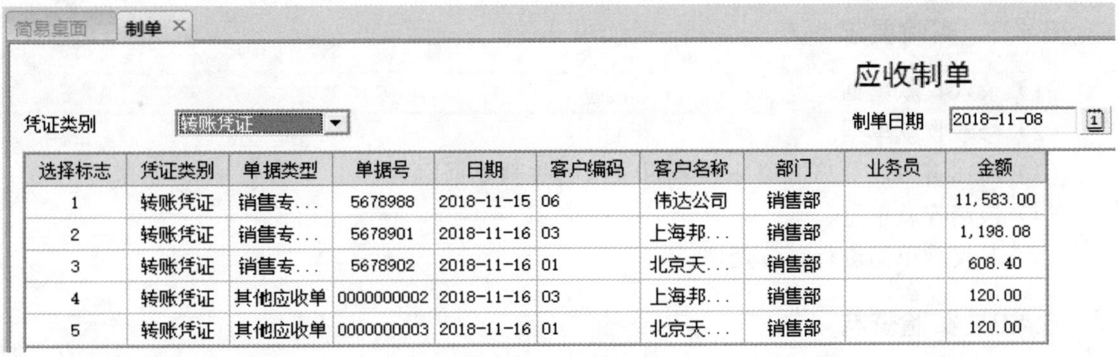

第6章 应收款管理系统

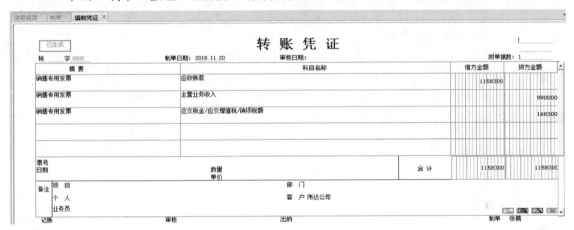

图 6.3.15 应收制单

（4）单击"制单"按钮，生成第 1 张转账凭证，单击"保存"按钮，如图 6.3.16 所示。

图 6.3.16 应收转账凭证生成

（5）单击"下张"按钮，再单击"保存"按钮。

提示：

1）在"制单查询"窗口中，系统已默认制单的内容为"发票制单"，如果需要选中其他内容制单，可以选中要制单内容前的复选框。

2）如果所选择的凭证类型错误，可以在生成凭证后再修改。

3）在以上例子中，由应收单所生成的凭证，其贷方是"现金"或"银行存款"，则应修改凭证类别为"付款凭证"，否则系统将不予保存。

4）如果一次生成了多张记账凭证，可以在保存了一张凭证后再打开其他的凭证，直到全部保存为止，未保存的凭证视同于放弃本次凭证生成的操作。

5）只有在凭证保存后才能传递到总账系统，再在总账系统中进行审核和记账等。

6.4 实验三：收款单据处理

6.4.1 实验目的

学习应收款系统日常业务处理的主要内容和操作方法。要求掌握应收款系统与总账系统组合时，应收款系统的基本功能和操作方法。

6.4.2 实验要求

（1）录入收款单据。
（2）修改收款单据。
（3）2018年11月25日，审核本月录入的收款单据。
（4）核销收款单据。
（5）对收款单据进行账务处理。

6.4.3 实验资料

（1）2018年11月22日，收到银行通知，收到"上海邦立公司"，以信汇方式支付购买"乙产品"两台，货税款及代垫运费款1 318.08元。

（2）2018年11月22日，收到"北京天益公司"交来转账支票一张，支付销售"乙产品"一台的货税款及代垫费用款668.4元。

（3）2018年11月23日，发现2018年11月22日所填制的收到"上海邦立公司"销售"乙产品"两台的货税款1 318.08元应为1 500元，核销时按"1 318.08"核销。

（4）2018年11月23日，发现2018年11月22日所填制的手到"北京天益公司"交来转账支票款668.4元有误，删除该张收款单。

6.4.4 实验指导

1. 填制收款单

操作步骤如下。

（1）在应收款管理系统中，执行"收款单据处理""收款单据录入"命令，打开"收款单"窗口。

（2）单击"增加"按钮，修改开票日期，在客户栏录入"03"，或单击客户栏参照按钮，选择"上海邦立公司"，在结算方式栏录入"4"，或单击"结算方式栏参照"按钮，选择"银行汇票结算"，在金额栏录入"1 318.08"，在部门栏录入"302"，或单击部门栏"参照"按钮，选择"销售部"，在摘要栏录入"收到货款及运费"，如图6.4.1所示。

图6.4.1 收款单-填制收款单

(3) 单击"保存"按钮,再单击"增加"按钮,继续录入第 2 张收款单。

提示:

1) 在单击收款单的"保存"按钮后,系统会自动生成收款单表体的内容。

2) 表体中的款项类型系统默认为"应收款",可以修改。款项类型还包括"预收款"和"其他费用"。

3) 若一张收款单中,表头客户与表体客户不同,则视表体客户的款项为代付款。

4) 在填制收款单后,可以直接单击"核销"按钮进行单据核销的操作。

5) 如果是退款给客户则可以单击"切换"按钮,填制红字收款单。

2. 修改收款单

操作步骤如下。

(1) 在应收款管理系统中,执行"收款单据处理""收款单据录入"命令,打开"收款单"窗口。

(2) 单击"下张"按钮,找到要修改的收款单,在要修改的收款单中,单击"修改"按钮,将金额修改为"1 500",如图 6.4.2 所示。

图 6.4.2　收款单 – 修改收款单

(3) 单击"保存"按钮,再单击"退出"按钮。

3. 删除收款单

操作步骤如下。

(1) 在应收款管理系统中,执行"收款单据处理""收款单据录入"命令,打开"收款单"窗口。

(2) 单击"下张"按钮,找到要删除的收款单,如图 6.4.3 所示。

(3) 单击"删除"按钮,系统提示"单据删除后不能恢复,是否继续?",如图 6.4.4 所示。

(4) 单击"是"按钮。

图 6.4.3　收款单-删除收款单

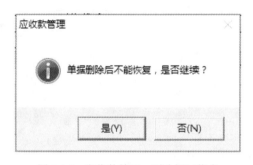

图 6.4.4　应收款管理-删除提示信息

4. 审核收款单

操作步骤如下。

（1）在应收款管理系统中，执行"收款单据处理""收款单据审核"命令，打开"收款单查询条件"窗口，如图 6.4.5 所示。

（2）单击"确定"按钮，打开"收付款单列表"窗口。

（3）在"收付款单列表"窗口中，单击"全选"按钮，如图 6.4.6 所示。

（4）单击"审核"按钮，系统提示"本次审核成功单据 1 张"，如图 6.4.7 所示。

（5）单击"确定"按钮，再单击"退出"按钮。

收款单查询条件
客户
部门
业务员
款项类型
制单人
修改人
币种
结算方式
项目大类
合同类型
来源
单据编号
单据日期
2018-11-1
审核日期
银行账号
票据号
原币金额
本币金额
结算科目
项目
合同号
合同执行单
订单号
发(销)货单
未审核
已审核
收款单
付款单
未制单
已制单
批审
确定
取消

图 6.4.5　收款单查询条件

简易桌面
收付款单列表
收付款单列表
选择
审核人
单据日期
单据类型
单据编号
客户名称
部门
业务员
结算方式
票据号
币种
汇率
原币金额
Y
2018-11-22
收款单
0000000002
上海邦立公司
销售部
银行汇...
人民币
1.00000000
1,500
合计
1,500

图 6.3.6　收付款单列表

提示
本次审核选中单据[1]张
本次审核成功单据[1]张
本次审核未成功单据[0]张
确定

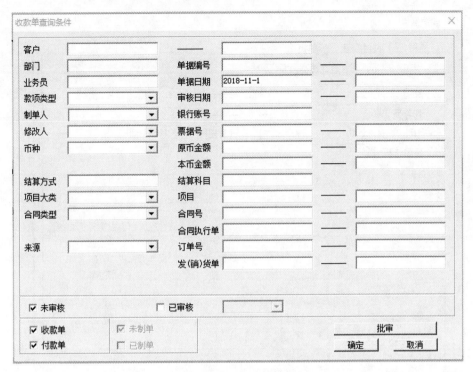

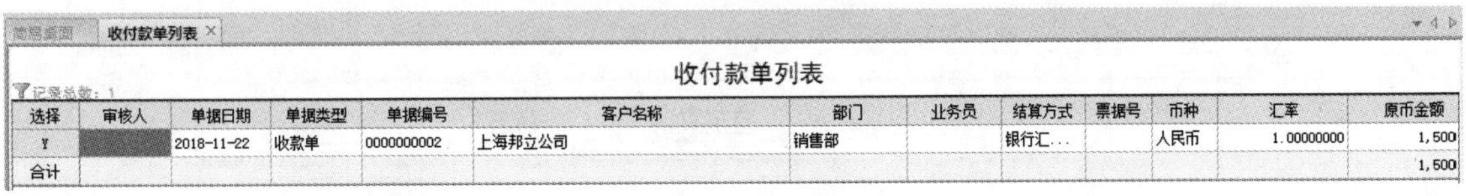

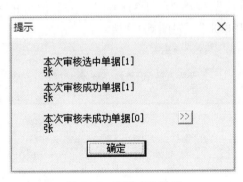

图 6.4.7　审核成功提示

5. 核销收款单

操作步骤如下。

（1）在应收款管理系统中，执行“核销处理”“手工核销”命令，打开“核销条件”窗口。

（2）在“核销条件”窗口中，在客户栏录入“03”，或单击客户栏参照按钮，选择“上海邦立公司”，如图 6.4.8 所示。

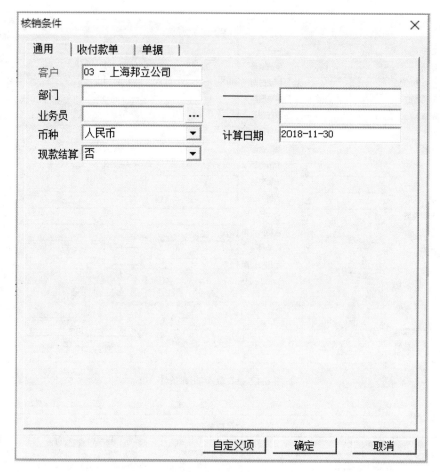

图 6.4.8　核销条件

（3）单击"确定"按钮，打开"单据核销"窗口，在"单据核销"窗口中，将上半部分的本次结算金额栏的数据修改为"1 318.08"，在下部分的本次结算栏的第 1 行录入"120"，在第二行录入"1 198.08"，如图 6.4.9 所示。

图 6.4.9　应收款管理 – 单据核销

（4）单击"保存"按钮，再单击"退出"按钮。

提示：

1）在保存核销内容后，单据核销窗口中将不再显示已被核销的内容。

2）结算单列表显示的是款项类型为应收款和预收款的记录，而款项类型为其他费用的记录不允许在此作为核销记录。

3）核销时，结算单列表中款项类型为应收单的缺省的本次结算金额为该记录的原币金额，款项类型为预收的记录其缺省的本次结算金额为空。核销时可以修改本次结算金额，但是不能大于该记录的原币金额。

4）在结算单列表中，单击"分摊"按钮，系统将当前结算单列表中的本次结算金额合计自动分摊到被核销单据列表的本次结算栏中，核销顺序依据被核销单据的排序顺序。

5）手工核销时，一次只能显示一个客户的单据记录，且结算单列表根据表体记录明细显示。当结算单有代付处理时，只显示当前所选客户的记录。若需要对待付款进行处理，只需要在过滤条件中输入该代付单位，进行核销。

6）一次只能对一种结算单类型进行核销，即手工核销的情况下需要将收款单和付款单分开核销。

7）手工核销保存时，若结算单列表的本次结算金额大于或小于被核销单据列表的本次结算金额合计，系统将提示结算金额不相等，不能保存。

8）若发票中同时存在红蓝记录，则核销时先进行单据的内部对冲。

9）如果核销后未进行其他处理，可以在期末处理的"取消操作"功能中取消核销操作。

6．制单

操作步骤如下。

（1）在应收款管理系统中，执行"制单处理"命令，打开"制单查询"窗口。

（2）在"制单查询"窗口中，单击"收付款单制单"，如图 6.4.10 所示。

图 6.4.10　制单查询

（3）单击"确定"按钮，打开"应收制单"窗口，单击"全选"按钮，如图 6.4.11 所示。

图 6.4.11 应收制单

（4）单击"制单"按钮，生成记账凭证，单击"保存"按钮，如图 6.4.12 所示。

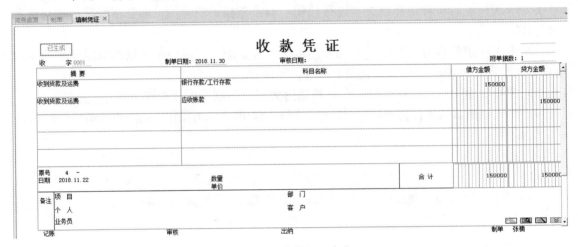

图 6.4.12 收款凭证生成

（5）单击"退出"按钮。

提示：

1）如果在"单据查询"窗口中，在选中"结算单制单"后，再去掉"发票制单"的选项，则会打开"结算制单"窗口。如果并不去掉"发票制单"选项，虽然制单窗口显示的是"发票制单"，但两种待制单的单据都会显示出来。

2）在制单功能中还可以根据需要进行合并制单。

6.5 实验四：票据处理

6.5.1 实验目的

学习应收款系统日常业务处理的主要内容和操作方法。要求掌握应收款系统与总账系统组合时，应收款系统的基本功能和操作方法。

6.5.2 实验要求

（1）增加结算方式。
（2）填制商业承兑汇票，暂不制单。
（3）商业承兑汇票贴现并制单。
（4）结算商业承兑汇票并制单。

（5）制单。

6.5.3 实验资料

（1）新增结算方式"商业承兑汇票"和"银行承兑汇票"。

（2）2018年11月2日，收到北京天益公司签发并承兑的商业承兑汇票一张（NO.345612），面值为7 020元，到期日为2019年1月2日。

（3）2018年11月3日，收到明兴公司签发并承兑的商业承兑汇票一张（NO.367809），面值为7 020元，到期日为2018年11月23日。

（4）2018年11月31日，将2018年11月2日，收到的北京天益公司签发并承兑的商业承兑汇票（NO.345612）到银行贴现，贴现率为6%。

（5）2018年11月23日，将2018年11月3日收到的明兴公司签发并承兑的商业承兑汇票（NO.367809）结算。

6.5.4 实验指导

1. 增加结算方式

操作步骤如下。

（1）在企业应用平台中，执行"基础设置""基础档案""收付结算""结算方式"命令，打开"结算方式"窗口。

（2）单击"增加"按钮，在结算方式编码栏录入"5"，在结算方式名称栏录入"商业承兑汇票"，单击"保存"按钮，在结算方式编码录入"6"，在结算方式名称栏录入"银行承兑汇票"，单击"保存"按钮，如图6.5.1所示。

图6.5.1 增加结算方式

（3）单击"退出"按钮。

2. 填制商业承兑汇票

操作步骤如下。

（1）在应收款管理系统中，执行"票据管理"命令，打开"票据查询"窗口，如图6.5.2所示。

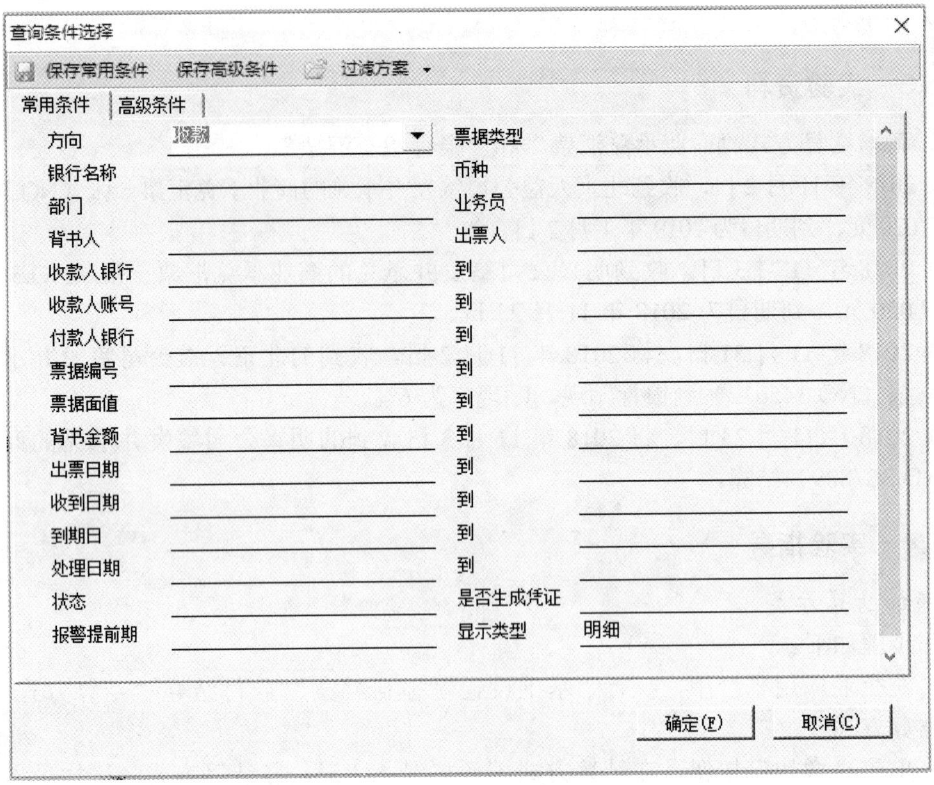

图 6.5.2 查询条件选择

(2) 单击"确定"按钮,打开"票据管理"窗口,单击"增加"按钮,打开"票据增加"窗口,修改收到日期、出票日期和到期日,单击票据类型栏下三角按钮,选择"商业承兑汇票",单击结算方式栏下三角按钮,选择"商业承兑汇票",在票据编号栏录入"345612",在出票人栏录入"01",或单击出票人栏参照按钮,选择"北京天益公司",在金额栏录入"7 020",在票据摘要栏录入"收到商业承兑汇票",如图 6.5.3 所示。

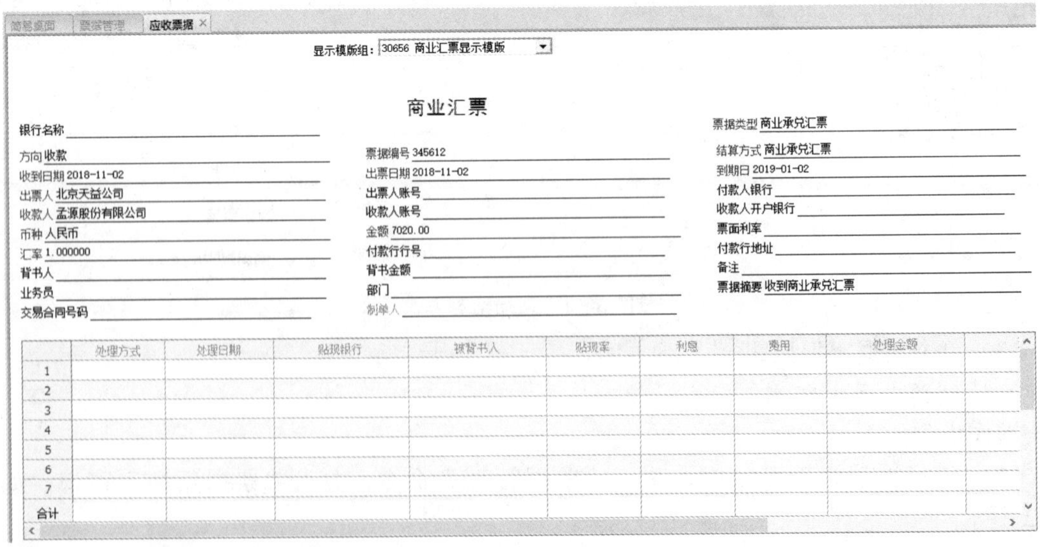

图 6.5.3 填制商业承兑汇票

（3）单击“保存”按钮，再单击“增加”按钮，依此方法继续录入第 2 张商业承兑汇票。

提示：

1）应在“300–6–3”账套中增加“商业承兑汇票”和“银行承兑汇票”两种结算方式。也就是说，在实际工作中可以根据需要随时增加需要的结算方式。

2）保存一张商业票据之后，系统会自动生成一张收款单。这张收款单还需经过审核之后才能生成记账凭证。

3）由票据生成的收款单不能修改。

4）在票据管理功能中，可以对商业承兑汇票和银行承兑汇票进行日常业务处理，包括票据的收入、结算、贴现、背书、转出和计息等。

5）商业承兑汇票不能有承兑银行，银行承兑汇票必须有承兑银行。

3. 商业承兑汇票贴现

操作步骤如下。

（1）在应收款管理系统中，执行“票据管理”命令，打开“票据查询”窗口，单击“确定”按钮，打开“票据管理”窗口。

（2）在“票据管理”窗口中，单击选中 2018 年 11 月 2 日填制的商业承兑汇票，如图 6.5.4 所示。

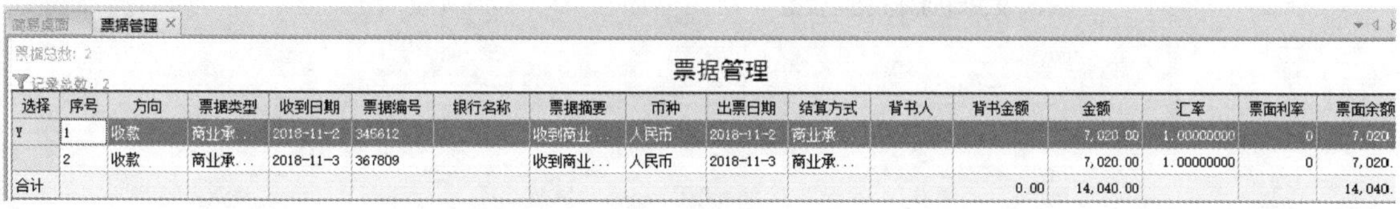
票据管理

票据总数：2

记录总数：2

选择	序号	方向	票据类型	收到日期	票据编号	银行名称	票据摘要	币种	出票日期	结算方式	背书人	背书金额	金额	汇率	票面利率	票面余额
Y	1	收款	商业承...	2018-11-2	345612		收到商业...	人民币	2018-11-2	商业承...			7,020.00	1.00000000	0	7,020.
	2	收款	商业承...	2018-11-3	367809		收到商业...	人民币	2018-11-3	商业承...			7,020.00	1.00000000	0	7,020.
合计												0.00	14,040.00			14,040.

图 6.5.4　票据管理

（3）单击“贴现”按扭，打开“票据贴现”窗口。在“票据贴现”窗口中，在贴现率栏录入“6”，在结算科目栏录入“100201”，或单击结算科目栏参照按钮，选择“100201 工行存款”，如图 6.5.5 所示。

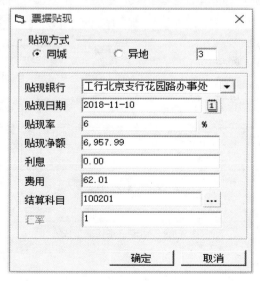

图 6.5.5　票据贴现

（4）单击"确定"按钮，出现"是否立即制单"提示，如图 6.5.6 所示。

图 6.5.6　应收制单提示

（5）单击"是"按钮，生成贴现的记账凭证，在第三行科目栏选择"应收票据"，弹出"辅助项"窗口，如图 6.5.7 所示。

图 6.5.7　应收票据辅助项

（6）单击"确定"按钮，单击"保存"按钮，如图 6.5.8 所示。

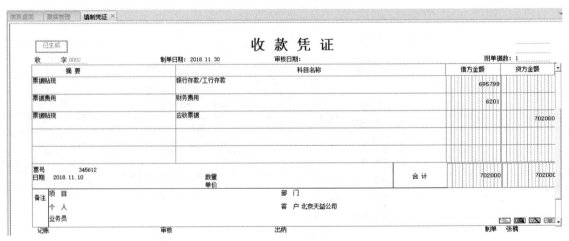

图 6.5.8　贴现记账凭证生成

（7）单击"退出"按钮。

提示:

1) 如果贴现净额大于余额,系统自动将其差额作为利息,不能修改;如果提现金额小于票据余额,系统自动将其差额作为费用,不能修改。

2) 票据贴现后,将不能对其进行其他处理。

4. 商业承兑汇票结算

操作步骤如下。

(1) 在应收款管理系统中,执行"票据管理"命令,打开"票据查询"窗口,单击"确定"按钮,打开"票据管理"窗口。

(2) 单击选中2018年11月3日填制的收到明兴公司签发并承兑的商业承兑汇票(NO.367809)。单击"结算"按钮,修改结算日期,打开"票据结算"窗口。

(3) 录入结算金额"7 020",在结算科目栏录入"100201",或单击结算科目栏参照按钮,选择"100201 工行存款",如图6.5.9所示。

图6.5.9 票据结算

(4) 单击"确定"按钮,出现"是否立即制单?"提示,单击"是"按钮,生成结算的记账凭证,在第二行科目栏选择"应收票据",弹出"辅助项"窗口,单击"确定"按钮,单击"保存"按钮,如图6.5.10所示。

图6.5.10 票据结算记账凭证生成

（5）单击"退出"按钮。

提示：

1）当票据到期持票收款时，执行票据结算处理。

2）进行票据结算时，结算金额应是通过结算实际收到的金额。

3）结算金额减去利息加上费用的金额要小于或等于票据余额。

4）票据结算后，不能再进行其他与票据相关的处理。

5. 审核收款单

操作步骤如下。

（1）在应收款管理系统中，执行"收款单据处理""收款单据审核"命令，打开"收款单查询条件"窗口，如图 6.5.11 所示。

图 6.5.11　收款单查询条件

（2）在"收款单查询条件"窗口中，单击"确定"按钮，打开"收付款单列表"窗口。点击"全选"按钮，再单击"审核"按钮，出现"本次审核成功单据 2 张"提示，如图 6.5.12 所示。

（3）单击"确定"按钮，在审核人栏出现了审核人的签字，单击"退出"按钮。

提示：在票据保存后由系统自动生成了一张收款单，这张收款单应在审核后再生成记账凭证，才完成了应收账款转为应收票据的核算过程。

第6章 应收款管理系统

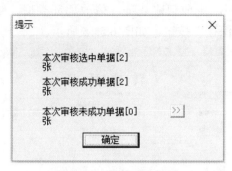

图 6.5.12 审核成功提示

6. 制单

操作步骤如下。

（1）在应收款管理系统中，执行"制单处理"命令，打开"制单查询"窗口。

（2）在"制单查询"窗口中，单击"收付款单制单"，如图 6.5.13 所示。

图 6.5.13 制单查询

（3）单击"确定"按钮，打开"应收制单"窗口，单击"全选"按钮，如图 6.5.14 所示。

图 6.5.14 应收制单

（4）单击"制单"按钮，生成记账凭证，修改凭证类型、制单日期，在第一行科目栏选择"应收票据"，单击"保存"按钮，如图6.5.15所示。

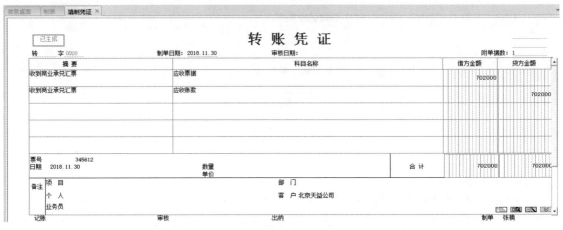

图 6.5.15 转账凭证生成

（5）单击"下张"按钮，依此方法生成第2张记账凭证，再单击"保存"按钮。

6.6 实验五：转账处理

6.6.1 实验目的

学习应收款系统日常业务处理的主要内容和操作方法。要求掌握应收款系统与总账系统组合时，应收款系统的基本功能和操作方法。

6.6.2 实验要求

（1）应收冲应收暂不制单。
（2）预收冲应收暂不制单。
（3）红票对冲并制单。
（4）制单。

6.6.3 实验资料

（1）2018年11月31日，经三方同意将11月16日形成的应向"北京天益公司"收取货税款及代垫费用款728.4元转为向明兴公司的应收账款。

（2）2018年11月31日，经双方同意，将伟达公司2018年11月22日购买"甲产品"5台的货税款11 583元用预收款冲抵。

（3）2018年11月31日，经双方同意，将期初余额中应向明兴公司收取的运费500元用红票冲抵。

6.6.4 实验指导

1. 将应收账款冲抵应收账款

操作步骤如下。

(1) 在应收款管理系统中，执行"转账""应收冲应收"命令，打开"应收冲应收"窗口。

(2) 在"应收冲应收"窗口中，在转出客户栏录入"01"，或单击转出客户栏参照按钮，选择"北京天益公司"，再在转入客户栏录入"04"，或单击转入客户栏参照按钮，选择"明兴公司"。单击"查询"按钮，系统列出转出户"北京天益公司"未核销的应收款，在2018–11–16销售专用发票的"并账金额"处输入"608.4"，在2018–11–16其他应收单的"并账金额"处输入"120"，如图6.6.1所示。

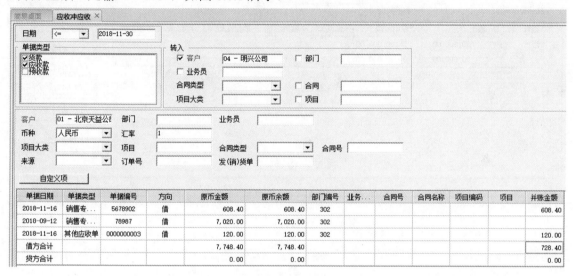

图6.6.1　应收冲应收

(3) 单击"保存"按钮，出现"是否立即制单？"提示，单击"否"按钮，再单击"退出"按钮。

提示：

1) 每一笔应收款的转账金额不能大于其余额。

2) 每次只能选择一个转入单位。

2. 将预收账款冲抵应收账款

操作步骤如下。

(1) 在应收款管理系统中，执行"转账""预收冲应收"命令，打开"预收冲应收"窗口。

(2) 在"预收冲应收"窗口中，在客户栏录入"06"，或单击客户栏参照按钮，选择"伟达公司"，单击"过滤"按钮，系统列出该客户的预收款，在转账金额栏录入"11 583"，如图6.6.2所示。

(3) 单击"应收款"选项卡，单击"过滤"按钮，系统列出该客户的应收款，在2018–11–15销售专用发票一行转账金额栏输入"11 583"，如图6.6.3所示。

(4) 单击"确定"按钮，系统弹出提示"是否立即制单？"，单击"否"按钮，再单击"取消"按钮。

提示：

1) 可以在输入转账总金额后单击"自动转账"按钮，系统自动根据过滤条件进行成批的预收冲抵应收款工作。

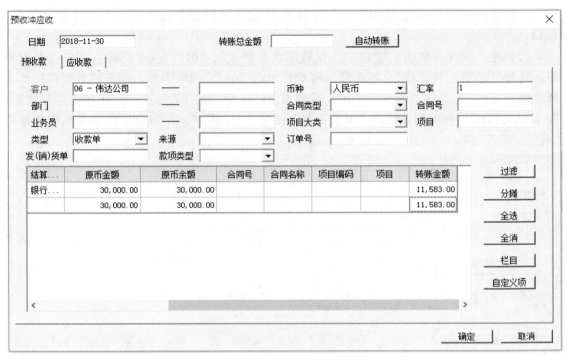

图 6.6.2 预收冲应收 – 预收款

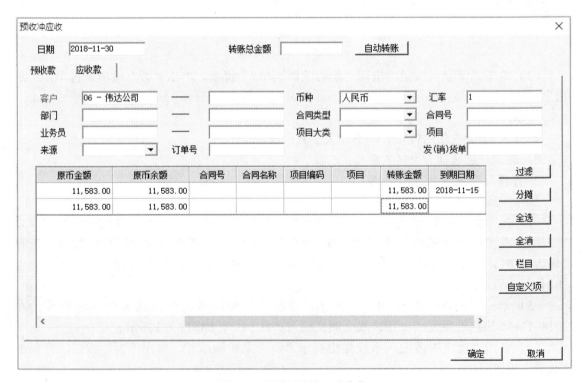

图 6.6.3 预收冲应收 – 应收款

2) 每一笔应收款的转账金额不能大于其余额。
3) 应收款的转账金额合计应该等于预收款的转账金额合计。

4）如果是红字预收款和红字应收单进行冲销，要把过滤条件中的类型选为"付款单"。

3. 填制红字应收单并制单

操作步骤如下。

（1）在应收款管理系统中，执行"应收单据处理""应收单据录入"命令，打开"单据类别"窗口。单击"单据名称"栏下三角按钮，选择"应收单"，单击"方向"栏下三角按钮，选择"负向"，如图6.6.4所示。

图 6.6.4 单据类别

（2）单击"确定"按钮，打开红字"应收单"窗口。单击"增加"按钮，修改单据日期，在客户栏录入"04"，或单击客户栏"参照"按钮，选择"明兴公司"，在科目栏录入"1131"，或单击科目栏"参照"按钮，选择"1131 应收账款"，在金额栏录入"500"，如图6.6.5所示。

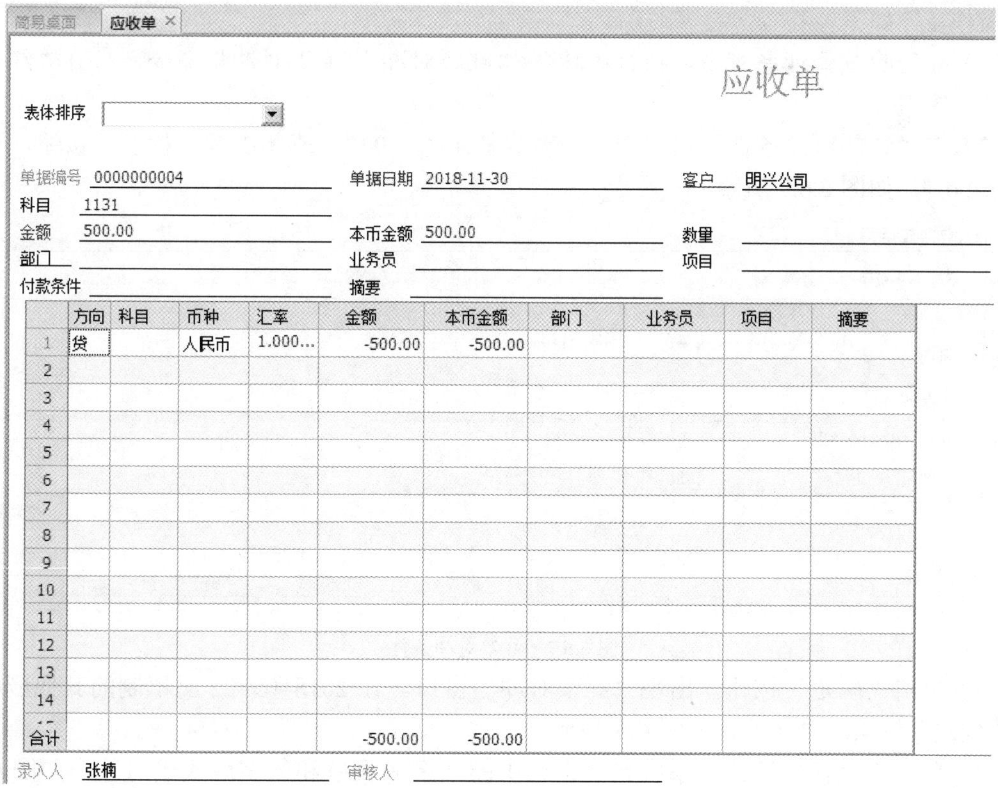

图 6.6.5 红字应收单

(3) 单击"保存"按钮，再单击"审核"按钮，系统弹出提示"是否立即制单？"，单击"是"按钮，生成红字凭证。

(4) 在红字凭证的第二行科目名称栏录入"100201"，或单击科目栏参照按钮，选择"100201 工行存款"，选择结算方式"银行汇票结算"，单击"保存"按钮，如图6.6.6所示。

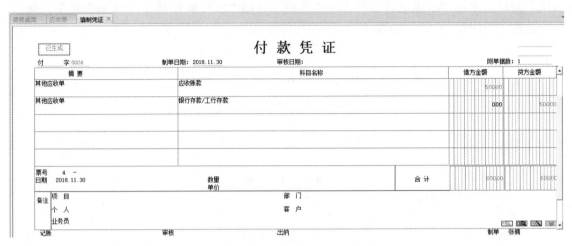

图 6.6.6　红字付款凭证生成

(5) 单击"退出"按钮。

4. 红票对冲

操作步骤如下。

(1) 在应收款管理系统中，执行"转账""红票对冲""手工对冲"命令，打开"红票对冲条件"窗口。

(2) 在"红票对冲条件"窗口中，在客户栏录入"04"，或单击客户栏参照按钮，选择"明兴公司"，如图6.6.7所示。

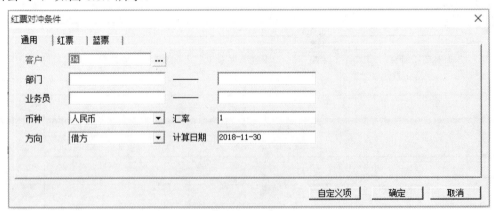

图 6.6.7　红票对冲条件

(3) 单击"确定"按钮，出现"红票对冲"窗口。在2018-09-22所填制的其他应收单"对冲金额"栏录入"500"，如图6.6.8所示。

(4) 单击"保存"按钮，系统自动将选中的红字应收单和蓝字应收单对冲，如图6.6.9所示。

单据日期	单据类型	单据编号	客户	币种	原币金额	原币余额	对冲金额	部门	业务员	合同名称
2018-11-30	其他应收单	0000000004	明兴公司	人民币	500.00	500.00	500.00			
合计					500.00	500.00	500.00			

单据日期	单据类型	单据编号	客户	币种	原币金额	原币余额	对冲金额	部门	业务员	合同名称
2018-11-16	销售专...	5678902	明兴公司	人民币	608.40	608.40		销售部		
2018-09-18	销售专...	78988	明兴公司	人民币	7,020.00	7,020.00		销售部		
2018-09-22	其他应收单	0000000001	明兴公司	人民币	500.00	500.00	500.00	销售部		
2018-11-16	其他应收单	0000000003	明兴公司	人民币	120.00	120.00		销售部		
合计					8,248.40	8,248.40	500.00			

图 6.6.8 红票对冲

单据日期	单据类型	单据编号	客户	币种	原币金额	原币余额	对冲金额	部门	业务员	合同名称
合计										

单据日期	单据类型	单据编号	客户	币种	原币金额	原币余额	对冲金额	部门	业务员	合同名称
2018-11-16	销售专...	5678902	明兴公司	人民币	608.40	608.40		销售部		
2018-09-18	销售专...	78988	明兴公司	人民币	7,020.00	7,020.00		销售部		
2018-11-16	其他应收单	0000000003	明兴公司	人民币	120.00	120.00		销售部		
合计					7,748.40	7,748.40				

图 6.6.9 红票对冲完成

（5）单击"退出"按钮，退出。

提示：

1）红票对冲可以实现客户的红字应收单据与其蓝字应收单据、收款单与付款单之间进行冲抵的操作，可以自动对冲或手工对冲。

2）自动对冲可以同时对多个客户依据对冲原则进行红票对冲，提高红票对冲的效率。

3）手工对冲只能对一个客户进行红票对冲，可以自行选择红票对冲的单据，提高红票对冲的灵活性。

5. 制单

操作步骤如下。

（1）在应收款管理系统中，执行"制单处理"命令，打开"制单查询"窗口。

分别单击选中"应收冲应收制单"和"预收冲应收制单"，如图 6.6.10 所示。

（2）单击"确定"按钮，打开"应收制单"窗口，单击"全选"按钮，再单击凭证类别栏参照按钮，选择"转账凭证"，如图 6.6.11 所示。

（3）单击"制单"按钮，出现第 1 张记账凭证，单击"保存"按钮，保存第 1 张记账凭证。单击"下张"按钮，单击"保存"按钮，保存第 2 张记账凭证，如图 6.6.12 所示。

（4）单击"退出"按钮。

图 6.6.10 制单查询

图 6.6.11 应收制单

图 6.6.12 转账凭证生成

6.7 实验六：坏账处理与单据查询

6.7.1 实验目的

学习应收款系统日常业务处理的主要内容和操作方法。要求掌握应收款系统与总账系统组合时，应收款系统的基本功能和操作方法。

6.7.2 实验要求

（1）处理坏账发生业务并制单。
（2）处理坏账收回业务并制单。
（3）查询发票。
（4）查询结算单。
（5）查询并删除凭证。

6.7.3 实验资料

（1）2018年11月24日，将11月16日形成的应向明兴公司收取的应收账款728.4元（其中货款608.4元，代垫费用120元）转为坏账。

（2）2018年11月31日，收到银行通知（电汇），收回已作为坏账处理的应向明兴公司收取的应收账款668.4元。

6.7.4 实验指导

1. 发生坏账

操作步骤如下。

（1）在应收款管理系统中，执行"坏账处理""坏账发生"命令，打开"坏账发生"窗口。

（2）将日期修改为"2018-11-24"，在客户栏录入"04"，或单击客户栏参照按钮，选择"明兴公司"，如图6.7.1所示。

图 6.7.1 坏账发生

（3）单击"确定"按钮，打开"坏账发生单据明细"窗口，在"本次发生坏账金额"栏第1行录入"608.4"，再在第3行录入"120"，如图6.7.2所示。

图 6.7.2 坏账发生单据明细

（4）单击"确认"按钮，出现"是否立即制单？"提示，单击"是"按钮，生成发生坏账的记账凭证，修改凭证类别为"转账凭证"，单击"保存"按钮，如图6.7.3所示。

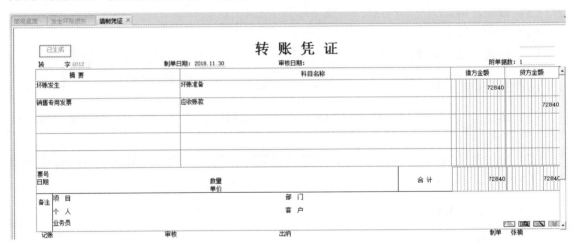

图 6.7.3 发生坏账转账凭证生成

（5）单击"退出"按钮。

提示：本次坏账发生金额只能小于或等于单据余额。

2. 填收款单

操作步骤如下。

（1）在应收款管理系统中，执行"收款单据处理""收款单据录入"命令，打开"收款单"窗口。

（2）在"收款单"窗口中，单击"增加"按钮，在客户栏录入"04"，或单击客户栏参照按钮，选择"明兴公司"，在结算方式栏录入"4"，或单击结算方式栏参照按钮选择"银行汇票结算"，在金额栏录入"728.4"，在摘要栏录入"已做坏账处理的应收账款又收回"，单击"保存"按钮，如图6.7.4所示。

（3）单击"退出"按钮。

3. 坏账收回

操作步骤如下。

（1）在应收款管理系统中，执行"坏账处理""坏账收回"命令，打开"坏账收回"对话框。在客户栏录入"04"，或单击客户栏参照按钮，选择"明兴公司"，单击结算单号栏参照按钮，选择"006"结算单，如图6.7.5所示。

图 6.7.4 收款单

图 6.7.5 坏账收回

（2）单击"确定"按钮，系统提示"是否立即制单？"，单击"是"按钮，生成一张收款凭证，单击"保存"按钮，如图 6.7.6 所示。

（3）单击"退出"按钮。

提示：

1）在录入一笔坏账收回的款项时，应该注意不要把该客户的其他收款业务与该笔坏账收回业务录入到一张收款单中。

2）坏账收回时制单不受系统选项中"方向相反分录是否合并"选项控制。

4. 查询 11 月份填制的所有销售专用发票

操作步骤如下。

（1）在应收款管理系统中，执行"单据查询""发票查询"命令，打开"发票查询"窗口。单击发票类型栏下三角按钮，选择"销售专用发票"，如图 6.7.7 所示。

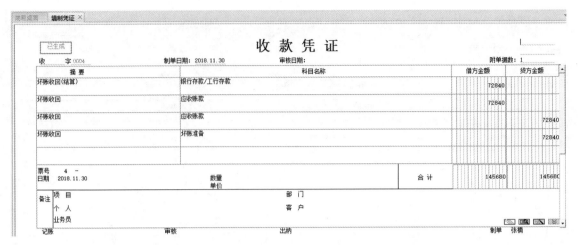

图 6.7.6 收回坏账转账凭证生成

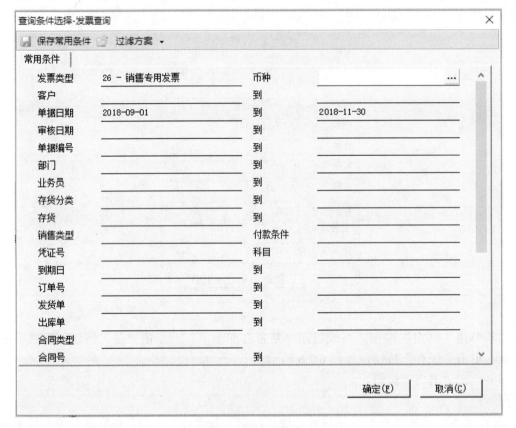

图 6.7.7 发票查询

（2）单击"确定"按钮，打开"发票查询"窗口，如图 6.7.8 所示。

（3）单击"退出"按钮。

提示：

1）在发票查询功能中可以分别查询"已审核""未审核""已核销"及"未核销"的发票，还可以按"发票号""单据日期""金额范围"或"余额范围"等条件进行查询。

2）在"发票查询"窗口中，单击"查询"按钮，可以重新输入查询条件，单击"单据"按钮，可以调出原始单据卡片，单击"详细"按钮，可以查看当前单据的详细结算情况，单击"凭证"按钮，可以查询单据所对应的凭证，单击"栏目"按钮，可以设置当前查询列表的显示栏目、栏目顺序、栏目名称、排序方式，可以保存设置内容。

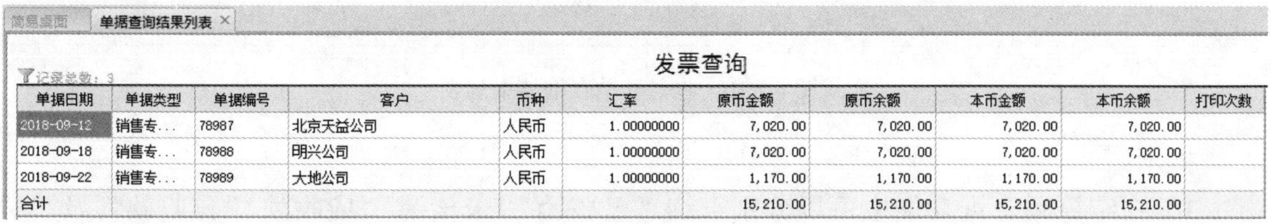

单据日期	单据类型	单据编号	客户	币种	汇率	原币金额	原币余额	本币金额	本币余额	打印次数
2018-09-12	销售专…	78987	北京天益公司	人民币	1.00000000	7,020.00	7,020.00	7,020.00	7,020.00	
2018-09-18	销售专…	78988	明兴公司	人民币	1.00000000	7,020.00	7,020.00	7,020.00	7,020.00	
2018-09-22	销售专…	78989	大地公司	人民币	1.00000000	1,170.00	1,170.00	1,170.00	1,170.00	
合计							15,210.00	15,210.00	15,210.00	15,210.00

图 6.7.8　发票查询结果列表

5. 查询 11 月份所有的收付款单

操作步骤如下。

（1）在应收款管理系统中，执行"单据查询""收付款单查询"命令，打开"收付款单查询"窗口，如图 6.7.9 所示。

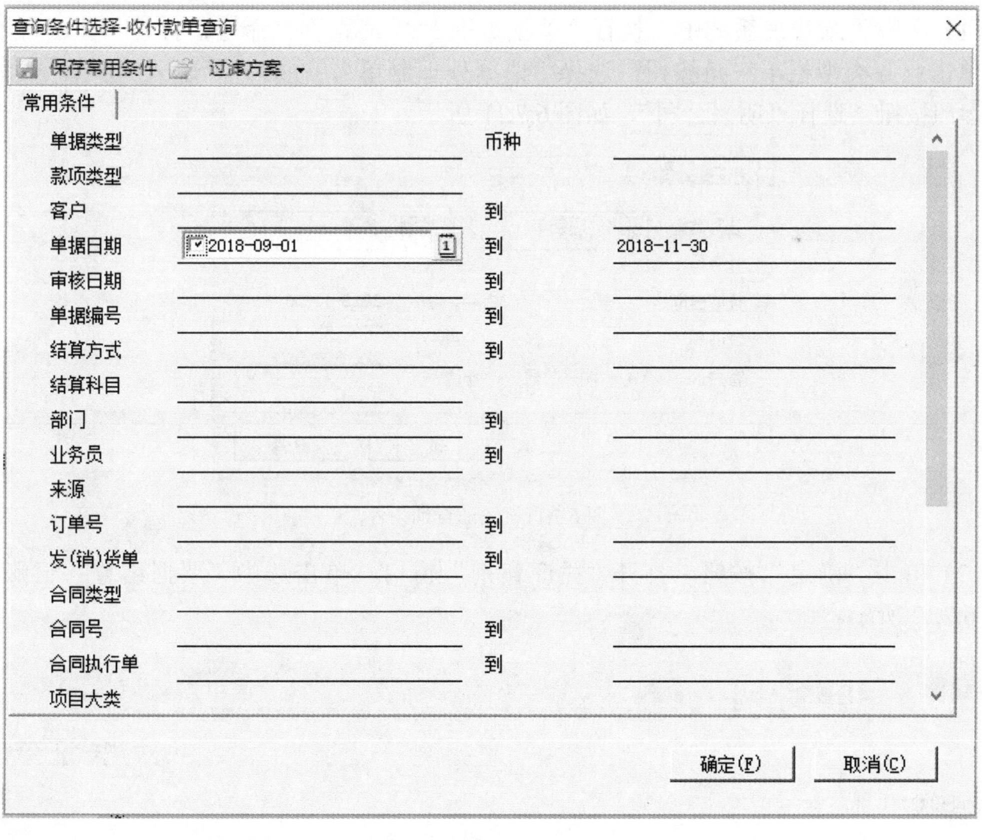

图 6.7.9　收付款单查询

（2）单击"确定"按钮，打开"收付款单查询结果列表"窗口，如图 6.7.10 所示。

（3）单击"退出"按钮。

图 6.7.10　收付款单查询结果列表

提示：

1）在结算单查询功能中可以分别查询"已核销""未核销""应收款""预收款"及"费用"的结算情况。还可以按"单据编号""金额范围""余额范围"或"单据日期"等条件进行查询。

2）在"结算单"查询窗口中，也可以分别单击"查询""详细""单据"及"凭证"等按钮，查询到相应的内容。

6. 删除 11 月 23 日填制的收到明兴公司商业承兑汇票的记账凭证

操作步骤如下。

（1）在应收款管理系统中，执行"单据查询""凭证查询"命令，打开"凭证查询"窗口。单击业务类型栏下三角按钮，选择"票据处理制单"，在客户栏输入"04"，或单击客户栏参照按钮，选择"明兴公司"，如图 6.7.11 所示。

图 6.7.11　凭证查询条件

（2）单击"确定"按钮，打开"凭证查询"窗口，单击选中"票据结算"记账凭证，如图 6.7.12 所示。

图 6.7.12　凭证查询

（3）单击"删除"按钮，系统提示"确定要删除此凭证吗？"，如图 6.7.13 所示。

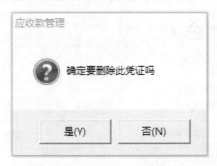

图 6.7.13　删除凭证提示

（4）单击"是"按钮，单击"退出"按钮。
提示：
1）在"凭证查询"功能中，可以查看、修改、删除或冲销由应收款系统生成并传递到总账系统中的记账凭证。
2）如果凭证已经在总账系统中记账，又需要对形成凭证的原始单据进行修改，则可以通过冲销方式冲销凭证，然后对原始单据进行其他操作后再重新生成凭证。
3）一张凭证被删除后，它所对应的原始单据及相应的操作内容可以重新制单。
4）只有未在总账系统中审核的凭证才能删除。如果已经在总账系统中进行了出纳签字，应取消出纳签字后再进行删除操作。

6.8　实验七：账表管理与其他处理

6.8.1　实验目的

熟悉应收款系统账簿查询的作用和基本方法。

6.8.2　实验要求

（1）对全部客户进行包括所有条件的欠款分析。
（2）查询 2018 年 11 月的业务总账。
（3）查询应收账款科目余额表。
（4）取消对明兴公司的转账操作。
（5）将未制单的单据制单。
（6）结账。

6.8.3　实验指导

1. 欠款分析
操作步骤如下。
（1）在应收款管理系统中，执行"账表管理""统计分析""欠款分析"命令，打开"欠款分析"窗口，选中所有条件，如图 6.8.1 所示。

图 6.8.1 欠款分析

（2）单击"确定"按钮，打开"欠款分析"窗口，如图 6.8.2 所示。

客户		欠款总计	信用额度	信用余额	货款		应收款		预收款		报警级别	最后业务信息		
编号	名称				金额	%	金额	%	金额	%		销售时间	销售金额	收款
02	大地公司	1,170.00		-1,170.00	1,170.00	100.00						2018-09-22	1,170.00	
04	明兴公司	7,020.00							7,020.00			2018-09-18	7,020.00	2018-
01	北京天益公司	7,020.00							7,020.00			2018-11-16	608.40	2018-
03	上海邦立公司	-181.92		181.92					181.92	100.00		2018-11-16	1,198.08	
06	伟达公司	-18,417.00		18,417.00					18,417.00	100.00		2018-11-15	11,583.00	2018-
总计		-17,428.92			15,210.00	-87.27			32,638.92	187.27				

图 6.8.2 欠款分析

（3）单击"退出"按钮。

提示：

1）在"统计分析"功能中，可以按定义的账龄区间，进行一定期间内应收款账龄分析、收款账龄分析、往来账龄分析，了解各个客户应收款周转天数、周转率，了解各个账龄区间内应收款、收款及往来情况，能及时发现问题，加强对往来款项动态的监督管理。

2）欠款分析是分析截至一定日期，客户、部门或业务员的欠款金额，以及欠款组成情况。

2. 查询业务总账

操作步骤如下。

（1）在应收款管理系统中，执行"账表管理""业务账表""业务总账"命令，打开"查询条件选择 – 应收总账表"窗口，如图 6.8.3 所示。

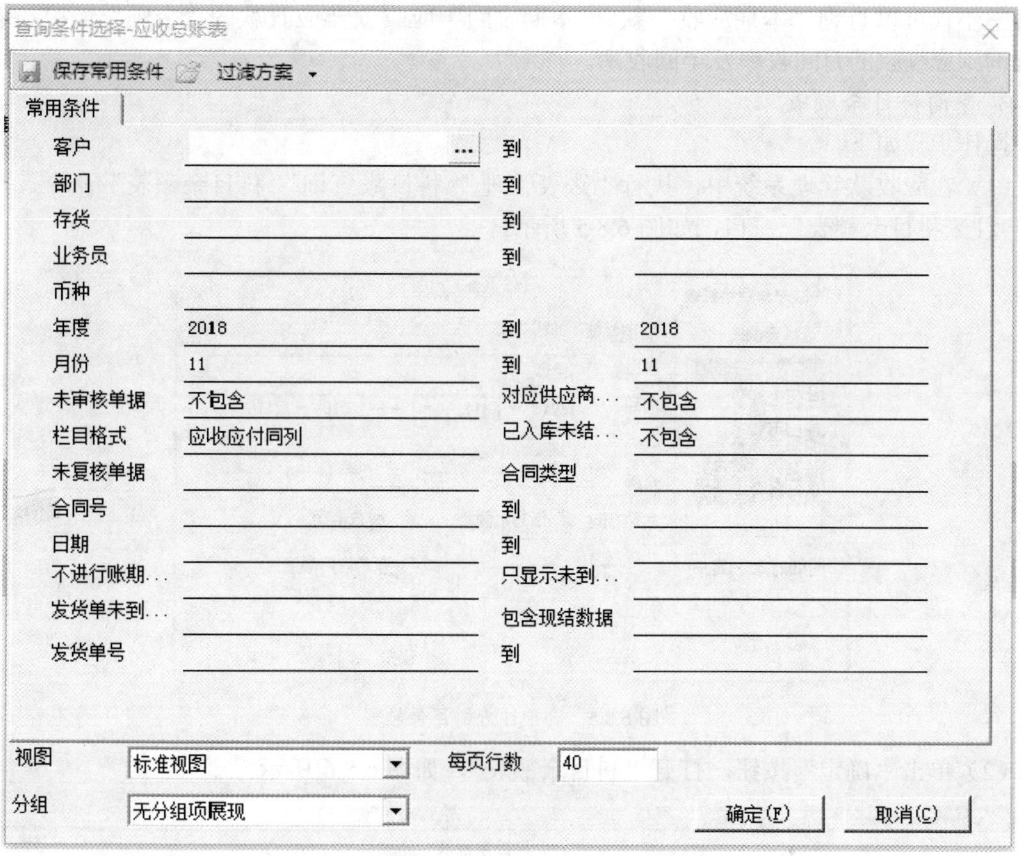

图 6.8.3 查询条件选择 – 应收总账表

（2）单击"确定"按钮，打开"应收总账表"，如图 6.8.4 所示。

应收总账表

币种：
期间：2018.11 – 2018.11

期间	本期应收 本币	本期收回 本币	余额 本币	月回收率%	年回收率%
期初余额			-14,290.00		
201811	13,857.88	16,996.80	-17,428.92	122.65	158.95
总计	13,857.88	16,996.80	-17,428.92		

图 6.8.4 应收总账表

（3）单击"退出"按钮。

提示：

1）通过业务账表查询，可以及时地了解一定期间内期初应收款结存汇总情况、应收款发生、收款发生的汇总情况、累计情况及期末应收款结存汇总情况，还可以了解各个客户期初应收款结存明细情况、应收款发生、收款发生的明细情况、累计情况及期末应收款结存明细情况，及时发现问题，加强对往来款项的监督管理。

2）业务总账查询是是对一定期间内应收款汇总情况的查询。在业务总账查询的应收总账表中不仅可以查询"本期应收"款、"本期收回"应收款及应收款的"余额"情况,还可以查询到应收款的月回收率及年回收率。

3. **查询科目余额表**

操作步骤如下。

(1) 在应收款管理系统中,执行"账表管理""科目账查询""科目余额表"命令,打开"客户往来科目余额表"窗口,如图 6.8.5 所示。

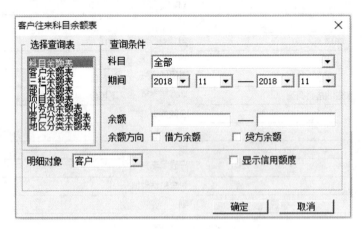

图 6.8.5 客户往来科目余额表

(2) 单击"确定"按钮,打开"科目余额表",如图 6.8.6 所示。

科目		客户		方向	期初余额	借方	贷方	方向	期末余额
编号	名称	编号	名称		本币	本币	本币		本币
1111	应收票据	01	北京天益公司	平		7,020.00	7,020.00	平	
1111	应收票据	04	明兴公司	平		7,020.00		借	7,020.00
小计:				平		14,040.00	7,020.00	借	7,020.00
1131	应收账款	01	北京天益公司	平			7,020.00	贷	7,020.00
1131	应收账款	03	上海邦公司	平		1,318.08	1,500.00	贷	181.92
1131	应收账款	04	明兴公司	平		956.80	8,476.80	贷	7,520.00
1131	应收账款	06	伟达公司	平		11,583.00	11,583.00	平	
1131	应收账款	07	光华公司	借	93,600.00			借	93,600.00
小计:				借	93,600.00	13,857.88	28,579.80	借	78,878.08
2131	预收账款	06	伟达公司	平			-11,583.00	贷	11,583.00
小计:				平			-11,583.00	贷	11,583.00
合计:				借	93,600.00	27,897.88	24,016.80	借	97,481.08

图 6.8.6 科目余额表

(3) 单击"退出"按钮。

提示:

1) 科目账查询包括科目明细账和科目余额表。

2) 科目余额表查询可以查询应收受控科目各个客户的期初余额、本期借方发生额合计、本期贷方发生额合计、期末余额。细分为科目余额表、客户余额表、三栏余额表、部门余额表、项目余额表、业务员余额表、客户分类余额表及地区分类余额表。

4. **取消转账操作**

操作步骤如下。

(1) 在应收款管理系统中,执行"其他处理""取消操作"命令,打开"取消操作条件"

窗口，在客户栏录入"04"，或单击客户栏参照按钮，选择"明兴公司"，单击操作类型栏下三角按钮，选择"红票对冲"，如图6.8.7所示。

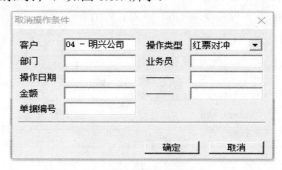

图6.8.7 取消操作条件

（2）单击"确定"按钮，打开"取消操作"窗口，双击"选择标志"栏，如图6.8.8所示。

图6.8.8 取消操作

（3）单击"确认"按钮，再单击"退出"按钮。

提示：

1）取消操作类型包括取消核销、取消坏账处理、取消转账、取消汇兑损益、取消票据处理及取消并账等几类。

2）取消操作必须在未进行后续操作的情况下进行，如果已经进行了后续操作则应在恢复后序操作后再进行取消操作。

5. 制单

操作步骤如下。

（1）在应收款管理系统中，执行"制单处理"命令，打开"制单查询"窗口。单击选中"票据处理制单"后，单击"确定"按钮，打开"应收制单"窗口。

（2）单击"全选"按钮，如图6.8.9所示。

图6.8.9 应收制单

（3）单击"制单"按钮，生成一张收款凭证，在收款凭证第 2 行科目名称栏录入"1111"，或单击科目名称栏参照按钮，选择"1111 应收票据"，在弹出的"辅助项"对话框中单击"确定"按钮，单击"保存"按钮，如图 6.8.10 所示。

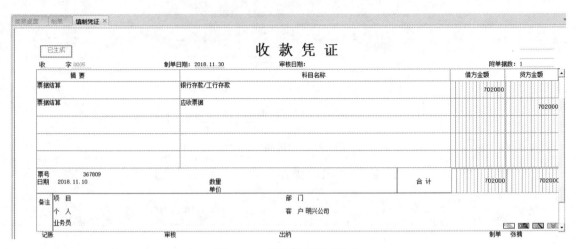

图 6.8.10　票据结算凭证生成

6. 结账

操作步骤如下。

（1）在应收款管理系统中，执行"期末处理""月末结账"命令，打开"月末处理"窗口。双击十一月结账标志栏，如图 6.8.11 所示。

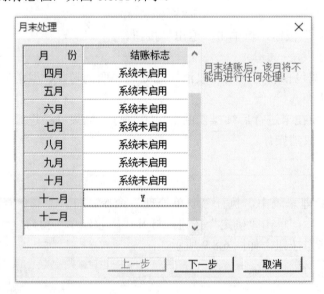

图 6.8.11　月末处理

（2）单击"下一步"按钮，出现"月末处理-处理情况表"，如图 6.8.12 所示。

（3）单击"完成"按钮，出现"11 月份结账成功"提示，如图 6.8.13 所示。

（4）单击"确定"按钮。

第6章 应收款管理系统

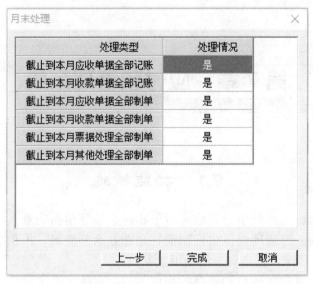

图 6.8.12 月末处理-处理情况表

图 6.8.13 结账成功提示

提示：

1）如果当月业务已经全部处理完毕，应进行月末结账。只有当月结账后，才能开始下月的工作。

2）进行月末处理时，一次只能选择一个月进行结账，当前一个月未结账，则本月不能结账。

3）在执行了月末结账后，该月将不能再进行任何处理。

第7章 应付款管理系统

7.1 功能概述

应付款管理系统,通过发票、其他应付单和付款单等单据的录入,对企业的往来账款进行综合管理,及时、准确地提供供应商的往来账款余额资料,提供各种分析报表,帮助企业合理地进行资金调配,提高资金的利用效率。

根据对供应商往来款项核算和管理的程度不同,系统提供了应付款详细核算和简单核算两种应用方案,应付款详细核算即应付账款在应付系统进行核算,包括记录应付账款的形成及偿还的全过程,简单核算即应付账款在总账进行核算制单,在应付款管理系统进行查询。

若企业的采购业务及应付账款业务繁多,或者需要追踪每一笔业务的应付款、付款等情况,或者需要将应付款核算到产品一级,那么可以选择"详细核算"方案,即应付款管理系统中核算并管理往来供应商的款项。该方案能够帮助企业了解每一供应商每笔业务详细的应付情况、付款情况及余额情况,并进行账龄分析,进行供应商及往来款项的管理。根据供应商的具体情况,制定付款方案。

如果企业采购业务及应付款核算业务比较简单,或者现结业务较多,可选择在总账系统核算并管理往来供应商款项。具体选择哪一种方案,可在应付款管理系统中通过设置系统选项"应付账款核算模型"进行设置。

应付款管理系统与采购管理系统、总账系统的集成使用,应付款管理系统可接收在采购系统中所填制的采购发票,进行审核,同时生成相应凭证,并传递至总账系统。

7.2 实验一:应付款管理系统初始化

7.2.1 实验目的

系统学习应付款系统初始化的一般方法。

7.2.2 实验要求

(1)设置系统参数。
(2)基础设置。
(3)设置科目。
(4)账龄区间设置。
(5)报警级别设置。

(6) 设置允许修改"采购专用发票"的编号。
(7) 录入期初余额并与总账系统进行对账。

7.2.3 实验资料

1. 925 账套应付款系统的参数

应付款核销方式为"按单据",单据审核日期依据为"业务日期",应付款核算类型为"详细核算",受控科目制单依据为"明细到供应商",非受控科目制单方式为"汇总方式";启用供应商权限,并且按信用方式根据单据提前 7 天自动报警。

2. 基本科目

应付科目为"2121 应付账款",预付科目为"1151 预付账款",采购科目为"1201 在途物资",采购税金科目为"21710101 应交税金 – 应交增值税 – 进项税额",银行承兑科目为"2111 应付票据",商业承兑科目为"2111 应付票据",现金折扣科目为"5503",票据利息科目为"5503",票据费用科目为"5503",收支费用科目为"5501"。

3. 结算方式科目

现金结算方式科目为"1001 现金",现金支票结算方式科目为"1001 现金",转账支票结算方式科目为"100201 工行存款",银行汇票结算方式科目为"100903 银行汇票",信汇结算方式科目为"100201 工行存款",电汇结算方式科目为"100201 工行存款"。

4. 账龄区间

总天数分别为 30 天、60 天、90 天和 120 天。

5. 报警级别

A 级时的总比率为 10%,B 级时的总比率为 20%,C 级时的总比率为 30%,D 级时的总比率为 40%,E 级时的总比率为 50%,总比率为 50% 以上为 F 级。

6. 期初余额

存货税率均为 17%,开票日期均为 2018 年 9 月,见表 7.2.1。

表 7.2.1 初期余额单据

单据名称	方向	开票日期	票号	供应商名称	采购部门	科目编码	货物名称	数量	无税单价	价税合计
采购专用发票	正	09.15	33987	北京无忧公司(01)	供应部(301)	2121	钢材(001)	30	1 100	38 610
采购专用发票	正	09.18	34567	杰兴公司(03)	供应部(301)	2121	钢材(001)	200	100	23 400
采购专用发票	正	09.23	32321	大卫公司(02)	供应部(301)	2111	钢材(001)	22	1000	25 740
预付款单	正	09.23	111	北京无忧公司(01)	供应部(301)	1151				20 000

7.2.4 实验指导

1. 设置系统参数

操作步骤如下。

（1）以账套主管的身份登录企业应用平台，启用"应付款管理"系统，如图 7.2.1 所示。

图 7.2.1　启用应付款管理系统

（2）执行"财务会计""应付款管理""设置""选项"命令，打开"账套参数设置 – 常规"对话框。

（3）单击"编辑"按钮，单击"权限与预警"页签，单击"超过信用额度报警"前的复选框，在提前天数栏录入提前天数"7"，如图 7.2.2 所示。

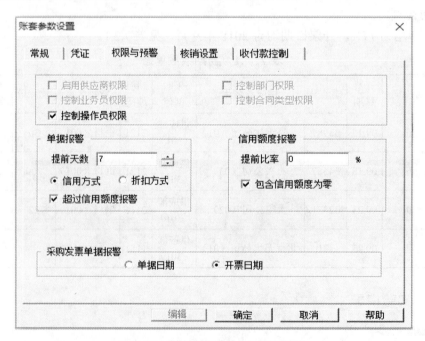

图 7.2.2　账套参数设置 – 权限与预警

（4）单击“确定”按钮。

提示：

1）在进入应付款系统之前应在建立账套后启用应付款系统，或者在企业门户中启用应付款系统。应付款系统的启用会计期间必须大于或等于账套的启用期间。

2）在账套使用过程中可以随时修改账套参数。

3）如果选择单据日期为审核日期，则月末结账时单据必须全部审核。

4）关于应付账款核算模型，在系统启用时或者还没有进行任何业务处理的情况下才允许从简单核算改为详细核算。从详细核算改为简单核算随时可以进行。

2. 设置基本科目

操作步骤如下。

（1）在应付款管理系统中，执行“设置”“初始设置”命令，打开“初始设置”窗口。

（2）单击“基本科目设置”，再单击“增加”按钮，在“基础科目种类”栏选择“应付科目”，在“科目”栏选择“2121”（系统提示“本科目应为应付受控科目”，执行“基础设置”“财务”“会计科目”命令，将应付账款的“受控系统”改为“应付系统”即可）。依此方法设置其他的基本科目，如图 7.2.3 所示。

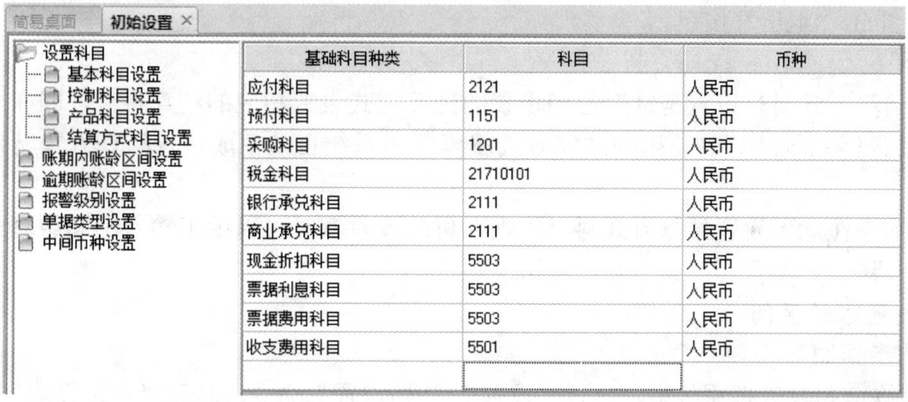
简易桌面
初始设置
设置科目
基本科目设置
控制科目设置
产品科目设置
结算方式科目设置
账期内账龄区间设置
逾期账龄区间设置
报警级别设置
单据类型设置
中间币种设置
基础科目种类
科目
币种
应付科目
2121
人民币
预付科目
1151
人民币
采购科目
1201
人民币
税金科目
21710101
人民币
银行承兑科目
2111
人民币
商业承兑科目
2111
人民币
现金折扣科目
5503
人民币
票据利息科目
5503
人民币
票据费用科目
5503
人民币
收支费用科目
5501
人民币

图 7.2.3 初始设置 – 基本科目设置

（3）单击“退出”按钮。

提示：

1）在基本科目设置中所设置的应付科目“2121 应付账款”、预付科目“1151 预付账款”及“2111 应付票据”，应在总账系统中设置其辅助核算内容为“供应商往来”，并且其受控系统为“应付系统”。否则在这里不能被选中。

2）只有在这里设置了基本科目，在生成凭证时才能直接生成凭证中的会计科目，否则凭证中将没有会计科目，相应的会计科目只能手工再录入。

3）如果应付科目、预付科目按不同的供应商或供应商分类分别设置，则可在“控制科目设置”中设置，在此可以不设置。

4）如果针对不同的存货分别设置采购核算科目，则在此不用设置，可以在“产品科目设置”中进行设置。

3. 结算方式科目

操作步骤如下。

（1）在应付款管理系统中，执行"设置""初始设置"命令，打开"初始设置"窗口。

（2）单击"结算方式科目设置"，再单击"增加"按钮，单击结算方式栏下三角按钮，选择"现金结算"，单击币种栏，选择"人民币"，在科目栏选择"1001"，回车，依此方法继续设置其他的结算方式科目，如图 7.2.4 所示。

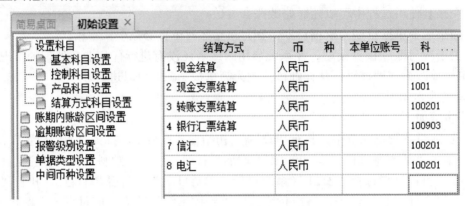

图 7.2.4　初始设置 – 结算方式科目设置

（3）单击"退出"按钮。

提示：

1）结算方式科目设置是针对已经设置的结算方式设置相应的结算科目，即在付款或收款时只要告诉系统结算时使用的结算方式就可以由系统自动生成该种结算方式所使用的会计科目。

2）如果在此不设置结算方式科目，则在付款或收款时可以手工输入不同结算方式对应的会计科目。

4. 设置账龄区间

操作步骤如下

（1）在应付款管理系统中，执行"设置""初始设置"命令，打开"初始设置"窗口。

（2）单击"账期内账龄区间设置"，在总天数栏录入"30"，回车，再在总天数栏录入"60"后回车。依此方法继续录入其他的总天数，如图 7.2.5 所示。

序号	起止天数	总天数
01	0-30	30
02	31-60	60
03	61-90	90
04	91-120	120
05	121以上	

图 7.2.5　初始设置 – 账期内账龄区间设置

（3）依照步骤（2）进行"逾期账龄区间设置"，如图 7.2.6 所示，单击"退出"按钮。

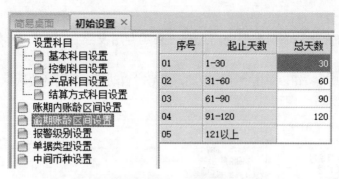

图 7.2.6　初始设置 – 逾期账龄区间设置

提示：

1）序号由系统自动生成，不能修改和删除。总天数直接输入截至设置账龄区间的账龄总天数。

2）最后一个区间不能修改和删除。

5. 设置报警级别

操作步骤如下。

（1）在应付款管理系统中，执行"设置""初始设置"命令，打开"初始设置"窗口。

（2）在"初始设置"窗口中，单击"报警级别设置"，在总比率栏录入"10"，在级别名称栏录入"A"，回车，依此方法继续录入其他的总比率和级别，如图 7.2.7 所示。

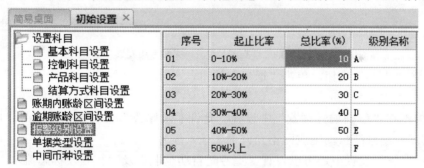

图 7.2.7　初始设置 – 报警级别设置

（3）单击"退出"按钮。

提示：

1）序号由系统自动生成，不能修改和删除。应直接输入该区间的最大比率及级别名称。

2）系统会根据输入的比率自动生成相应的区间。

3）单击"增加"按钮，会在当前级别之前插入一个级别，插入一个级别后，该级别后的各级比率会自动调整。

4）删除一个级别后，该级别后的各级比率会自动调整。

5）最后一个级别为某一比率之上，所以在总比率栏不能录入比率，否则将不能退出。

6）最后一个比率不能删除，如果录入错误应先删除上一比率，再修改最后一级比率。

6. 单据编号设置

操作步骤如下。

（1）在企业应用平台"基础设置"选项卡中，执行"单据设置""单据编号设置"命令，打开"单据编号设置"对话框。

（2）在"采购管理"单据类型中，选择"采购专用发票"，打开"单据编号设置–采购专用发票"窗口。

（3）单击"修改"按钮，单击"手工改动，重号时自动重取"前的复选框，如图7.2.8所示。

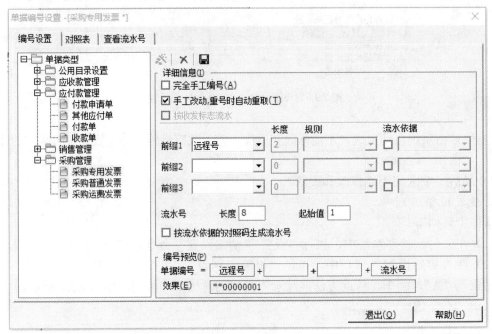

图7.2.8　单据编号设置–采购专用发票

（4）单击"保存"按钮，单击"退出"按钮。

提示：

1）如果不在"单据编号设置"中设置"允许手工修改"某一单据的编号，则在填制这一单据时其编号由系统自动生成而不允许手工录入编号。

2）在单据编号设置中还可以设置"重号时自动重取"及"按收发标志流水"等。

7. 录入期初采购发票

操作步骤如下。

（1）在应付款管理系统中，执行"设置""期初余额"命令，打开"期初余额–查询"对话框。

（2）单击"确定"按钮，进入"期初余额"窗口，单击"增加"按钮，打开"单据类别"对话框，选择单据名称"采购发票"，单据类型"采购专用发票"，如图7.2.9所示。

图7.2.9　单据类别

（3）单击"确定"按钮，进入"采购发票"窗口，单击"增加"按钮，修改开票日期，录入发票号"33987"，在供应商栏录入"01"，或单击供应商栏参照按钮，选择"北京无忧公司"，在科目栏录入"2121"，或单击科目栏参照按钮，选择"2121应付账款"，在部门栏录入"301"，或单击部门栏参照按钮，选择"供应部"，在存货编码栏录入"001"，或单击存货编码栏，选择"钢材"，在数量栏录入"30"，在原币单价栏录入"1 100"，如图7.2.10所示。

图7.2.10 采购专用发票

（4）单击"保存"按钮，依此方法继续录入第2张和第3张采购专用发票。

提示：

1）在初次使用应付款系统时，应将启用应付款系统时未处理完的所有供应商的应付账款、预付账款、应付票据等数据录入到本系统。当进入第二年度时，系统自动将上年度未处理完的单据转为下一年度的期初余额，在下一年度的第一会计期间里，可以进行期初余额的调整。

2）在日常业务中，可对期初发票、应付单、预付款、票据进行后续的核销、转账处理。

3）如果退出了录入期初余额的单据，在"期初余额明细表"窗口中并没有看到新录入的期初余额，应单击"刷新"按钮，就可以列示所有的期初余额的内容。

4）在录入期初余额时，一定要注意期初余额的会计科目，比如第3张采购发票的会计科目为"2111"，即应付票据。应付款系统的期初余额应与总账进行对账，如果科目错误将会导致对账错误。

5）如果并未设置允许修改采购专用发票的编号，则在填制采购专用发票时不允许修改采购专用发票的编号。其他单据的编号也一样，系统默认的状态为不允许修改。

8. 录入预收款单

操作步骤如下。

（1）在应付款管理系统中，执行"设置""期初余额"命令，打开"期初余额-查询"对话框。

（2）单击"确定"按钮，进入期初余额窗口，单击"增加"按钮，打开"单据类别"对话框，选择单据名称"预付款"，单据类型"付款单"，如图7.2.11所示。

图7.2.11 单据类别

（3）单击"确定"按钮，进入"期初单据录入"窗口，单击"增加"按钮，修改单据日期，在供应商栏录入"01"，或单击供应商栏参照按钮，选择"北京无忧公司"，在结算方式栏录入"3"，或单击结算方式栏参照按钮，选择"转账支票结算"，在金额栏录入"20 000"，在部门栏录入"301"，或单击部门栏参照按钮，选择"供应部"，在摘要名称栏录入"预付货款"，在付款单下半部分中的科目栏录入"1151"，或单击科目栏参照按钮，选择"1151 预付账款"，如图7.2.12所示。

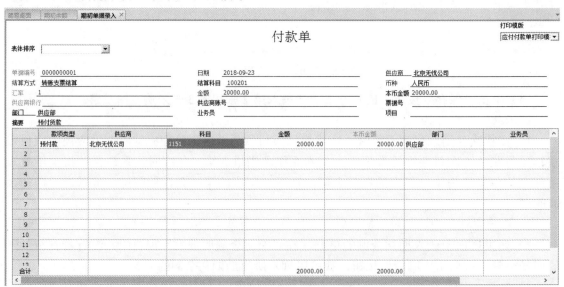

图7.2.12 付款单

（4）单击"保存"按钮。单击"退出"按钮，退出。

提示：录入预付款的单据类型仍然是"付款单"，但是款项类型为"预付款"。

9. 应付款系统与总账系统对账

操作步骤如下。

（1）在"期初余额明细表"窗口中，单击"对账"按钮，打开"期初对账"窗口。

（2）单击"退出"按钮，退出。

提示：
1）当完成全部应付款期初余额录入后，应通过对账功能将应付系统期初余额与总账系统期初余额进行核对。
2）当保存了期初余额结果，或在第二年使用需要调整期初余额时可以进行修改，当第一个会计期已结账后，期初余额只能查询不能再修改。
3）期初余额所录入的票据保存后自动审核。
4）应付款系统与总账系统对账，必须要在总账与应付系统同时启用后才可以进行。

7.3 实验二：应付单据处理

7.3.1 实验目的

学习应付款系统日常业务处理的主要内容和操作方法。要求掌握应付款系统与总账系统组合时，应付款系统的基本功能和操作方法。

7.3.2 实验要求

（1）录入应付单据。
（2）修改应付单据。
（3）删除应付单据。
（4）2018年11月31日，审核本月录入的应付单据。
（5）对应付单据进行账务处理。

7.3.3 实验资料

（1）2018年11月15日，从"北京无忧公司"采购"钢材"10吨，原币单价为1 200元，增值税率为17%（采购专用发票号码：668800）。

（2）2018年11月15日，从"杰兴公司"采购"油漆"20桶，原币单价为110元，增值税率为17%（采购专用发票号码：8908），运费80元。

（3）2018年11月16日，从"大卫公司"采购"钢材"50吨，原币单价为990元，增值税率为17%（采购专用发票号码：3451）。

（4）2018年11月16日，向"北京无忧公司"采购"钢材"20吨，原币单价为980元，增值税率为17%（采购专用发票号码：2302）。

（5）2018年11月18日，发现2018年11月15日所填制的从"北京无忧公司"采购"钢材"10吨，原币单价为1 200元，增值税率为17%的"668800"号采购专用发票中的无税单价应为1 120元。

（6）2018年11月18日，从"北京无忧公司"采购"钢材"12吨，原币单价为1 200元，增值税率为17%（采购专用发票号码：69900）。

（7）2018年11月18日，发现2018年11月16日，向"北京无忧公司"采购"钢材"20吨，原币单价为980元，增值税率为17%的"2302"号采购专用发票填制错误，应删除。

7.3.4 实验指导

1. 填制第 1 笔业务的采购专用发票

操作步骤如下。

（1）在应付款管理系统中，执行"应付单据处理""应付单据录入"命令，打开"单据类别"窗口，如图 7.3.1 所示。

图 7.3.1 单据类别

（2）单击"确定"按钮，打开"采购发票"窗口。

（3）单击"增加"按钮，修改开票日期，录入发票号"668800"，在供应商栏录入"01"，或单击供应商栏"参照"按钮，选择"北京无忧公司"，在部门名称栏录入"301"，或单击部门名称栏"参照"按钮，选择"供应部"，在存货编码栏录入"001"，或单击存货编码栏"参照"按钮，选择"钢材"，在数量栏录入"10"，在原币单价栏录入"1 200"，如图 7.3.2 所示。

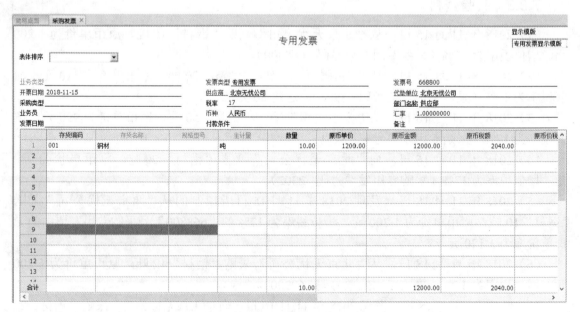

图 7.3.2 采购专用发票 – 填制第 1 笔业务采购专用发票

（4）单击"保存"按钮，再单击"退出"按钮。

提示:

1)在填制采购专用发票时,税率由系统自动生成,可以修改。

2)采购发票和应付单是应付款管理系统日常核算的单据。如果应付款系统与采购系统集成使用,采购发票在采购管理系统中录入,在应付系统中可以对这些单据进行查询、核销、制单等操作。此时应付系统需要录入的只限于应付单。

3)如果没有使用采购系统,则所有发票和应付单均需在应付系统中录入。

4)在不启用供应链的情况下,在应付款系统中只能对采购业务的资金流进行会计核算,即可以进行应付款、已付款以及采购情况的核算,而其物流的核算,即存贷入库成本的核算还需在总账系统中手工进行结转。

5)已审核的单据不能修改或删除,已生成凭证或进行过核销的单据在单据界面不再显示。

6)在录入采购发票后可以直接进行审核,在直接审核后系统会提示"是否立即制单",此时可以直接制单。如果录入采购发票后不直接审核,可以在审核功能中审核,再到制单功能中制单。

7)已审核的单据在未进行其他处理之前,可以取消审核后修改。

2. 填制第 2 笔业务的采购专用发票

操作步骤如下。

(1)在应付款管理系统中,执行"应付单据处理""应付单据录入"命令,打开"单据类别"窗口,如图 7.3.3 所示。

图 7.3.3 单据类别

(2)单击"确定"按钮,打开"采购发票"窗口。

(3)单击"增加"按钮,修改开票日期,录入发票号"8908",在供应商栏录入"03",或单击供应商栏"参照"按钮,选择"杰兴公司",在部门名称栏录入"301",或单击部门名称栏"参照"按钮,选择"供应部",在存货编码栏录入"002",或单击存货编码栏"参照"按钮,选择"油漆",在数量栏录入"20",在原币单价栏录入"110",如图 7.3.4 所示。

(4)单击"保存"按钮,再单击"退出"按钮。

3. 填制第 2 笔业务的采购普通发票

操作步骤如下。

(1)在应付款管理系统中,执行"应付单据处理""应付单据录入"命令,打开"单据类别"窗口,单击"单据类型"栏下三角按钮,选择"采购普通发票",如图 7.3.5 所示。

图 7.3.4 采购专用发票 – 填制第 2 笔业务采购专用发票

图 7.3.5 单据类别

(2) 单击"确定"按钮,打开"采购发票"窗口。

(3) 单击"增加"按钮,修改开票日期,在供应商栏录入"03",或单击供应商栏"参照"按钮,选择"杰兴公司",在部门名称栏录入"301",或单击部门名称栏"参照"按钮,选择"供应部",在存货编码栏录入"007",或单击存货编码栏"参照"按钮,选择"运输费",在原币金额栏录入"80",如图 7.3.6 所示。

(4) 单击"保存"按钮,再单击"退出"按钮。继续录入第 3 笔、第 4 笔及第 6 笔业务的采购专用发票。

提示:

1) 按会计制度规定,运费可以按 7% 的税率进行增值税的进项税额抵扣,因此运费成本为扣除 7% 进项税后的部分。

2) 如果在启用应付款系统的同时启用采购系统,则应在采购系统中填制"运费发票",在应付款系统中对采购系统传递过来的"运费发票"进行付款及付款核销等操作。

图 7.3.6　采购普通发票 – 填制第 2 笔业务采购普通发票

4. 修改采购专用发票

操作步骤如下。

（1）在应付款管理系统中，执行"应收单据处理""应收单据录入"命令，打开"单据类别"窗口。单击"确认"按钮，打开"采购专用发票"窗口。

（2）单击"增加"按钮，再单击"放弃"按钮，单击"下张"按钮，找到"668800"号采购专用发票。单击"修改"按钮，将原币单价修改为"1 120"，如图 7.3.7 所示。

图 7.3.7　采购专用发票 – 修改采购专用发票

（3）单击"保存"按钮，再单击"退出"按钮。

提示：

1）因为在进入采购专用发票窗口时，系统是处在增加状态，如果想查找某一张采购专用发票，则应放弃当前的增加操作，进入查询状态，否则将不能翻页。

2）采购发票被修改后必须保存，保存的采购发票在审核后才能制单。

5. 删除采购专用发票

操作步骤如下。

(1) 在应付款管理系统中，执行"应付单据处理""应付单据录入"命令，打开"单据类别"窗口。单击"确认"按钮，打开"销售专用发票"窗口。

(2) 单击"增加"按钮，再单击"放弃"按钮，单击"下张"按钮，找到"2302"号采购专用发票。单击"删除"按钮，系统提示"单据删除后不能恢复，是否继续？"，如图 7.3.8 所示。

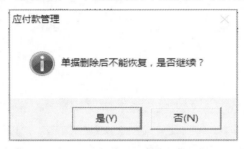

图 7.3.8 应付款管理

(3) 单击"是"按钮，再单击"退出"按钮。

6. 审核应付单据

操作步骤如下。

(1) 在应付款管理系统中，执行"应付单据处理""应付单据审核"命令，打开"应付单查询条件"窗口，如图 7.3.9 所示。

图 7.3.9 应付单查询条件

（2）单击"确定"按钮，打开"应付单据列表"窗口。

（3）在"应付单据列表"窗口中，单击"全选"按钮，如图 7.3.10 所示。

选择	审核人	单据日期	单据类型	单据号	供应商名称	部门	业务员	制单人	币种	汇率	原币金额	本币金额	备注
Y		2018-11-15	采购普...	0000000001	杰兴公司	供应部		张楠	人民币	1.00000000	80.00	80.00	
Y		2018-11-15	采购专...	668800	北京无忧公司	供应部		张楠	人民币	1.00000000	13,104.00	13,104.00	
Y		2018-11-15	采购专...	8908	杰兴公司	供应部		张楠	人民币	1.00000000	2,574.00	2,574.00	
Y		2018-11-16	采购专...	3451	大卫公司	供应部		张楠	人民币	1.00000000	57,915.00	57,915.00	
Y		2018-11-18	采购专...	69900	北京无忧公司	供应部		张楠	人民币	1.00000000	16,848.00	16,848.00	
合计											90,521.00	90,521.00	

图 7.3.10 应付单据列表

（4）单击"审核"按钮，系统提示"本次审核成功单据 5 张"，如图 7.3.11 所示。

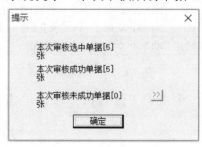

图 7.3.11 审核成功提示

（5）单击"确定"按钮，再单击"退出"按钮。

7. 制单

操作步骤如下。

（1）在应付款管理系统中，执行"制单处理"命令，打开"制单查询"窗口。

（2）在"制单查询"窗口中，单击"应付单制单"，如图 7.3.12 所示。

图 7.3.12 制单查询

（3）单击"确定"按钮，打开"应付制单"窗口，单击"全选"按钮，单击凭证类别栏下三角按钮，选择"转账凭证"，如图7.3.13所示。

图 7.3.13 应付制单

（4）单击"制单"按钮，生成第1张转账凭证，单击"保存"按钮，如图7.3.14所示。

图 7.3.14 应付转账凭证生成

（5）单击"下张"按钮，再单击"保存"按钮。

提示：

1）在"制单查询"窗口中，系统已默认制单的内容为"发票制单"，如果需要选中其他内容制单，可以选中要制单内容前的复选框。

2）如果所选择的凭证类型错误，可以在生成凭证后再修改。

3）如果一次生成了多张记账凭证，可以在保存了一张凭证后再打开其他的凭证，直到全部保存为止，未保存的凭证视同于放弃本次凭证生成的操作。

4）只有在凭证保存后才能传递到总账系统，再在总账系统中进行审核和记账等。

5）其中第9号转账凭证是根据普通发票填制的，其运费中应抵扣的进项税为价内税，因此进项税为5.6，物资采购为74.4。

7.4 实验三：付款单据处理

7.4.1 实验目的

学习应付款系统日常业务处理的主要内容和操作方法。要求掌握应付款系统与总账系统组合时，应付款系统的基本功能和操作方法。

7.4.2 实验要求

（1）录入付款单据。
（2）修改付款单据。
（3）2018 年 11 月 25 日，审核本月录入的付款单据。
（4）核销付款单据。
（5）对付款单据进行账务处理。

7.4.3 实验资料

（1）2018 年 11 月 22 日，以转账支票支付的向"北京无忧公司"购买"钢材"10 吨的货税款 13 104 元。

（2）2018 年 11 月 22 日，以转账支票支付向"大卫公司"购买"钢材"50 吨的货税款 57 915 元。

（3）2018 年 11 月 22 日，以转账支票支付向"杰兴公司"购买"油漆"的货税款及运费 2 574 元。

（4）2018 年 11 月 23 日，发现 2018 年 11 月 22 日所填制的以转账支票支付向"北京无忧公司"购买"钢材"10 吨的货税款 13 104 元应为 15 000 元，余款作为预付款。

（5）2018 年 11 月 23 日，发现 2018 年 11 月 22 日所填制的以转账支票支付向"大卫公司"购买"钢材"50 吨的货税款 57 915 元有错误，需删除该张付款单。

7.4.4 实验指导

1. 填制付款单

操作步骤如下。

（1）在应付款管理系统中，执行"付款单据处理""付款单据录入"命令，打开"付款单"窗口。

（2）单击"增加"按钮，修改开票日期，在供应商栏录入"01"，或单击供应商栏"参照"按钮，选择"北京无忧公司"，在结算方式栏录入"3"，或单击结算方式栏"参照"按钮，选择"转账支票结算"，在金额栏录入"13104"，在部门栏录入"301"，或单击部门栏"参照"按钮，选择"供应部"，在摘要栏录入"支付购买钢材的货税款"，如图 7.4.1 所示。

（3）单击"保存"按钮，再单击"增加"按钮。继续录入第 2 张及第 3 张付款单。

提示：

1）在单击付款单的"保存"按钮后，系统会自动生成付款单表体的内容。

图 7.4.1 付款单 – 填制付款单

2）表体中的款项类型系统默认为"应付款"，可以修改。款项类型还包括"预付款"和"其他费用"。

3）若一张付款单中，表头供应商与表体供应商不同，则视表体供应商的款项为代收款。

4）在填制付款单后，可以直接单击"核销"按钮进行单据核销的操作。

5）如果是供应商退款，则可以单击"切换"按钮，填制红字付款单。

2. 修改付款单

操作步骤如下。

（1）在应付款管理系统中，执行"付款单据处理""付款单据录入"命令，打开"付款单"窗口。

（2）单击"下张"按钮，找到要修改的付款单，在要修改的付款单中，单击"修改"按钮，分别将上半部分和下半部分的金额修改为"15 000"，如图 7.4.2 所示。

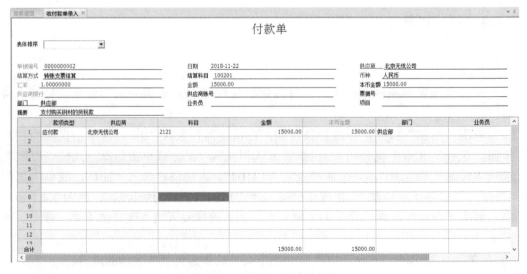

图 7.4.2 付款单 – 修改付款单

（3）单击"保存"按钮，再单击"退出"按钮。

3. 删除付款单

操作步骤如下。

（1）在应付款管理系统中，执行"付款单据处理""付款单据录入"命令，打开"付款单"窗口。

（2）单击"下张"按钮，找到要删除的付款单，如图 7.4.3 所示。

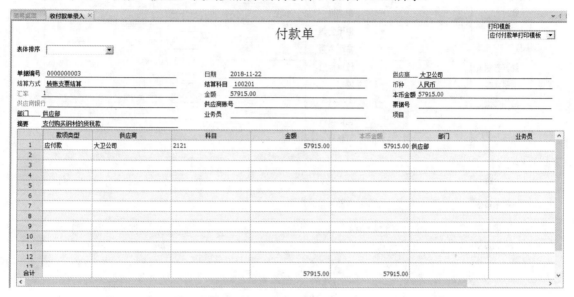

图 7.4.3　付款单 – 删除付款单

（3）单击"删除"按钮，系统提示"单据删除后不能恢复，是否继续？"，如图 7.4.4 所示。

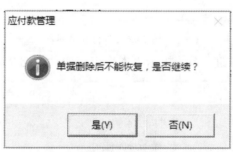

图 7.4.4　应付款管理 – 删除提示信息

（4）单击"是"按钮。

4. 审核付款单

操作步骤如下。

（1）在应付款管理系统中，执行"付款单据处理""付款单据审核"命令，打开"付款单查询条件"窗口，如图 7.4.5 所示。

（2）单击"确定"按钮，打开"收付款单列表"窗口。

（3）在"收付款单列表"窗口中，单击"全选"按钮，如图 7.4.6 所示。

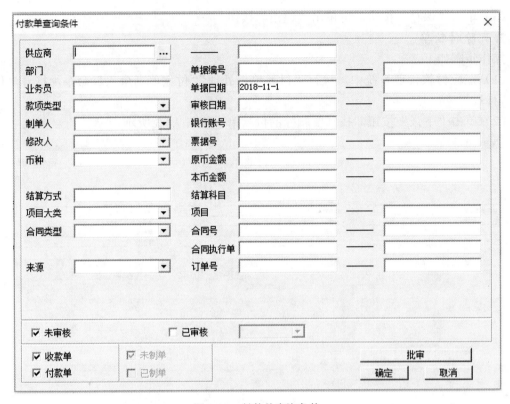

图 7.4.5 付款单查询条件

图 7.4.6 收付款单列表

（4）单击"审核"按钮，系统提示"本次审核成功单据 2 张"，如图 7.4.7 所示。

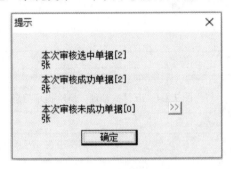

图 7.4.7 审核成功提示

（5）单击"确定"按钮，再单击"退出"按钮。

5. 核销付款单

操作步骤如下。

（1）在应付款管理系统中，执行"核销处理""手工核销"命令，打开"核销条件"窗口。

（2）在“核销条件”窗口中，在供应商栏录入“01”，或单击供应商栏参照按钮，选择“北京无忧公司”，如图 7.4.8 所示。

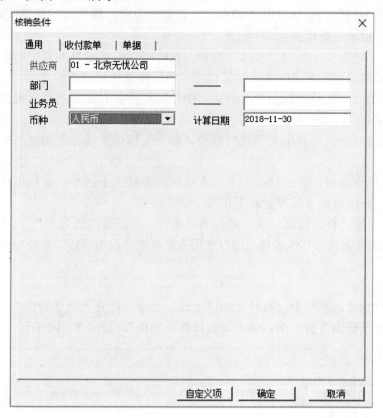

图 7.4.8　核销条件

（3）单击“确定”按钮，打开“单据核销”窗口，在“单据核销”窗口中，将上半部分的“本次结算”栏第 2 行的数据修改为“13 104”，在下部分的“本次结算”栏的第 2 行录入“13 104”，如图 7.4.9 所示。

简易桌面　单据核销

单据日期	单据类型	单据编号	供应商	款项...	结算方式	币种	汇率	原币金额	原币余额	本次结算	订单号
2018-09-23	付款单	0000000001	北京无忧公司	预付款	转账支...	人民币	1.00000000	20,000.00	20,000.00		
2018-11-22	付款单	0000000002	北京无忧公司	应付款	转账支...	人民币	1.00000000	15,000.00	15,000.00	13,104.00	
合计								35,000.00	35,000.00	13,104.00	

单据日期	单据类型	单据编号	到期日	供应商	币种	原币金额	原币余额	可享受折扣	本次折扣	本次结算	订单号	凭证号
2018-09-15	采购专...	33987	2018-09-15	北京无忧公司	人民币	38,610.00	38,610.00	0.00				
2018-11-15	采购专...	668800	2018-11-15	北京无忧公司	人民币	13,104.00	13,104.00	0.00	0.00	13,104.00		转-0014
2018-11-18	采购专...	69900	2018-11-18	北京无忧公司	人民币	16,848.00	16,848.00	0.00				转-0017
合计						68,562.00	68,562.00	0.00		13,104.00		

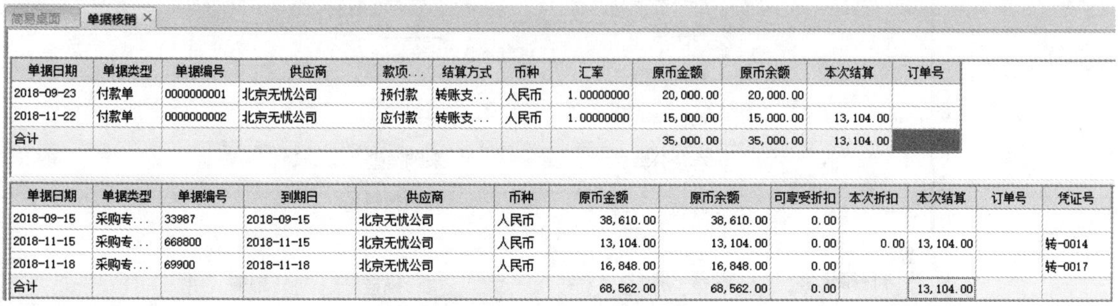

图 7.4.9　应付款管理 – 单据核销

（4）单击“保存”按钮，再单击“退出”按钮。

提示：

1）在保存核销内容后，单据核销窗口中将不再显示已被核销的内容。

2）结算单列表显示的是款项类型为应付款和预付款的记录，而款项类型为其他费用的

记录不允许在此作为核销记录。

3）核销时，结算单列表中，款项类型为应付单的缺省的本次结算金额为该记录的原币金额；款项类型为预付的记录其缺省的本次结算金额为空。核销时可以修改本次结算金额，但是不能大于该记录的原币金额。

4）在结算单列表中，单击"分摊"按钮，系统将当前结算单列表中的本次结算金额合计自动分摊到被核销单据列表的本次结算栏中，核销顺序依据被核销单据的排序顺序。

5）手工核销时一次只能显示一个供应商的单据记录，且结算单列表根据表体记录明细显示。当结算单有代付处理时，只显示当前所选供应商的记录。

6）一次只能对一种结算单类型进行核销，即手工核销的情况下需要将收款单和付款单分开核销。

7）手工核销保存时，若结算单列表的本次结算金额大于或小于被核销单据列表的本次结算金额合计，系统将提示结算金额不相等，不能保存。

8）若发票中同时存在红蓝记录，则核销时先进行单据的内部对冲。

9）如果核销后未进行其他处理，可以在期末处理中"取消操作"功能中取消核销操作。

6. 制单

操作步骤如下。

（1）在应付款管理系统中，执行"制单处理"命令，打开"制单查询"窗口。

（2）在"制单查询"窗口中，单击"收付款单制单"，如图 7.4.10 所示。

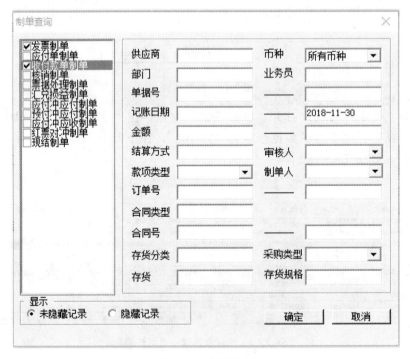

图 7.4.10 制单查询

（3）单击"确定"按钮，打开"应付制单"窗口，单击凭证类别栏下三角按钮，选择"付款凭证"，单击"全选"按钮，如图 7.4.11 所示。

图 7.4.11 应付制单

（4）单击"制单"按钮，生成记账凭证，单击"保存"按钮，如图 7.4.12 所示。

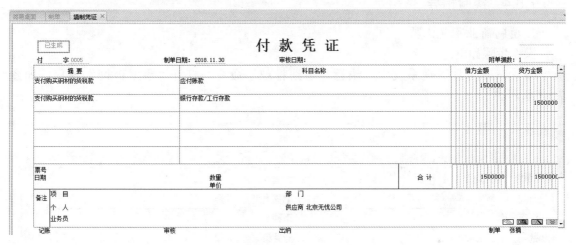

图 7.4.12 付款凭证生成

（5）单击"下张"按钮，单击"保存"按钮，单击"退出"按钮。

提示：

1）如果在"单据查询"窗口中，在选中"结算单制单"后，再去掉"发票制单"的选项，则会打开"结算制单"窗口。如果并不去掉"发票制单"选项，虽然制单窗口显示的是"发票制单"，但两种待制的单据都会显示出来。

2）在制单功能中还可以根据需要进行合并制单。

7.5 实验四：票据管理

7.5.1 实验目的

学习应付款系统日常业务处理的主要内容和操作方法。要求掌握应付款系统与总账系统组合时，应付款系统的基本功能和操作方法。

7.5.2 实验要求

（1）填制商业承兑汇票，暂不制单。
（2）结算商业承兑汇票并制单。
（3）制单。

7.5.3 实验资料

（1）2018年11月2日，向大卫公司签发并承兑的商业承兑汇票一张（NO.56121），面值为57 915元，到期日为2019年4月2日。

（2）2018年11月3日，向杰兴公司签发并承兑的商业承兑汇票一张（NO.56561），面值为23 400元，到期日为2018年11月23日。

（3）2018年11月23日，将2018年11月3日向杰兴公司签发并承兑的商业承兑汇票（NO.56561）结算。

7.5.4 实验指导

1. 填制商业承兑汇票

操作步骤如下。

（1）在应付款管理系统中，执行"票据管理"命令，打开"票据查询"窗口，如图7.5.1所示。

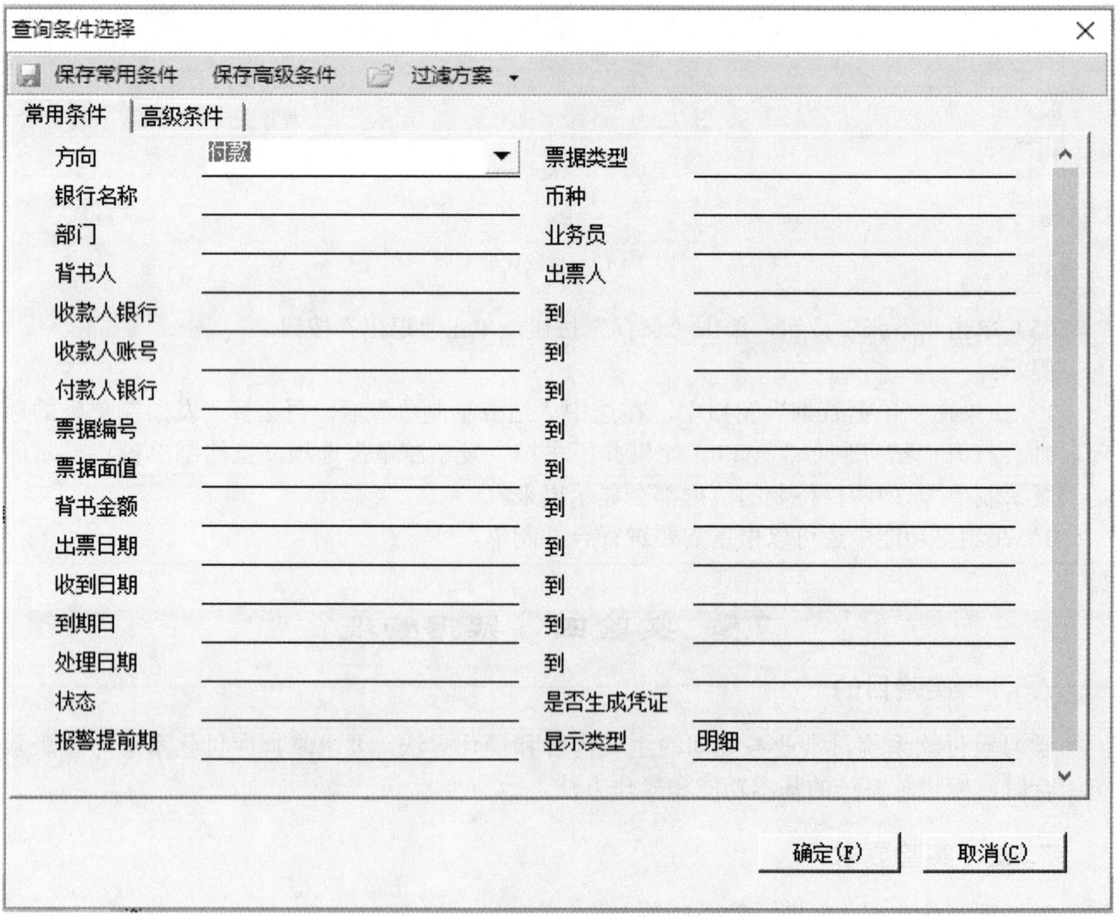

图 7.5.1 查询条件选择

（2）单击"确定"按钮，打开"票据管理"窗口，单击"增加"按钮，打开"应付票据"窗口，修改收到日期、出票日期和到期日，单击票据类型栏下三角按钮，选择"商业承兑汇票"，单击结算方式栏下三角按钮，选择"商业承兑汇票"，在票据编号栏录入"56121"，在收款人栏录入"02"，或单击收款人栏参照按钮，选择"大卫公司"，在金额栏录入"57 915"，在票据摘要栏录入"签发并承兑商业承兑汇票"，如图7.5.2所示。

图7.5.2 填制商业承兑汇票

（3）单击"保存"按钮，再单击"增加"按钮，依此方法继续录入第2张商业承兑汇票。

提示：

1）保存一张商业票据之后，系统会自动生成一张付款单。这张付款单还需经过审核之后才能生成记账凭证。

2）由票据生成的付款单不能修改。

3）在票据管理功能中，可以对商业承兑汇票和银行承兑汇票进行日常业务处理，包括票据的收入、结算、贴现、背书、转出和计息等。

4）商业承兑汇票不能有承兑银行，银行承兑汇票必须有承兑银行。

2. 商业承兑汇票结算

操作步骤如下。

（1）在应付款管理系统中，执行"票据管理"命令，打开"票据查询"窗口，单击"确定"按钮，打开"票据管理"窗口。

（2）单击选中2018年11月3日填制的向杰兴公司签发并承兑的商业承兑汇票（NO.56561）。单击"结算"按钮，打开"票据结算"窗口。

（3）修改结算日期，录入结算金额"23 400"，在结算科目栏录入"100201"，或单击结算科目栏参照按钮，选择"100201 工行存款"，如图7.5.3所示。

图 7.5.3 票据结算

（4）单击"确定"按钮，出现"是否立即制单？"提示，单击"是"按钮，生成结算的记账凭证，修改凭证类别为"付款凭证"，单击"保存"按钮，如图 7.5.4 所示。

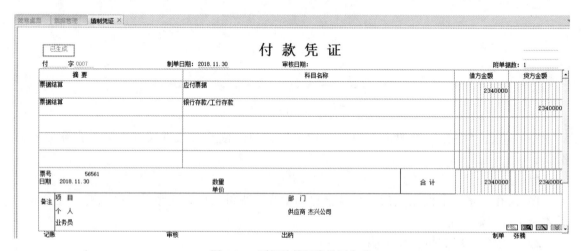

图 7.5.4 票据结算记账凭证生成

（5）单击"退出"按钮。

提示：

1）当票据到期付款时，执行票据结算处理。

2）进行票据结算时，结算金额应是通过结算实际支付的金额。

3）票据结算后，不能再进行其他与票据相关的处理。

3. 审核付款单

操作步骤如下。

（1）在应付款管理系统中，执行"付款单据处理""付款单据审核"命令，打开"付款单查询条件"窗口，如图 7.5.5 所示。

（2）在"付款单查询条件"窗口中，单击"确定"按钮，打开"收付款单列表"窗口。点击"全选"按钮，再单击"审核"按钮，出现"本次审核成功单据 2 张"提示，如图 7.5.6 所示。

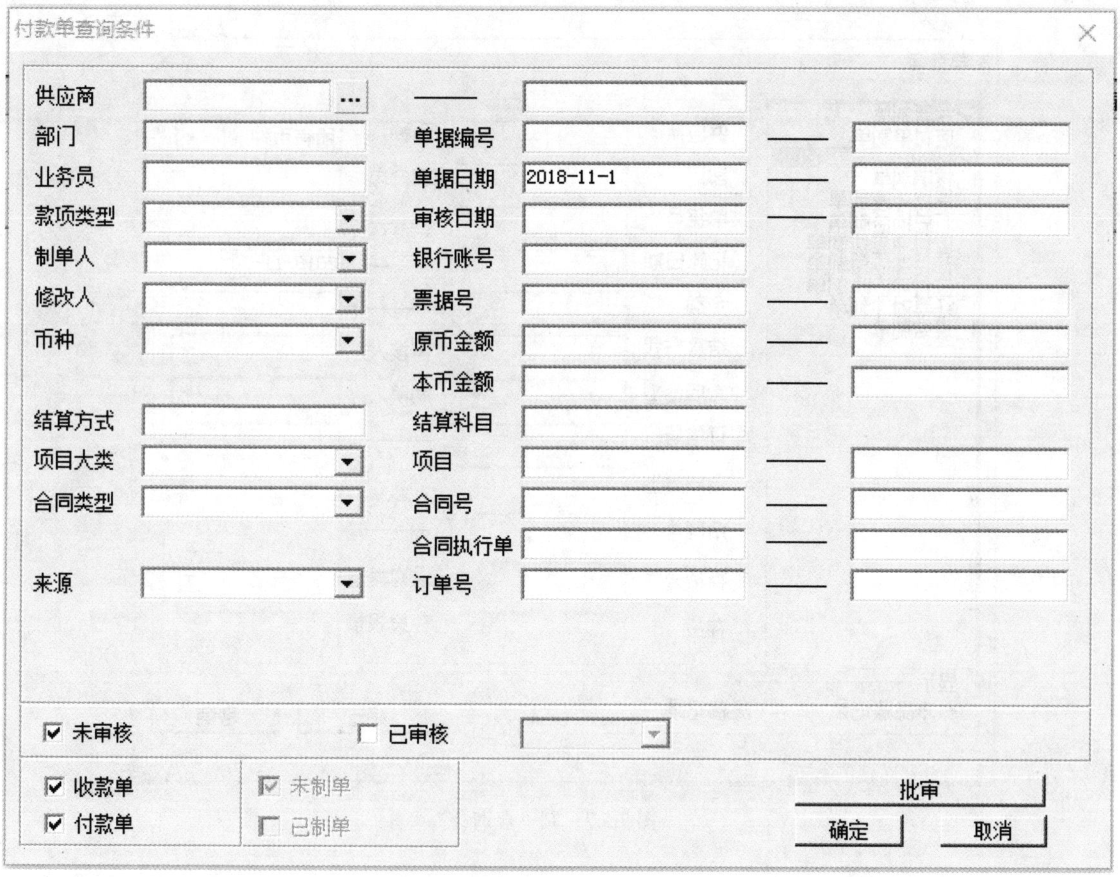

第7章 应付款管理系统

图 7.5.5 付款单查询条件

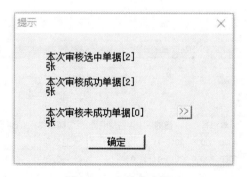

图 7.5.6 审核成功提示

（3）单击"确定"按钮，在审核人栏出现了审核人的签字，单击"退出"按钮。

提示：在票据保存后由系统自动生成了一张付款单，这张付款单应在审核后再到制单处理中生成记账凭证，才完成了应付账款转为应付票据的核算过程。

4. 制单

操作步骤如下。

（1）在应付款管理系统中，执行"制单处理"命令，打开"制单查询"窗口。

（2）在"制单查询"窗口中，单击"收付款单制单"，如图 7.5.7 所示。

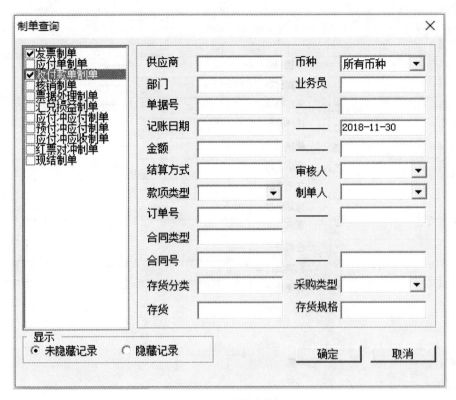

图 7.5.7 制单查询

(3) 单击"确定"按钮,打开"应付制单"窗口,单击"全选"按钮,如图 7.5.8 所示。

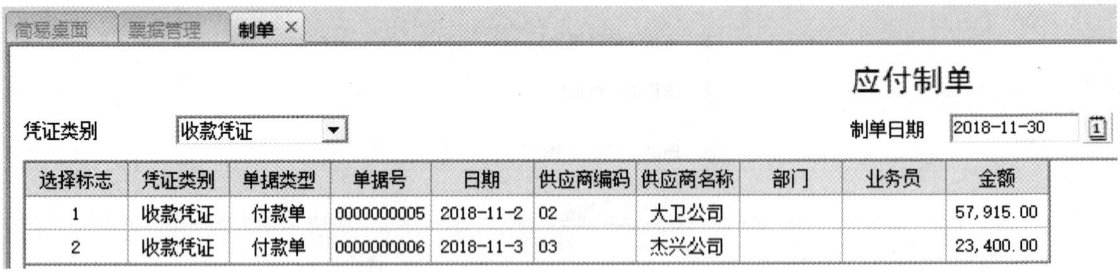

选择标志	凭证类别	单据类型	单据号	日期	供应商编码	供应商名称	部门	业务员	金额
1	收款凭证	付款单	0000000005	2018-11-2	02	大卫公司			57,915.00
2	收款凭证	付款单	0000000006	2018-11-3	03	杰兴公司			23,400.00

图 7.5.8 应付制单

(4) 单击"制单"按钮,生成记账凭证,修改凭证类型、制单日期,单击"保存"按钮,如图 7.5.9 所示。

(5) 单击"下张"按钮,依此方法生成第 2 张记账凭证,再单击"保存"按钮。

(6) 单击"退出"按钮。

第7章 应付款管理系统

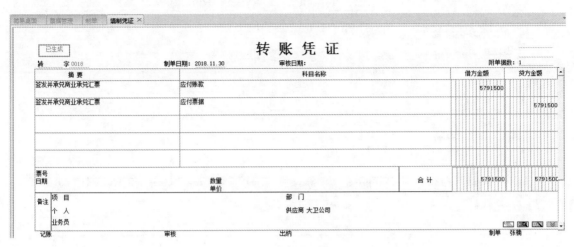

图 7.5.9 转账凭证生成

7.6 实验五：转账处理

7.6.1 实验目的

学习应付款系统日常业务处理的主要内容和操作方法。要求掌握应付款系统与总账系统组合时，应付款系统的基本功能和操作方法。

7.6.2 实验要求

（1）应付冲应付暂不制单。
（2）预付冲应付暂不制单。
（3）制单。

7.6.3 实验资料

（1）2018 年 11 月 31 日，经三方同意，将 2018 年 09 月 23 日形成的应向"北京无忧公司"支付的货税款 38 610 元转为向大卫公司的应付账款。

（2）2018 年 11 月 31 日，经双方同意，将向北京无忧公司 2018 年 11 月 18 日购买 12 吨钢材的货税款 16 848 元与预付款冲抵。

7.6.4 实验指导

1. 将应付账款冲抵应付账款

操作步骤如下。

（1）在应付款管理系统中，执行"转账""应付冲应付"命令，打开"应付冲应付"窗口。

（2）在"应付冲应付"窗口中，在转出供应商栏录入"01"，或单击转出供应商栏参照按钮，选择"北京无忧公司"，再在转入供应商栏录入"02"，或单击转入供应商栏参照按钮，选择"大卫公司"。单击"查询"按钮，系统列出转出供应商"北京无忧公司"未核销的应付款，在 2018–09–15 采购专用发票的"并账金额"处输入"38 610"，如图 7.6.1 所示。

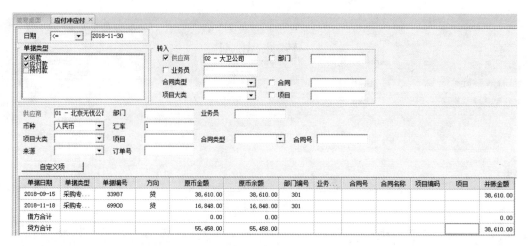

图 7.6.1 应付冲应付

（3）单击"保存"按钮，出现"是否立即制单？"提示，单击"否"按钮，再单击"退出"按钮。

提示：

1）每笔应付款的转账金额不能大于其余额。

2）每次只能选择一个转入单位。

2. 将预付账款冲抵应付账款

操作步骤如下。

（1）在应付款管理系统中，执行"转账""预付冲应付"命令，打开"预付冲应付"窗口。

（2）在"预付冲应付"窗口中，在供应商栏录入"01"，或单击供应商栏参照按钮，选择"北京无忧公司"，单击"过滤"按钮，系统列出该供应商的预付款，在第 1 行转账金额栏录入"16 848"，如图 7.6.2 所示。

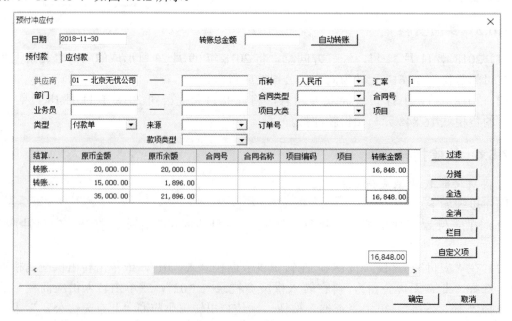

图 7.6.2 预付冲应付 – 预付款

（3）单击"应付款"选项卡，单击"过滤"按钮，系统列出该供应商的应付款，在2018-11-18采购专用发票一行转账金额栏输入"16 848"，如图7.6.3所示。

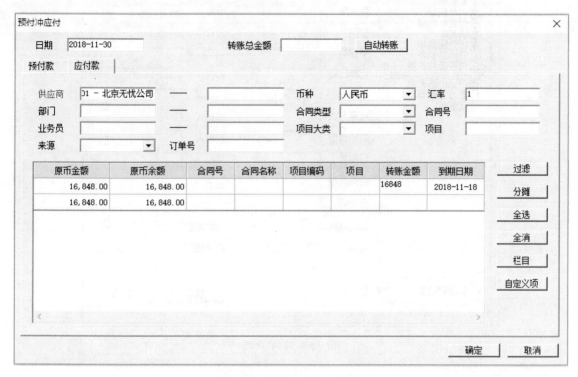

图7.6.3 预付冲应付 – 应付款

（4）单击"确定"按钮，系统弹出提示"是否立即制单？"，单击"否"按钮，再单击"取消"按钮。

提示：

1）可以在输入转账总金额后单击"自动转账"按钮，系统自动根据过滤条件进行成批的预付冲抵应付款工作。

2）每一笔应付款的转账金额不能大于其余额。

3）应付款的转账金额合计应该等于预付款的转账金额合计。

4）如果是红字预付款和红字应付单进行冲销，要把过滤条件中的类型选为"收款单"。

3. 制单

操作步骤如下。

（1）在应付款管理系统中，执行"制单处理"命令，打开"制单查询"窗口。

分别单击选中"应付冲应付制单"和"预付冲应付制单"，如图7.6.4所示。

（2）单击"确定"按钮，打开"应付制单"窗口，单击"全选"按钮，再单击凭证类别栏参照按钮，选择"转账凭证"，如图7.6.5所示。

（3）单击"制单"按钮，出现第1张记账凭证，单击"保存"按钮，保存第1张记账凭证。单击"下张"按钮，单击"保存"按钮，保存第2张记账凭证，如图7.6.6所示。

（4）单击"退出"按钮。

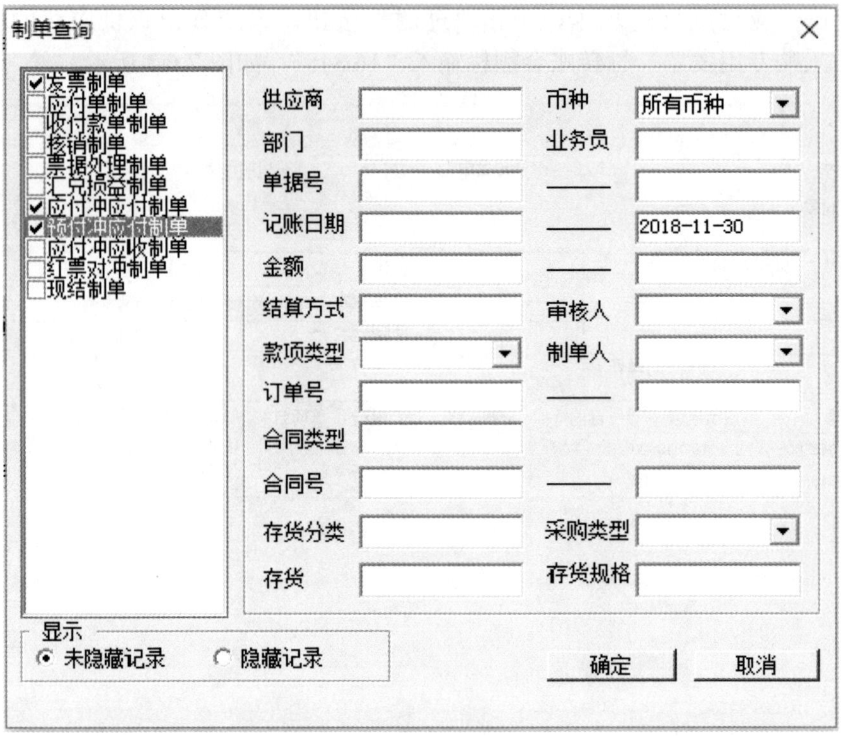

图 7.6.4　制单查询

选择标志	凭证类别	单据类型	单据号	日期	供应商编码	供应商名称	部门	业务员	金额
1	转账凭证	应付冲应付	33987	2018-11-30	02	大卫公司	供应部		38,610.00
2	转账凭证	预付冲应付	69900	2018-11-30	01	北京无...	供应部		16,848.00

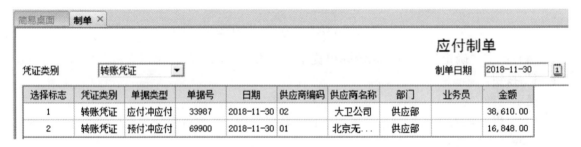

图 7.6.5　应付制单

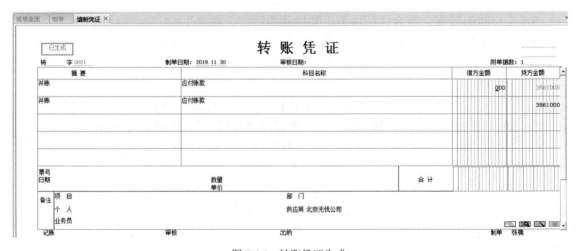

图 7.6.6　转账凭证生成

7.7 实验六：单据查询

7.7.1 实验目的

学习应付款系统日常业务处理的主要内容和操作方法。要求掌握应付款系统与总账系统组合时，应付款系统的基本功能和操作方法。

7.7.2 实验要求

（1）查询发票。
（2）查询结算单。
（3）查询并删除凭证。

7.7.3 实验指导

1. 查询 11 月份填制的所有采购专用发票

操作步骤如下。

（1）在应付款管理系统中，执行"单据查询""发票查询"命令，打开"发票查询"窗口。单击发票类型栏下三角按钮，选择"采购专用发票"，如图 7.7.1 所示。

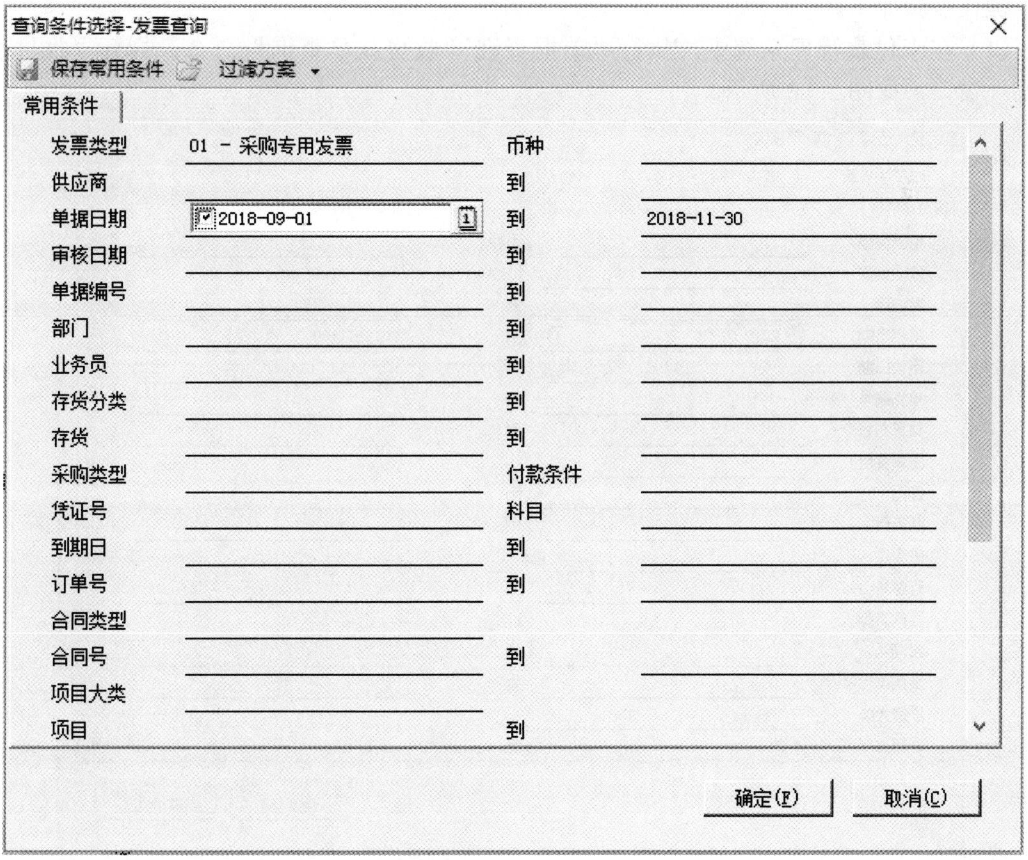

图 7.7.1 发票查询

（2）单击"确定"按钮，打开"发票查询"窗口，如图7.7.2所示。

单据日期	单据类型	单据编号	供应商	币种	汇率	原币金额	原币余额	本币金额	本币余额	打印次数
2018-09-15	采购专	33987	北京无忧公司	人民币	1.00000000	38,610.00	38,610.00	38,610.00	38,610.00	0
2018-09-18	采购专	34567	杰兴公司	人民币	1.00000000	23,400.00	23,400.00	23,400.00	23,400.00	0
2018-09-23	采购专	32321	大卫公司	人民币	1.00000000	25,740.00	25,740.00	25,740.00	25,740.00	0
2018-11-15	采购专	8908	杰兴公司	人民币	1.00000000	2,574.00	2,574.00	2,574.00	2,574.00	0
2018-11-16	采购专	3451	大卫公司	人民币	1.00000000	57,915.00	57,915.00	57,915.00	57,915.00	0
合计						148,239.00	148,239.00	148,239.00	148,239.00	

图7.7.2　发票查询结果列表

（3）单击"退出"按钮。

提示：

1）在发票查询功能中可以分别查询"已审核""未审核""已核销"及"未核销"的发票。还可以按"发票号""单据日期""金额范围"或"余额范围"等条件进行查询。

2）在"发票查询"窗口中，单击"查询"按钮，可以重新输入查询条件，单击"单据"按钮，可以调出原始单据卡片，单击"详细"按钮，可以查看当前单据的详细结算情况，单击"凭证"按钮，可以查询单据所对应的凭证，单击"栏目"按钮，可以设置当前查询列表的显示栏目、栏目顺序、栏目名称、排序方式，可以保存设置内容。

2. 查询11月份所有的收付款单

操作步骤如下。

（1）在应付款管理系统中，执行"单据查询""收付款单查询"命令，打开"收付款单查询"窗口，如图7.7.3所示。

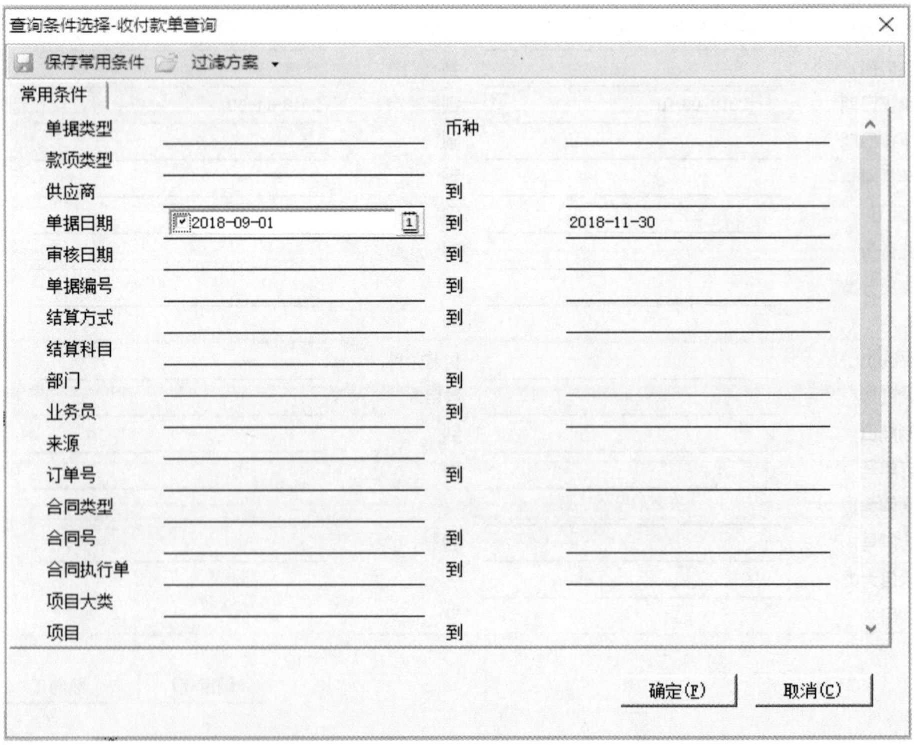

图7.7.3　收付款单查询

（2）单击"确定"按钮，打开"收付款单查询结果列表"窗口，如图 7.7.4 所示。

选择打印	单据日期	单据类型	单据编号	供应商	币种	汇率	原币金额	原币余额	本币金额	本币余额	打印次数
	2018-09-23	付款单	0000000001	北京无忧公司	人民币	1.00000000	20,000.00	3,152.00	20,000.00	3,152.00	0
	2018-11-02	付款单	0000000005	大卫公司	人民币	1.00000000	57,915.00	57,915.00	57,915.00	57,915.00	0
	2018-11-03	付款单	0000000006	杰兴公司	人民币	1.00000000	23,400.00	23,400.00	23,400.00	23,400.00	0
	2018-11-22	付款单	0000000002	北京无忧公司	人民币	1.00000000	15,000.00	1,896.00	15,000.00	1,896.00	0
	2018-11-22	付款单	0000000004	杰兴公司	人民币	1.00000000	2,574.00	2,574.00	2,574.00	2,574.00	0
合计							118,889.00	88,937.00	118,889.00	88,937.00	

图 7.7.4 收付款单查询结果列表

（3）单击"退出"按钮。

提示：

1）在结算单查询功能中，可以分别查询"已核销""未核销""应付款""预付款"及"费用"的结算情况，还可以按"单据编号""金额范围""余额范围"或"单据日期"等条件进行查询。

2）在"结算单"查询窗口中，也可以分别单击"查询""详细""单据"及"凭证"的按钮，查询到相应的内容。

3. 删除 11 月 22 日填制的支付北京无忧公司货款的记账凭证

操作步骤如下。

（1）在应付款管理系统中，执行"单据查询""凭证查询"命令，打开"凭证查询"窗口。单击业务类型栏下三角按钮，选择"收付款单制单"，在供应商栏输入"01"，或单击供应商栏参照按钮，选择"北京无忧公司"，如图 7.7.5 所示。

图 7.7.5 凭证查询条件

（2）单击"确定"按钮，打开"凭证查询"窗口，单击选中"付款单"记账凭证，如图 7.7.6 所示。

图 7.7.6 凭证查询

（3）单击"删除"按钮，系统提示"确定要删除此凭证吗？"，如图7.7.7所示。

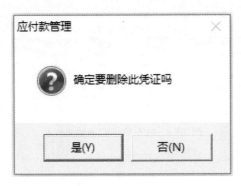

图7.7.7　删除凭证提示

（4）单击"是"按钮，单击"退出"按钮。

提示：

1）在"凭证查询"功能中，可以查看、修改、删除或冲销由应付款系统生成并传递到总账系统中的记账凭证。

2）如果凭证已经在总账系统中记账，又需要对形成凭证的原始单据进行修改，则可以通过冲销方式冲销凭证，然后对原始单据进行其他操作后再重新生成凭证。

3）一张凭证被删除后，它所对应的原始单据及相应的操作内容可以重新制单。

4）只有未在总账系统中审核的凭证才能删除。如果已经在总账系统中进行了出纳签字，应取消出纳签字后再进行删除操作。

7.8　实验七：账表管理与其他处理

7.8.1　实验目的

熟悉应付款系统账簿查询的作用和基本方法。

7.8.2　实验要求

（1）对供应商进行付款账龄分析。
（2）查询2018年11月的业务总账。
（3）查询应付账款科目余额表。
（4）取消对北京无忧公司的转账操作。
（5）将未制单的单据制单。
（6）结账。

7.8.3　实验指导

1. 应付账龄分析

操作步骤如下。

（1）在应付款管理系统中，执行"账表管理""统计分析""付款账龄分析"命令，打开"付款账龄分析"窗口，选中所有条件，如图7.8.1所示。

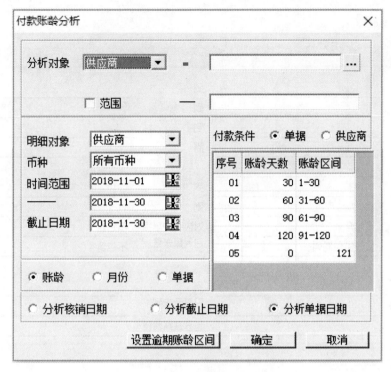

图 7.8.1　付款账龄分析

（2）单击"确定"按钮，打开"付款账龄分析"窗口，如图 7.8.2 所示。

供应商		金额	预付款		账期内		1-30		31-60		61-90	
编号	名称	金额	金额	%	金额	%	金额	%	金额	%	金额	%
01	北京无忧公司	15,000.00	1,896.00	12.64			13,104.00	87.36				
02	大卫公司	57,915.00	57,915.00	100.00								
03	杰兴公司	25,974.00	25,974.00	100.00								
合计：	数量	1					1	100.00				
合计：	金额	98,889.00	85,785.00	86.75			13,104.00	13.25				

图 7.8.2　付款账龄分析

（3）单击"退出"按钮。

提示：在"统计分析"功能中，可以按定义的账龄区间，进行一定期间内应付款账龄分析、付款账龄分析、往来账龄分析，了解向各个供应商付款的周转天数、周转率，了解各个账龄区间内应付款、付款及往来情况，能及时发现问题，加强对往来款项动态的监督管理。

2. 查询业务总账

操作步骤如下。

（1）在应付款管理系统中，执行"账表管理""业务账表""业务总账"命令，打开"查询条件选择–应付总账表"窗口，如图 7.8.3 所示。

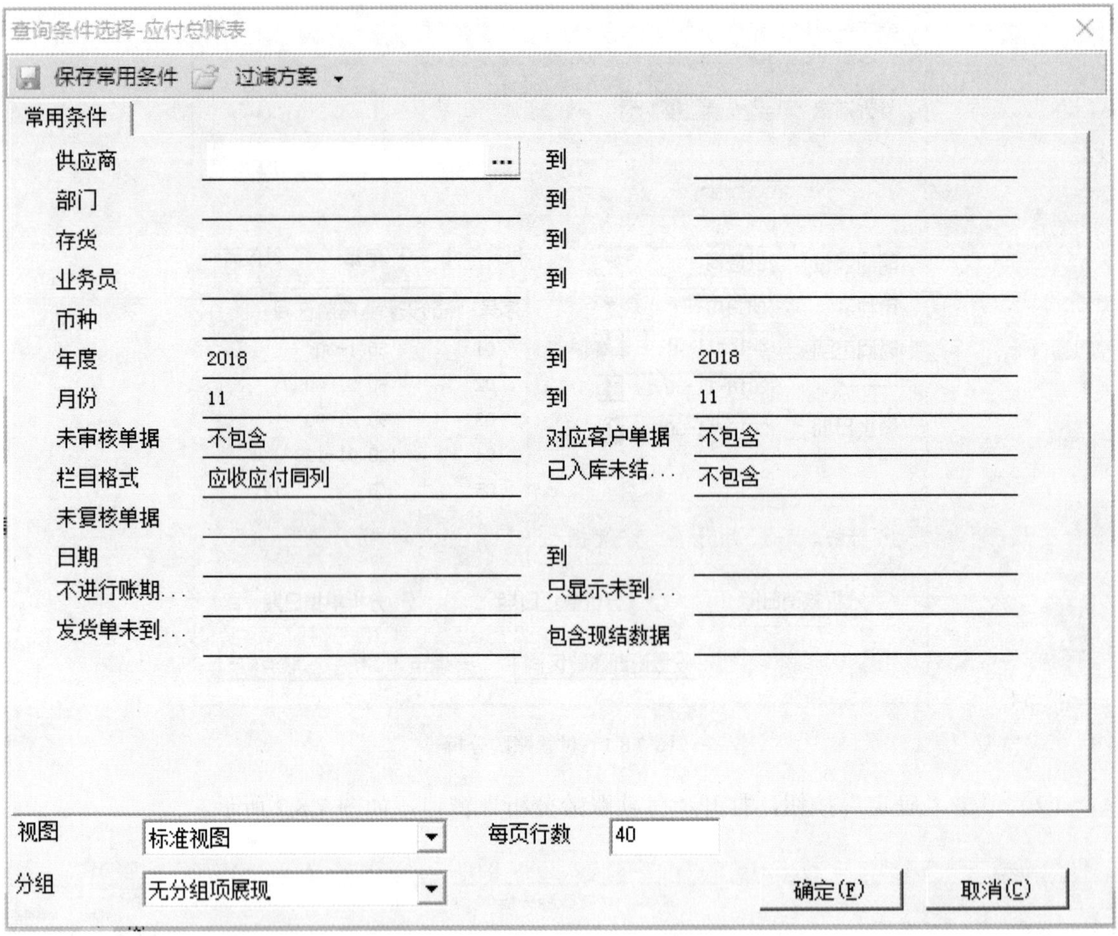

图 7.8.3　查询条件选择 – 应付总账表

（2）单击"确定"按钮，打开"应付总账表"，如图 7.8.4 所示。

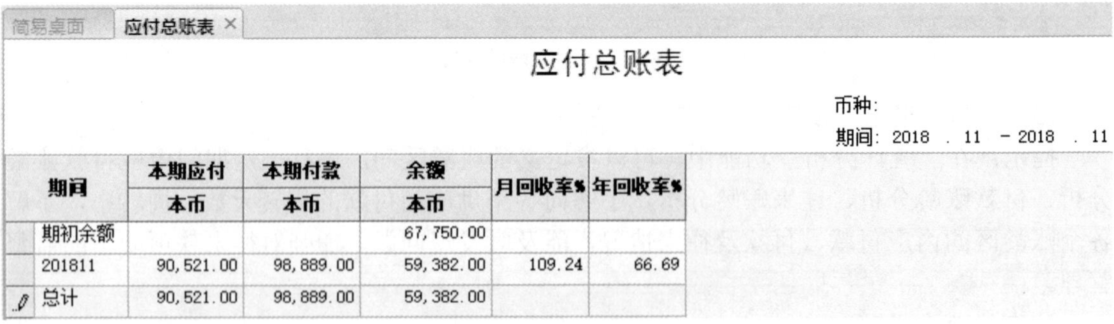

期间	本期应付 本币	本期付款 本币	余额 本币	月回收率%	年回收率%
期初余额			67,750.00		
201811	90,521.00	98,889.00	59,382.00	109.24	66.69
总计	90,521.00	98,889.00	59,382.00		

图 7.8.4　应付总账表

（3）单击"退出"按钮。

提示：

1）通过业务账表查询，可以及时地了解一定期间内期初应付款结存汇总情况、应付款发生、付款发生的汇总情况、累计情况及期末应付款结存汇总情况，还可以了解各个供应商期初应付款结存明细情况、应付款发生、付款发生的明细情况、累计情况及期末应付款结存明细情况，及时发现问题，加强对往来款项的监督管理。

2）业务总账查询是对一定期间内应付款汇总情况的查询，在业务总账查询的应付总账表中不仅可以查询"本期应付"款，还可以查询"本期支付"应付款及应付款的"余额"情况。

3. 查询科目余额表

操作步骤如下。

（1）在应付款管理系统中，执行"账表管理""科目账查询""科目明细账"命令，打开"供应商往来科目明细账"窗口，如图 7.8.5 所示。

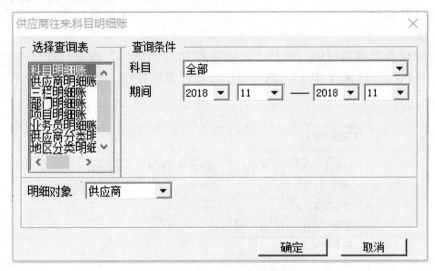

图 7.8.5　供应商往来科目明细账

（2）单击"确定"按钮，打开"单位往来科目明细账"，如图 7.8.6 所示。

年	月	日	凭证号	科目编号	科目名称	供应商编号	供应商名称	摘要	借方本币	贷方本币	方向	余额本币
2018	11	30	转-0020	1151	预付账款	01	北京无忧公司	预付货款	-16,848.00		贷	16,848.
2018	11			1151	预付账款	01	北京无忧公司	本月合计	-16,848.00		贷	16,848.
2018	11			1151	预付账款	01	北京无忧公司	本年累计	-16,848.00		贷	16,848.
				1151	预付账款			合　计	-16,848.00		贷	16,848.
								累　计	-16,848.00		贷	16,848.
2018	11	30	转-0018	2111	应付票据	02	大卫公司	签发并承兑商业承兑汇票		57,915.00	贷	57,915.
2018	11			2111	应付票据	02	大卫公司	本月合计		57,915.00	贷	57,915.
2018	11			2111	应付票据	02	大卫公司	本年累计		57,915.00	贷	57,915.
2018	11	30	付-0007	2111	应付票据	03	杰兴公司	票据结算	23,400.00			23,400.
2018	11	30	转-0019	2111	应付票据	03	杰兴公司	签发并承兑商业承兑汇票		23,400.00	平	
2018	11			2111	应付票据	03	杰兴公司	本月合计	23,400.00	23,400.00	平	
2018	11			2111	应付票据	03	杰兴公司	本年累计	23,400.00	23,400.00	平	
				2111	应付票据			合　计	23,400.00	81,315.00	贷	57,915.
				2111	应付票据			累　计	23,400.00	81,315.00	贷	57,915.
2018	11	30	转-0014	2121	应付账款	01	北京无忧公司	采购专用发票		13,104.00	贷	13,104.
2018	11	30	转-0017	2121	应付账款	01	北京无忧公司	采购专用发票		16,848.00	贷	29,952.
2018	11	30	转-0020	2121	应付账款	01	北京无忧公司	采购专用发票	16,848.00		贷	13,104.
2018	11	30	转-0021	2121	应付账款	01	北京无忧公司	并账	-38,610.00		借	25,506.
2018	11			2121	应付账款	01	北京无忧公司	本月合计	16,848.00	-8,658.00	借	25,506.
2018	11			2121	应付账款	01	北京无忧公司	本年累计	16,848.00	-8,658.00	借	25,506.
2018	11	30	转-0016	2121	应付账款	02	大卫公司	采购专用发票		57,915.00	贷	57,915.
2018	11	30	转-0018	2121	应付账款	02	大卫公司	签发并承兑商业承兑汇票	57,915.00		平	

图 7.8.6　单位往来科目明细账

(3)单击"退出"按钮。

提示:

1)科目账查询包括科目明细账和科目余额表。

2)科目明细账查询可以查询供应商往来科目下往来供应商的往来明细账。细分为科目明细账、供应商明细账、三栏明细账、部门明细账、项目明细账和业务员明细账等。

3)科目余额表查询可以查询应付受控科目各个供应商的期初余额、本期借方发生额合计、本期贷方发生额合计、期末余额。细分为科目余额表、供应商余额表、三栏余额表、部门余额表、项目余额表、业务员余额表、供应商分类余额表及地区分类余额表。

4. 取消转账操作

操作步骤如下。

(1)在应付款管理系统中,执行"其他处理""取消操作"命令,打开"取消操作条件"窗口,在供应商栏录入"01",或单击供应商栏参照按钮,选择"北京无忧公司",如图 7.8.7 所示。

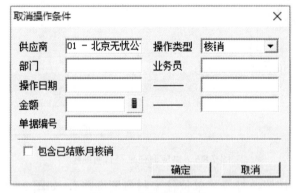

图 7.8.7 取消操作条件

(2)单击"确定"按钮,打开"取消操作"窗口,双击"选择标志"栏,如图 7.8.8 所示。

图 7.8.8 取消操作

(3)单击"确认"按钮,再单击"退出"按钮。

提示:

1)取消操作类型包括取消核销、取消转账、取消汇兑损益、取消票据处理和取消并账等几类。

2）取消操作必须在未进行后续操作的情况下进行，如果已经进行了后续操作，则在恢复后续操作后再进行取消操作。

5．制单

操作步骤如下。

（1）在应付款管理系统中，执行"制单处理"命令，打开"制单查询"窗口。单击选中"收付款单制单"后，再单击取消"应付冲应付制单"与"预付冲应付制单"，单击"确定"按钮，打开"应付制单"窗口。

（2）单击"全选"按钮，如图7.8.9所示。

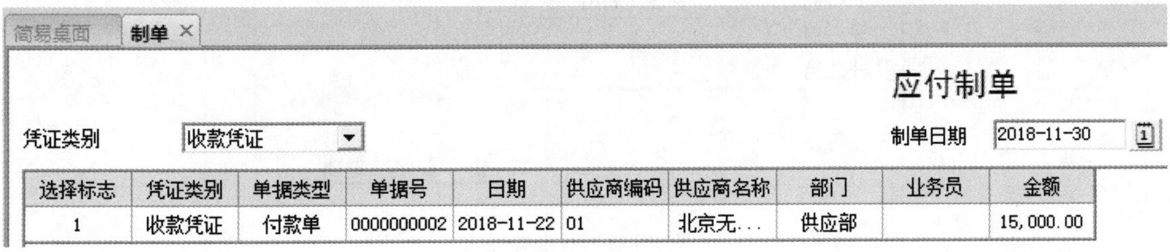

图7.8.9　应付制单

（3）单击"制单"按钮，生成一张收款凭证，将凭证类别修改为"付款凭证"，单击"保存"按钮，如图7.8.10所示。

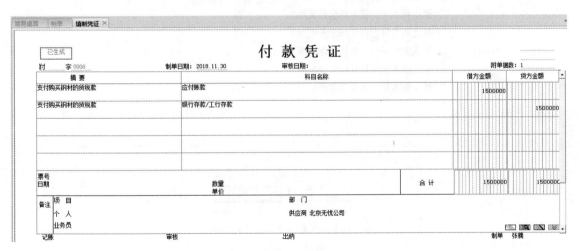

图7.8.10　应付账款凭证生成

6．结账

操作步骤如下。

（1）在应付款管理系统中，执行"期末处理""月末结账"命令，打开"月末处理"窗口。双击十一月结账标志栏，如图7.8.11所示。

（2）单击"下一步"按钮，出现"月末处理–处理情况表"，如图7.8.12所示。

（3）单击"完成"按钮，出现"11月份结账成功"提示，如图7.8.13所示。

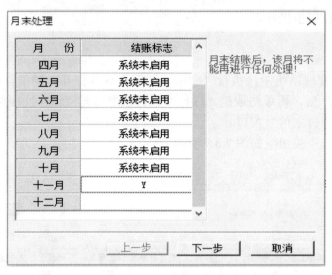

图 7.8.11　月末处理

图 7.8.12　月末处理 – 处理情况表

图 7.8.13　结账成功提示

(4)单击"确定"按钮。

提示:

1)如果当月业务已经全部处理完毕,应进行月末结账。只有当月结账后,才能开始下月的工作。

2)进行月末处理时,一次只能选择一个月进行结账,前一个月未结账,则本月不能结账。

3)在执行了月末结账后,该月将不能再进行任何处理。

参考文献

[1] ERP 财务管理系统应用专家实验教程 [E]. 北京：用友公司，2008.

[2] 刘秀艳，孙艳华. 会计电算化（实验部分）[M]. 北京：北京理工大学出版社，2016.

[3] 王新玲，汪刚. 会计信息系统实验教程（用友 ERP–U8 V10.1 版）[M]. 北京：清华大学出版社，2013.

[4] 陈宏博，彭飞. 财务业务一体化原理与实训 (用友 U8 V10.1)（微课版)[M]. 北京：清华大学出版社，2018.

[5] 张瑞君. 会计信息系统 [M].7 版. 北京：中国人民大学出版社，2018.